[에너지법연구 1]

에너지법의 현안과 쟁점

한국에너지법학회

法 文 社

머 리 말

본서에는 에너지법의 당면과제와 중요한 쟁점을 다룬 6편의 논문을 수록하고 있다. 지난 2022년 1월에 출범한 (사)한국에너지법학회는 에너지법의 현안을 다루는 학술대회와 세미나를 수차례 개최하였고, 여기서 발표된 논문뿐만 아니라 에너지법제의 주요쟁점을 다룬 논문을 포함하여 본서를 출간하게 되었다.

기후변화와 에너지는 우리 시대를 상징하는 대명사가 되었다. 에너지는 경제발전의 원동력이자 국가의 중요한 전략적 자산이다. 기후변화뿐만 아니라 인공지능과 데이터산업의 비약적인 발전으로 인해 에너지원의 확보와 에너지안보는 장차 핵심적인 정부정책의 하나가 될 것이다. 에너지법과 관련된 법적 문제는 다양하지만, 에너지법 연구는 다른 법 분야에 비해서 불모지(不毛地)의 영역이다. 에너지법은 현실과 규범의 괴리가 큰 분야이다. 에너지와 관련된 실무에서는 공학·경제학 등을 전공한 연구자가 많고, 이러한 학문 분야 사이에는 긴밀한 연계도 있다. 그러나 에너지법 분야의 법적 현안에 관한 연구는 부족한 상황이며, 이를 전문으로 하는 학자와 변호사도 적다. 그 원인은 대체로 에너지와 관련된 현안이 기술적인 분야이며, 또 그 정보의 접근이 제한되어 있어 대부분의 법학자들이 이를 정확히 파악하기 어려운 점에 있다. 그런 점에서 본서가 에너지법의 현안과 쟁점을 공유하고, 이를 알려 주는 메신저 역할을 하길 기대한다.

특히 새 정부의 출범으로 국가 정책에서도 재생에너지에 대한 관심이 높아지고 있으며, 정부조직의 개편을 통한 '기후에너지환경부'의 출범은 에너지정책의 변화를 예고하고 있다. 지난 2025년 3월에는 소위 '에너지 3법'('국가기간 전력망 확충 특별법', '해상풍력 보급 촉진 및 산업 육성에 관한 특별법', '고준위 방사성 폐기물관리에 관한 특별법')이 제정되었다. 이러한 현안과 관련하여 본서에서는 원자력에너지, 신재생에너지, 해상풍력, 전력망 설치, 이산화탄소의 포집·저장 및 활용, 한국전력거래소의 전력시장 운영 등을 다루고 있다. 앞으로도 학회 차원에서 에너지법의 현안을 다루는 연구서가 계속해서 출간되기를 기대해 본다.

바쁜 일정 속에도 귀중한 시간을 할애하여 옥고(玉稿)를 작성해서 보내 주신 집필자분께 깊이 감사드리며, 출간사업의 기획과 준비를 위해 물심양면(物心兩面)으로 큰 도움을 주신 박기선 박사님(한국법제연구원 연구위원)의 노고와 헌신에도 고마운 마음을 표한다. 마지막으로 어려운 출판 사정에도 불구하고 출간을 허락해 주시고 편집에 특별한 수고를 해 주신 편집부 노윤정 차장님과 기획영업부 유진걸 과장께 심심한 감사의 말씀을 드린다.

2025년 10월

한국에너지법학회 회장 정남철

賀　　書

존경하는 한국에너지법학회 회원 여러분, 그리고 이 뜻깊은 논문집을 펼쳐 보실 모든 독자 여러분!

한국에너지법학회의 창립자이자 전임 회장으로서 『에너지법의 현안과 쟁점』이라는 논문집이 세상의 빛을 보게 된 것을 진심으로 축하하며 가슴 벅찬 감동을 느낍니다. 이 논문집은 우리 학회의 굳건한 학문적 역량과 미래 에너지 법제를 향한 뜨거운 열망이 결집된 소중한 결실입니다.

한국에너지법학회는 창립 이후 지속적인 학술 활동을 통해 에너지법의 발전에 기여해 왔습니다. 특히 에너지정책과 법제의 변화 과정에서 제기되는 주요 현안과 근본적인 법학적 쟁점을 폭넓게 다루어 왔습니다. 아울러 에너지경제학을 비롯하여 에너지공학이나 전기공학 등 에너지법학의 발전에 필요한 관련 학문 분야와의 지속적인 교류를 통해 학문적 지평을 확대하고, 에너지법학이 단순히 이론 연구에 매몰되지 않고 현실의 문제 해결에 기여할 수 있도록 실천적 연구를 지속하고 있습니다. 이러한 측면에서 볼 때 한국에너지법학회는 에너지법학의 지속적인 발전에 핵심적인 역할을 할 것으로 기대됩니다.

한국에너지법학회가 그동안의 연구 성과를 공유하고, 학문적 논의의 깊이를 더하기 위해 『에너지법의 현안과 쟁점』이라는 첫 논문집을 발간하게 된 것을 진심으로 축하드립니다. 학문적 통찰과 헌신적인 리더십으로 학회를 이끌고 계신 현 학회장 숙명여대 정남철 교수, 에너지법학에 특별한 관심을 가지고 학계에서 왕성한 활동을 하고 있는 부산대학교 백옥선 교수를 비롯하여 한국법제연구원 김종천 박사와 박기선 박사의 옥고는 논문집의 깊이를 한층 높여 주었습니다. 또한 실무와의 연계를 통해 에너지법학을 해석학의 범주를 넘어 법정책적으로 발전시켜 온 박진표 변호사와 이동일 변호사의 수준 높은 논문이 포함되어 있어, 이번 논문집이 에너지법학 발전의 초석이 될 것으로 확신합니다.

돌이켜보면, 한국에너지법학회가 첫걸음을 내딛던 창립 당시 우리나라는 에너지 안보, 에너지 전환, 전력망 확충 등 에너지 분야의 중대한 과제에 직면해 있었습니다. 그러나 에너지 관련 사업자 간, 그리고 사업자와 공공기관 간의 법적 분쟁이 증가함에도 불구하고, 이를 뒷받침할 심도 있는 에너지법학 연구는 충분하지 못한 상황이었습니다. 이러한 문제의식 속에서 설립된 한국에너지법학회는 에너지의 지속가능한 발전을 위한 법적 토대를 마련하는 데 그 중심을 두었습니다. '에너지'라는 거대한 흐름을 '법'이라는 그릇에 담아 예측가능하고 정의로운 사회를 만드는 데 기여하자는 것이 학회 창립의 초심이었습니다. 그리고 지금, 우리는 기후변화 대응과 에너지 전환이라는 인류적 과제 앞에 서 있습니다. 급변하는 에너지 패러다임 속에서 법과 제도는 단순히 현상을 규율하는 데 그치지 않고, 혁신을 이끌며 사회적 합의를 도출하는 핵심적인 나침반이 되어야 합니다.

이번 논문집은 이러한 시대적 요구에 부응하여, 탄소중립 실현을 위한 신재생에너지 법제가 나아갈 방향을 제시하고 있습니다. 또한 에너지 전환 시대에 재생에너지와 원자력에너지의 병행 발전을 위한 법제 방안, 해상풍력, 국가전력망, 이산화탄소의 포집・저장・활용(CCUS) 및 전력시장과 계통운영을 다루고 있는 논문들은 우리나라의 에너지 관련 법적 현안이자 국제적으로도 중요 쟁점에 해당합니다. 개별 논문 모두가 앞으로 에너지법학의 발전에 중요한 이정표가 될 것으로 보이며, 필자들의 학문적 열정과 분석력에 깊은 경의를 표합니다.

끝으로, 한국에너지법학회의 첫 논문집 발간을 위해 헌신적으로 노력해 주신 정남철 학회장님을 비롯한 편집위원회와 모든 관계자 여러분의 노고에 깊이 감사드립니다. 여러분의 열정 덕분에 한국에너지법학회는 이제 명실상부한 에너지법학 연구의 구심점으로 자리매김하고 있습니다. 이번 논문집이 단지 학자들만의 연구 성과에 그치지 않고, 에너지 정책을 수립하는 입법자와 정책 결정자, 그리고 현업에 종사하는 전문가들에게도 귀중한 통찰과 방향을 제시하는 길잡이가 되리라 확신합니다.

다시 한번 『에너지법의 현안과 쟁점』 발간을 축하드리며, 한국에너지법학회가 앞으로도 에너지 법학의 지평을 넓히고 사회에 기여하는 학문 공동체로 영원히 발전해 나가기를 기원합니다.

감사합니다.

(전) 한국에너지법학회 회장/
중앙대학교 법학전문대학원 명예교수 이종영

차　　례

06 한국전력거래소의 전력시장 및 전력계통 운영에 대한 법적 통제 _ 183

에너지법의 현안과 쟁점

01

2050 탄소중립의 실현을 위한 신재생에너지법제의 개선방안*

정 남 철**

Ⅰ. 서 설

에너지 위기의 시대이다. 기후변화로 인해 탄소중립을 실현하기 위한 에너지정책의 전환이 요구되고 있다.[1] 기후변화와 에너지 문제는 서로 밀접한 관련이 있으며, 이러한 문제의 해결은 모든 국가의 당면 과제이

* 본고는 2022년 3월 28일 한국에너지법학회 창립기념 학술대회에서 발표한 후 저스티스 통권 제190호(2022. 6), 5～27면에 수록된 내용을 수정・보완한 것입니다.
** 숙명여자대학교 법과대학 교수
1) 근래에 독일에서는 환경법의 새로운 영역으로 “환경에너지법(Umweltenergierecht)”이라는 용어가 사용되고 있다(Kloepfer, Umweltrecht, 4. Aufl., § 18 Rn. 2).

기도 하다.[2] 기후변화와 에너지 안보를 연결해서 이해하는 견해도 유력하다.[3] 이처럼 에너지의 확보와 기후변화는 현대국가의 중요한 현안이다. 지난 2021년 10월 27일 환경부는 보도자료를 통해 2050 탄소중립을 위한 이정표(里程標)를 마련하였다고 밝혔다.[4] 2050 탄소중립 시나리오와 2030년의 국가온실가스 감축목표(NDCs)가 10월 27일에 개최된 국무회의에서 심의·확정되었다. 2050 탄소중립 시나리오에는 두 가지 방안이 고려되고 있다. 우선 A안은 화력발전 전면 중단 등 배출 자체를 최대한 감축하는 방안이며, B안은 액화천연가스(LNG) 발전을 잔존시키는 대신 탄소포집·이용·저장기술(CCUS)과 같은 온실가스 제거기술을 적극적으로 활용하는 방안이다. 이러한 방안에는 모두 석탄발전의 중단 외에 재생에너지의 발전 비중을 대폭 상향하는 내용을 포함하고 있다.

이러한 사정은 유럽연합을 비롯한 그 회원국도 비슷하다. 유럽연합의 그린딜(Green Deal)은 2050년까지 탄소배출을 영(零)으로 한다는 2019년 12월 11일 유럽집행위원회의 구상에 기초하고 있다.[5] 유럽연합은 2050년까지 80~95% 온실가스를 감축할 예정이다. 유럽연합의 회원국인 독일은 원전폐쇄(Atomausstieg)에 이어 석탄폐쇄를 추진하고 있다.[6] 2020년 8월 14일에는 석탄폐쇄법(Kohleausstiegsgesetz)이 제정되어 발효 중이다. 이 법률은 2038년까지 갈탄 및 석탄에 의한 전기사용을 순차적으로 중단하는 내용을 포함하고 있다.[7] 독일은 재생에너지의 비중을 2030년까지 총전력 소비량의 60%까지 높이고, 2050년까지는 경제수역을 포함한 독일의 영토

---

2) 정남철, 환경법강의, 제2판, 3면. 한편, 이를 두고 '에너지·기후의 시대(Energy-Climate-Era)'라고 부르는 견해도 있다(토머스 프리드먼, 코드 그린: 뜨겁고 평평하고 붐비는 세계, 21세기북스, 2008, 49면).

3) 앤서니 기든스/홍욱희 옮김, 기후변화의 정치학, 에코리브르, 2009, 서문, 21면.

4) 이하의 내용은 환경부 2021. 10. 27.자 보도자료 참조.

5) Scholtka/Frizen, Die Entwicklung des Energierechts im Jahr 2020, NJW 2021, S. 906.

6) 이에 대해서는 정남철, '원전폐쇄와 재산권보호', 헌법논총 제25집(2014), 205면 이하; 동인, 독일 원자력법제의 최근 동향과 에너지정책의 변화, 한국법제연구원(2019. 10), Global Legal Issues 19-⑩, 34면 이하.

7) Scholtka/Frizen, a.a.O., S. 907.

에서 생산되거나 소비되는 총전력의 온실가스를 영(零)으로 하는 것을 재생에너지법이 달성해야 할 목표로 삼고 있다(독일 재생에너지법 제1조 제1항 및 제2항).[8] 그러나 이후 독일 정부는 우크라이나-러시아의 전쟁으로 천연가스의 공급이 급감하여 에너지정책에서 큰 어려움을 겪고 있다.

이러한 상황에서 우리나라에서는 2030 국가온실가스 감축목표가 종전보다 대폭 상향되었다. 앞에서 언급한 국무회의에서 정부는 2050년 탄소중립의 중간목표로 2030년까지 2018년 대비 40% 감축할 것을 결정하였다. 이는 종전에 2030년까지 2017년 대비 24.4% 감축, 2018년 대비 26.3% 감축에 비해 대폭 상승된 것이다. 또한 이러한 결정은 지난 2021년 11월 글래스고우(Glasgow)에서 개최될 예정이었던 유엔기후변화협약 제26차 당사국총회(COP 26)를 앞두고 기후변화 대응을 위한 정부의 온실가스 감축의지를 강하게 표현한 것이다. 2021년 9월 24일 제정되어 2022년 3월 25일 시행된 「기후위기 대응을 위한 탄소중립·녹색성장 기본법」(이하 '탄소중립기본법'이라 한다) 제8조 제1항에서도 "정부는 국가 온실가스 배출량을 2030년까지 2018년의 국가 온실가스 배출량 대비 35퍼센트 이상의 범위에서 대통령령으로 정하는 비율만큼 감축하는 것을 중장기 국가 온실가스 감축 목표로 한다"라고 규정하고 있다. 이후 제정된 탄소중립기본법 시행령 제3조 제1항은 "대통령령으로 정하는 비율"이 40퍼센트라고 명시하고 있다. 이로써 탄소중립 정책을 실현하기 위한 정부의 구체적인 감축목표가 설정되었다.

2050 탄소중립을 실현하기 위해 정부는 이미 '2030 국가 온실가스 감축목표'를 상향한 안에서 석탄발전의 비중을 2018년 41.9%에서 2030년에는 21.8%까지 감축하고, 신재생에너지의 비중을 2018년의 6.2%에서 2030년에는 30.2%까지 높일 계획을 밝혔다. 유엔기후변화협약 제26차

8) 독일도 2014년에는 재생에너지의 비중이 25.8%에 불과하였고, 종전에는 2035년까지 재생에너지의 비중을 55~60%까지 늘릴 예정이었다(Erbguth/Schlacke, Umweltrecht, 6. Aufl., § 16 Rn. 41).

당사국총회에서는 파리협정에 합의한 바와 같이 지구의 온도를 1.5℃ 낮추기 위해 개발도상국에 대한 선진국의 재정지원 방안이 중요한 안건이었지만, 화력발전소와 화석연료 보조금지원을 중단하는 내용도 결의하였다는 사실에 주목할 필요가 있다. 이러한 국제적 상황 속에서 탄소중립을 실현하기 위한 정부의 에너지정책은 시급한 국가적 과제다.

탄소중립은 이상적인 목표다. '탄소중립'이란 온실가스의 순배출량을 영(零)으로 하는 넷제로(Net Zero)를 말하며, 탄소중립기본법은 이를 "대기 중에 배출·방출 또는 누출되는 온실가스의 양에서 온실가스 흡수의 양을 상쇄한 순배출량이 영(零)이 되는 상태"라고 정의하고 있다(동법 제2조 제3호). 천연자원과 에너지가 절대적으로 부족한 국가에서 이러한 탄소중립의 실현은 쉽지 않은 과제이며, 탄소중립을 위해 신재생에너지에만 의존할 수도 없는 것이 우리의 현실이다.[9] 그러나 기후변화의 문제를 극복하기 위해 신재생에너지의 비중을 단계적으로 확대해야 하는 것은 시대적 요청이다. 이와 관련하여 지난 2020년 12월 29일 정부(산업통상자원부)는 제5차 신재생에너지 기본계획(2020~2034)을 발표하였다. 기존 신재생에너지 기본계획에 재생에너지의 수요나 신에너지(수소) 등의 내용을 대폭 보완하고 있다. 한편, 환경부는 지난 2021년 4월 21일 「환경기술 및 환경산업 지원법」에 근거하여 한국형 녹색분류체계, 즉 K-택소노미(Taxnomy)를 발표하였다. 또한 같은 해 12월에 발간된 '한국형 녹색분류체계 가이드라인'에 의하면, 재생에너지를 비롯한 수소에너지는 대체로 한국형 녹색분류체계, 즉 소위 K-택소노미(Taxnomy)에 속한다. 그러나 원자력에너지는 당시에 보류되었는데, 이후 개정을 통해

9) 기후변화대응을 위해 청정에너지의 개발은 필수적이지만, 태양에너지나 풍력과 같은 재생에너지들은 시간과 공간에 따라 유동적인 단점을 가진다(프리드먼, 앞의 책, 274-275면 참조). 또한 '수소'시대의 도래에 대한 회의적인 시각도 있다(이상돈, 비판적 환경주의자, 브레인북스, 2007, 227-279면). 나아가 신재생에너지의 에너지효용성에 대한 비판이 제기되고 있는 것도 사실이다. 그러나 화석연료에만 전적으로 의존하는 시대는 종언(終焉)을 고하고 있으며, 최적의 에너지믹스 정책을 모색해야 한다.

원전 경제활동의 항목 일부(원전 신규건설, 원전 계속 운전, 원자력 관련 연구・개발・실증 등)를 한시적으로 포함시켰다. 여기에 액화천연가스(LNG)가 포함되는지가 논란이 되었으나, 이후 2022년 K-택소노미에 전환부문으로 포함되었다. 이처럼 한국형 녹색분류체계는 "6대 환경목표(온실가스 감축, 기후변화 적응, 물, 순환경제, 오염, 생물다양성)에 기여하는 녹색경제활동의 분류"를 말한다.[10] 한국형 녹색분류체계는 탄소중립의 실현을 위한 중요한 환경정책의 기준이 되며, 여기에 어떤 에너지를 포함시킬 것인지는 에너지정책에 있어서도 중요한 문제이다.

이하에서는 2050 탄소중립의 실현과 관련된 중요한 쟁점으로 탄소중립기본법의 제정과 특징, 제5차 신재생에너지 기본계획의 주요 내용 등을 살펴보기로 한다. 또한 신재생에너지와 관련된 법제의 현황과 문제점을 검토하고, 그 개선방안을 제시하도록 한다.

Ⅱ. 2050 탄소중립의 실현과 관련된 주요 쟁점

1. 탄소중립기본법의 제정 및 특징

심각한 기후변화의 문제에 대응하기 위해 '저탄소 녹생성장기본법'을 폐지하고 '탄소중립기본법'을 제정하였다. 탄소중립기본법 제1조의 목적조항에는 "기후위기의 심각한 영향을 예방하기 위하여 온실가스 감축 및 기후위기 적응대책을 강화"하는 것이 포함되어 있다. 그런 점에서 탄소중립기본법이 기후변화 대응과 온실가스의 감축을 실현하기 위한 중요한 근거 법률이라는 점을 충분히 인식할 수 있다. 특히 2015년 파리협정에서 제시한 국가별 온실가스감축목표를 이행하기 위해서도 새로운 패러다임이 필요하다는 점에서 이러한 법률의 제정은 만시지탄(晩時之歎)이 있지만 긍정적으로 평가할 만하다. 특히 전술한 바와 같이 중장

10) 환경부, 한국형 녹색분류체계(K-TAXONOMY) 가이드라인, 2021. 12, 9면.

기감축목표에 대해 종전의 저탄소 녹생성장기본법 시행령에서 규율하던 것을 법률 차원에서 규정한 것도 주목된다(탄소중립기본법 제8조). 또한 탄소중립 사회로의 이행과정에서 일자리 감소나 지역경제·취약계층의 피해를 최소화하기 위한 고려도 포함되어 있다. 나아가 탄소중립기본법은 "기후정의"와 "정의로운 전환" 등과 같이 소위 환경정의(environmental justice)의 내용도 포함하고 있다.

탄소중립기본법의 주요 내용을 살펴보면, 정부는 2050년까지 탄소중립 목표를 실현하기 위해 국가전략을 수립하여야 한다(제7조). 전술한 중장기 감축목표를 설정하고 그 이행현황을 매년 점검하며, 중앙행정기관·지방자치단체·공공기관은 부진·개선사항을 해당 기관의 정책 등에 의무적으로 반영하도록 하고 있다(동법 제8조 및 제9조). 또한 정부는 국가비전 및 중장기감축목표를 위해 20년을 계획기간으로 하는 '국가 탄소중립 녹색성장 기본계획'을 5년마다 수립·시행하고, 지방자치단체의 차원에서도 시·도 탄소중립 녹색성장 기본계획 및 시·군·구 탄소중립 녹색성장 기본계획을 수립·시행하도록 하고 있다(동법 제10조부터 제12조까지). 그리고 탄소중립 사회로의 이행과 녹색성장의 추진을 위한 정책이나 계획, 그리고 그 시행을 위한 중심적 기구로서 대통령 소속으로 '2050 탄소중립녹색성장위원회'를 둘 예정이다. 나아가 탄소중립기본법에는 온실가스 감축을 위한 제도로써 기후변화영향평가, 온실가스감축인지 예산제도, 배출권거래제, 공공부문과 관리업체의 온실가스 목표관리(제26조, 제27조), 탄소중립 도시(제29조), 탄소흡수원 확충(제33조), 탄소포집·이용·저장기술의 육성(제34조) 등을 규정하고 있다.

그러나 탄소중립기본법은 그 내용에 있어 다소의 차이는 있지만, 법률의 구조와 체계 등에서 종전의 '저탄소 녹색성장기본법'의 틀을 그대로 유지하고 있다.[11] '녹색성장', '녹색경제', '녹색산업' 등의 개념도 그

11) '녹색성장'의 개념을 비롯해서 저탄소 녹색성장기본법의 문제점에 대해서는 이준서, '기후변화 대응 법제의 입법형식과 체계에 관한 소고', 환경법연구 제43권 제1호, 2021,

대로 규정하고 있다. 또한 국가비전 및 국가전략도 저탄소 녹색성장기본법 제9조의 '저탄소 녹색성장 국가전략'을, 그리고 소속은 변경되었지만 2050 탄소중립녹색성장위원회도 저탄소 녹색성장기본법 제14조의 '녹색성장위원회' 등을 기초로 하고 있다. 또한 탄소중립기본법 제6조에는 "탄소중립 사회로의 이행과 녹색성장의 추진에 관하여 다른 법률에 특별한 규정이 있는 경우를 제외하고는 이 법에서 정하는 바에 따른다" 라고 규정하고 있다. "탄소중립 사회로의 이행"과 "녹색성장의 추진"과 관련하여 개별법에 대해 우선하여 적용된다는 것을 밝히고 있다. 그러나 탄소중립이나 녹색성장의 개념이 포괄적이므로 다른 법률과의 관계에서 문제가 발생할 우려도 있다. 향후 탄소중립기본법이 신재생에너지와 관련된 개별법에 대해 우선하여 적용되는지가 중요한 문제가 될 것이다. 예컨대 후술하는 「신에너지 및 재생에너지 개발·이용·보급 촉진법」(이하 '신재생에너지법'이라 한다)을 비롯하여 「수소경제 육성 및 수소 안전관리에 관한 법률」(이하 '수소법'이라 한다), 「전기사업법」, 「해상풍력 보급 촉진 및 산업 육성에 관한 특별법」 등을 검토할 필요가 있다.

2. 제5차 신재생에너지 기본계획의 주요 내용 및 쟁점

전술한 바와 같이 2020년 12월 29일 정부는 신재생에너지법 제5조에 따라 작성된 '제5차 신재생에너지 기술개발 및 이용·보급 기본계획'(이하 '제5차 신재생에너지 기본계획'이라 한다)을 발표하였다.[12] 제5차 신재생에너지 기본계획(2020년~2034년)에는 기후변화 대응과 경기부양을 동시에 달성하기 위해 신재생에너지의 비중을 대폭 확대하는 내용을 포함하고 있다. 여기서 2034년 최종 에너지 중 신재생에너지 비중을 13.7%, 발전량 중 신재생에너지 비중을 25.8%까지 확대할 계획이다. 이를 추진하기 위한 전략으로 ① 질서 있고 지속가능한 신재생에너지의 보급 확

1면 이하 참조.

12) 이하의 내용은 산업통상자원부 2020. 12. 29. 보도자료 참고.

산체계 마련(풍력 인허가 통합기구 도입, 이격거리 규제 합리화 등 인허가 규제 개선), ② 신재생에너지 의무할당제와 관련된 RPS(Renewable Portfolio Standards) 시장 효율성 제고 및 다양화 촉진, ③ 재생에너지의 다양한 수요기반 창출(RE100 본격화 및 자가용 재생에너지 활성화 확산), ④ R&D 혁신역량 제고 및 생태계 활성화(수소 전문기업 및 에너지혁신기업 육성), ⑤ 인프라 혁신(계통 수용성 증대를 위한 시스템 구축) 등을 내세우고 있다. 이러한 추진전략을 바탕으로 다양한 세부 추진계획을 제시하고 있다. 이러한 세부 추진계획 중에서 현행법으로 정책집행을 할 수 없거나 법령의 개정이 필요한 사항이 있는지를 자세히 검토해야 한다. 또한 이러한 내용의 입법이 추진될 때 어떠한 문제점이 발생할 수 있는지도 함께 고려할 필요가 있다.

(1) 질서 있고 지속가능한 신재생에너지의 확산(보급혁신)

1) 주민참여 활성화 및 주민과의 이익공유 제도화

정부가 발표한 제5차 신재생에너지 기본계획에는 신재생에너지의 보급 확대를 위해 참여주체 및 입지의 다변화와 인허가 규제 개선, 민간·공공투자 활성화 지원, 국민이 안심하는 신재생에너지의 확산을 검토하고 있다. 특히 정부는 세부 추진과제에서 주민참여의 활성화와 주민과의 이익공유를 제도화할 것을 밝히고 있다. 태양광·풍력 등 재생에너지에 민간자본을 유치하는 노력은 바람직하지만, 지역주민의 참여 시 투자금을 장기저리 융자로 지원하는 방안은 신중할 필요가 있다. 이러한 정책이 불필요한 투기로 이어질 수도 있다. 국민주주 프로젝트의 추진으로 인한 부작용이나 수익률의 저조로 인한 국민의 신뢰 저하 가능성 등에 대한 우려의 목소리도 있는 것이 사실이다. 이익공유의 가이드라인을 마련하는 것이 국민들의 신뢰 제고를 위해 중요하며, 민간자본의 유치를 위한 투명성도 확보할 수 있다. 또한 이러한 가이드라인을 '고시(告示)'할 필요가 있다. 나아가 정부는 2021년 수소발전 '의무화'제도에 대한 입법을 추진할 예정이라고 밝히고 있다. 수소발전 의무화는 국민의 권리를 제한하고 의무를 부과하는 내용이므로 법률유보의 원칙에 비추어 그 요건, 내용 및 절차 등을 법률에 명확히 규정하여야 한다.

2) 지역 주도의 재생에너지 확산체계 구축

정부는 지역 주도의 재생에너지 확산과 관련하여 '집적화 단지 사업 추진'을 계획하고 있다. 산업통상자원부는 세부 추진과제에서 지방자치단체가 수용성・환경성 있는 집적화단지 사업(40MW 이상)을 추진할 경우 인센티브를 지원하고, 중장기적으로는 인허가 일괄처리가 가능한 계획입지로 전환한다고 밝히고 있다. 이러한 집적화단지의 입지요건으로는 적합한 자원보유, 전원개발 가능성, 주민수용성, 부지・기반시설 확보 등을 고려하고 있다. 수소법 제22조에는 '수소특화단지'의 지정에 관한 규정을 두고 있다. 즉 "산업통상부장관은 수소사업자와 그 지원시설을 유치하여 집적화를 추진하고 수소전기차 및 연료전지 등의 개발・보급을 지원하기 위하여 수소특화단지를 지정하여 자금 및 설비 제공 등 필요한 지원을 할 수 있다"라고 규정하고 있다.

집적화단지 사업과 관련하여, 수소법에는 집적화단지의 입지요건이나 인허가 일괄처리가 가능한 계획입지에 관한 규정이 없다. '인허가 일괄처리가 가능한 계획입지'가 무엇을 의미하는지도 불분명하다. 이러한 내용이 인허가의제를 통한 계획입지의 선정과 관련된 것인지를 명확히 할 필요가 있다. 환경・안전 등과 관련된 시설의 계획입지 또는 부지의 선정은 중요한 절차이며, 이와 관련된 의견수렴절차(청문, 공청회 등)는 충분히 보장되어야 한다. 행정절차법 제40조의4에는 '행정계획'에 관한 규정이 도입되었다. 이에 관한 절차적 규정이 정비될 경우 이러한 계획입지의 선정에 대한 절차적 통제가 강화될 것이다. 지금은 절차의 간소화와 신속화를 도모할 수 있도록 집적화단지계획의 수립에 관한 특별한 행정절차가 필요하다.

수소법에는 막연히 자금 및 설비 제공 등을 예시적으로 규정하고 있다. 이에 반해 제5차 신재생에너지 기본계획의 세부 추진계획에는 집적화단지 사업에 관한 인센티브로 지방자치단체 REC(Renewable Energy Certificates) 추가 부여, 계통연계 지원, 금융지원 우선실시 등을 고려하고 있다. 이러한 '지원'사항도 수소법에서 직접 규율하는 것이 타당하다. 이는 급부행정과 법률유보원칙의 문제와 밀접한 관련이 있다. 이러한 급부행정에도 형평의 관점에서 법률에 그 근거를 마련하는 것이 바람직하다.

한편, 세부 추진과제에서 '지역에너지센터(가칭)'의 설립 등 지역 맞춤형 에너지 전환을 위한 지방자치단체의 역할을 강화하는 방안을 강구하고 있다. 이와 관련하여 탄소중립기본법 제30조는 지역 에너지 전환의 '지원'을 규정하고 있다. 즉 정부는 기후위기에 대응하기 위하여 지역별로 신재생에너지의 보급·확대 방안을 마련하는 등 지방자치단체의 에너지 전환을 지원하는 정책을 수립·시행하여야 한다.

한편, 지방자치단체의 장은 관할 지역 내에 '탄소중립 지원센터'를 설립 또는 지정하여 운영할 수 있다(탄소중립기본법 제68조). 탄소중립 지원센터는 지역의 탄소중립·녹색성장에 관한 계획의 수립·시행뿐만 아니라 에너지 전환 촉진 등을 통한 탄소중립 사회로의 이행과 녹색성장의 추진을 목적으로 한다. 다만, 이러한 '지역에너지센터'와 '탄소중립 지원센터'의 관계가 모호한데, 양자의 관계를 명확히 할 필요가 있다.

3) 전력공기업 등 공공부문의 대규모 프로젝트 참여

세부 추진과제에서 망중립성 확보, 중소사업자 보호 등 공정한 역할 정립을 전제로 공동접속설비 등이 필요한 대규모 프로젝트에 전력공기업 등의 참여가 검토되고 있다. 예컨대 일정 규모 이상의 대규모 해상풍력발전소의 설치가 여기에 해당한다. 재생에너지의 효용성 향상과 국가경쟁력을 위해서는 긍정적으로 평가할 수 있다. 그러나 「전기사업법」

상 허가기준이나 사업허가의 취소 등을 위반하거나, 「독점규제 및 공정거래에 관한 법률」에 따른 불공정행위나 독과점 등이 문제가 되지 않도록 전력공기업의 참여 요건에 관한 구체적인 규정을 상세히 마련할 필요가 있다.

4) 보급확대를 위한 인허가 규제 개선

세부 추진과제에서 풍력발전소의 설치과정을 지원하는 풍력 인허가 통합기구(One-Stop Shop)를 도입할 예정이다. 즉 입지발굴, 발전지구 지정, 사업자 선정, 인허가 등의 모든 과정을 신속하게 진행하기 위한 것이다. 이러한 제도는 절차간소화와 행정의 효율성을 고려한 것이다. 그러나 여기에서 말하는 '원스탑샵'의 의미가 불분명하다. 또한 일련의 모든 과정(입지발굴→발전지구 지정→사업자 선정→인허가 등)을 어떠한 방식으로 지원할 것인지를 구체적으로 밝힐 필요가 있다. 신재생에너지 시설 설치허가의 법적 성질은 향후에도 논란이 될 것이다.

한편, 독일에서는 에너지관리법(EnWG) 제4조 제1항 제1문에 의해 에너지공급망의 운영개시를 위해서는 주(란트)법에 따른 관할 행정청의 허가(Genehmigung)를 받아야 한다. 이 경우 허가는 기속행위이며, 관할 행정청은 인적·기술적·경제적 능력이나 신청인의 신뢰성이 흠결된 경우 신청허가를 거부해야 한다. 이는 전형적인 통제허가이다. 그러나 에너지 시설의 설치·운영을 위해서는 승인(Zulassung)이 필요하며, 시설승인의 요건을 충족해야 한다.[13)]

나아가 고압공중전선(Hochspannungsfreileitungen)은 국경을 넘는 직류 고압전압선 등 일정한 경우를 제외하고 계획확정절차(Planfeststellungsverfahren)가 필요한 경우도 있다. 이 경우 행정절차의 간소화와 신속화를 특징으로 하는 행정절차법상의 계획확정절차가 중요하다. 근래에 한국 행정절차법 제40조의4에 '행정계획'에 관한 규정이 처음 도입되었으나

13) Ziekow, Öffentliches Wirtschaftsrecht, 4. Aufl., § 15 Rn. 9 ff.

향후 대규모공공사업과 관련된 특별한 절차규정을 마련할 필요가 있다. 그 밖에 세부 추진과제에서 인허가 의제가 인정될 수 있는 '태양광'의 범위를 확대하고, 추후 의제처리가 적용되는 에너지원의 확대도 검토한다고 밝히고 있다. 후술하는 바와 같이 인허가의제 제도에는 적지 않은 문제가 있으므로 신중하게 접근해야 한다.

한편, 세부 추진계획에는 재생에너지 설비 통합 안전관리 체계 구축을 언급하고 있다. 여기서 안전과 관련된 인허가 절차를 '인허가 통합시스템'과 연계한다는 것이 무엇을 의미하는지가 여전히 불분명하다. 지방자치단체가 재생에너지와 관련된 인허가 현황 등을 종합적으로 파악하여 안전관리를 한다는 의미로 해석된다. 이러한 문제는 인허가 등의 감독권과 관련된 것이므로 감독의 소재나 책임 등을 법률에 명확하게 규정하는 것이 바람직하다. 수소법이나 신재생에너지법에는 이러한 인허가 등에 관한 규정을 두고 있지 않다.

5) 신재생에너지 설비의 안전성

태양광, 풍력, 수소 등 신재생에너지의 안전기준에 관한 규정을 체계적으로 정비할 필요가 있다. 세부 추진과제에서 산지태양광 안전관리 강화방안 후속조치를 마련하고, 풍력도 블레이드의 안전성 제고를 위한 인증기준을 강화한다고 밝히고 있다. 또한 수소도 2022년까지 연료전지, 수전해 설비, 수소 추출기 등 저압수소용품 사용시설 안전관리 강화를 위해 상세 안전기준을 마련할 예정이다. 수소법 제36조에는 수소용품 제조사업 허가를 규정하고 있지만, 허가의 요건이나 기준을 명확히 제시하고 있지 않다. 통상의 허가란 법령의 요건을 충족하면 발급되어야 한다(통제허가). 수소용품 제조사업 허가를 통상의 허가(통제허가)로 이해해야 하는지도 명확하지 않다. 이러한 수소용품 제조사업의 위험성이 높은 경우에는 그러한 허가를 통상의 허가로 분류하기가 쉽지 않다. 이 경우 억제적 금지에 대한 면제를 의미하는 '예외적 승인'으로 해석될 수 있다. 이는 허가 발급이 기속행위인지 재량행위인지를 판단하는 중요한 기준이 될 수도 있다. 수소법 제36조 제2항의 규정을 보면, 일정한 경우를 제외하고 원칙적으로 허가를 발급하여야 한다고 규정하고 있다.

한편, 수소법에는 시설기준 및 기술기준 등을 규정하고 있다(제36조 제3항, 제38조 제4항). 또한 안전관리규정은 산업통상자원부령으로 제정하도록 위임하고 있다. 시설안전의 기술성과 유동성을 감안하면, 이를 이해할 수 있는 부분도 있지만, 법률 차원에서 안전기준에 관한 지침이나 방향 등을 수범자가 충분히 예측할 수 있도록 규정하는 것이 바람직하다. 태양광이나 풍력 등에 관한 안전기준에 대해서도 법적 근거를 마련할 필요가 있다.

(2) 시장 효율성 제고 및 다양화 촉진(시장혁신)

1) 신재생에너지 공급의무화 시장개편

정부는 신재생에너지 공급의무화(RPS) 의무비율을 현재 상한 10%에서 2034년에는 40% 수준으로 확대할 예정이다. 이를 위해 시행령에 규정된 RPS 공급의무 부여기준을 조정하여 공급의무자 대상을 확대하려고 한다. 공급의무자의 대상에 관한 중요한 사항은 법률에서 직접 규율하는 것이 바람직하다.[14] 또한 세부 추진과제에서 사업수익성 제고를 위해 경쟁입찰을 통한 장기계약 중심으로 RPS 시장을 개편하여 사업자의 안정적 수익창출에 기여할 것을 밝히고 있다. 다만, 이러한 장기계약의 법적 성질을 어떻게 파악해야 하는지도 문제다. 이를 사적 자치에 기반하여 사법상 계약으로 운용할 것인지, 아니면 공법적 규제를 전제로 한 공법상 계약으로 체결할 것인지 등을 고민해야 한다. 이러한 문제도 법령에 직접 규율하는 것이 바람직하다.

한편, RPS 의무비율 상향 및 공급의무자의 확대도 법률 및 시행령을

14) 신재생에너지의 공급의무화에 관한 법적 문제에 대해서는 이종영 · 윤기봉 · 박원석, '신재생에너지의 공급의무화제도', 환경법연구 제35권 1호, 2013. 4, 279~316면 참조.

개정하여 정비할 필요가 있다. 정부의 제5차 신재생에너지 기본계획에는 전술한 바와 같이 RPS 의무비율을 2034년까지 40%로 상향하고 공급의무자의 범위도 확대할 예정이다. 그러나 현행 신재생에너지법 제12조의5에는 '신재생에너지 공급의무화 등'에 관하여 규정하고 있다. 공급의무자가 의무적으로 신재생에너지를 이용하여 공급하여야 하는 발전량(의무공급량)의 합계는 총전력생산량의 25% 이내의 범위에서 연도별로 대통령령으로 정하도록 하고 있다(동조 제2항). 따라서 신재생에너지법의 개정을 통해 RPS 의무비율의 목표를 새로이 설정해야 한다.

세부 추진과제에서는 공급의무자를 확대하기 위해 발전설비 기준을 낮출 계획을 밝히고 있다. 이 경우에도 신재생에너지법 시행령 제18조의4를 개정해야 한다. 신재생에너지 공급의무자의 확대는 발전사업자에 대한 중대한 제한이 될 수 있으므로 법률유보의 원칙상 이러한 내용도 시행령이 아니라 법률에서 직접 규율하는 것이 바람직하다. 무엇보다 이는 신재생에너지의 공급의무화와 관련하여 중요한 의미를 포함하고 있으므로 국가의 정책적 목표를 명확히 설정해야 한다. 그 밖에도 세부 추진과제에서 제시하는 내용은 법률이나 시행령에서 정확히 파악하기가 어려운 점이 있다. 에너지정책에는 국가경쟁력을 좌우하는 중요한 내용이 포함되어 있으므로 법령에 그 근거를 두고 추진되어야 한다.

2) 신재생 연료혼합 의무화제도 단계적 확산

정부는 비(非)전력 에너지인 '신재생열' 활용 확대로 에너지의 효율적 이용 및 전환손실을 최소화할 예정이다. 또한 세부 추진과제에서 소위 '신재생 연료혼합 의무화제도(RFS: Renewable Fuel Standard)'를 단계적으로 확산할 계획을 밝히고 있다. 바이오디젤 혼합비율을 지금의 3%에서 2030년에는 5% 내외까지 단계적으로 상향시킬 계획을 포함하고 있다. 비전력 신재생에너지원의 확산 기반을 마련한다는 점에서 긍정적으로 평가할 만하다. 신재생에너지법 시행령 제26조의2에는 신재생에너지 연료 혼합의무에 관한 규정을 두고 있다. 이러한 의무를 위반할 경우 과징금의 부과대상이 될 수 있다는 점에서 혼합비율을 확대할 경우 법률에 '상한선'을 규정하는 것이 바람직하다.

(3) 재생에너지의 다양한 수요기반 창출(수요혁신)

정부는 기업과 공공기관의 RE100 참여를 본격적으로 확산할 계획이다. 이와 관련하여 사용전력의 100%를 재생에너지로 조달하는 기업에 대해서는 각종 인센티브와 지원 등을 마련하고 있다. 여기에는 온실가스 감축 인정, 녹색보증 지원, 대출금리 인하, RE100 라벨링 부여, 기업의 사회적 책임(CSR) 활동 지원 등이 고려된다. 이 경우에도 RE100을 확산하기 위한 법적 근거를 마련하여 각종 인센티브나 지원 등의 수혜에 있어서 평등원칙을 위반하지 않도록 주의할 필요가 있다.

산업단지와 일반 국민을 대상으로 RE100 참여 확대와 자가용 신재생에너지 확산 등을 통해 신재생에너지 수요저변을 확대할 계획이다. 이와 관련하여 국토교통부와 새만금개발청은 새만금 산업단지를 RE100 산업단지로 조성·추진하고 있다. 또한 지방자치단체 차원에서 RE100 시범사업을 추진하고 녹색 프리미엄 판매대상을 주택용 전기소비자로 확대할 예정이다. 나아가 전기사용자가 소속된 지역 내에서 생산하는 신재생에너지를 우선적으로 소비할 수 있도록 망이용료 특례를 인정하는 방안도 고려중이다. 그 밖에 재생에너지의 공급 집중 시간대로 전력수요를 이전하고 태양광이 집중되는 낮 시간에 저렴한 요금제를 적용하는 방안(소위 Day Light 요금제), 에너지 과잉공급의 문제와 관련하여 수요를 초과하는 재생에너지를 다른 시간대로 이전하여 공급하는 방안 등도 함께 고려중이다. 이러한 정책은 재생에너지의 생산이나 공급이 효율적이고 충분히 이루어지는 것을 전제로 하는 것이다.

(4) R&D 혁신역량 제고 및 생태계 활성화(산업혁신)

정부는 혁신기업의 육성, 차세대 핵심인력 양성 및 신규 일자리 창출을 염두에 두고 있다. 여기에는 초고효율 태양전지 및 관련 소재・부품 등에 대한 연구지원을 강화하고, 초대형 풍력 터빈 및 부품패키지 국산화 기술을 개발하는 것이 포함되어 있다. 이와 관련하여 초대형 블레이드(길이 100m, 8MW급), 증속기와 발전기 등 핵심부품을 국산화하고 부유식 풍력 터빈용량을 2019년 0.75MW에서 2030년까지 5~8MW까지 확대하는 방안을 추진하고 있다. 또한 세부 추진과제에서 신재생에너지 서비스 중심의 혁신기업 육성계획을 밝히고 있다. 예컨대 2040년까지 '수소 전문기업'을 육성할 예정이다. 현행 수소법 제3장에는 수소전문기업의 육성에 관한 규정을 두고 있다. 여기서 수소전문기업에 대한 행정적・재정적 지원(제9조), 보조・융자(제10조), 조세 및 부담금의 감면(제17조), 국유재산・공유재산의 대부・사용(제18조) 등을 규정하고 있다. 수소전문기업의 육성을 위한 구체적 방안을 법령에 포함할 수 있도록 해야 한다.

그 밖에 차세대 핵심 인력 양성과 관련하여 해외 우수 연구기관과의 교류 협력 강화, 전문인력 양성 및 일자리 창출, 신재생에너지 국가기술자격 활성화 등 다양한 R&D 투자에 관한 내용을 제시하고 있다. 현행 신재생에너지법 제30조 제2항에는 전문인력의 양성과 관련하여 "신・재생에너지 분야 특성화 대학 및 핵심기술연구센터를 지정하여 육성・지원"할 수 있다는 추상적 규정만을 두고 있다. 위에서 제시된 해외 우수 연구기관과의 교류에 대한 지원, 국가기술자격 등에 관한 사항은 신재생에너지법에 명확히 규정되도록 해야 한다.

(5) 계통수용성 증대를 위한 시스템 구축(인프라 혁신)

세부 추진과제에는 기존 송배전설비 활용의 극대화를 통해 계통수용성을 보강하는 것을 포함하고 있다. 다만, 재생에너지 사업자 선택에 따라 일정 수준 이하로 발전출력을 제한하는 조건으로서 우선 접속하고, 접속 용량이 포화된 선로에 연계된 기존 사업자의 최대출력을 제한하는 경우 발전량 감소에 대한 보상방안을 검토하고 있다. 이에 대한 제한의 근거뿐만 아니라 손실보상(영업손실)의 범위나 기준 등은 법률에 명확히 규정되어야 한다.

Ⅲ. 신재생에너지 관련 법제의 현황과 문제점

1. 풍 력

신재생에너지법 외의 개별법에는 신재생에너지와 관련된 단편적인 규정을 두고 있을 뿐이다. 예컨대 「발전소주변지역 지원에 관한 법률」 제2조 및 동법 시행령 제2조에 수력발전소, 조력발전소 또는 해상풍력발전소의 주변지역 지원에 관한 규정을 두고 있다. 농지법 시행규칙 제31조의2에는 태양에너지 발전설비를 설치할 수 있는 지역에 관한 규정을 두고 있다. 그러나 이러한 신재생에너지 시설의 설치 등을 규율하는 독립된 단일법률은 거의 없다.

오랫동안 「풍력발전 보급촉진 특별법안」이 국회에 계류 중이었으나, 우여곡절 끝에 성사되지 못하였다. 그러나 온실가스 감축과 탄소중립의 실현을 위해 해상풍력의 확대가 필요하다는 요구에 따라 2025년 3월 25일 마침내 「해상풍력 보급 촉진 및 산업 육성에 관한 특별법」(이하 '해상풍력법'이라 한다)이 제정되었다. 해상풍력법의 입법목적은 해상풍력의 보급 촉진과 해상풍력산업의 발전·육성 등을 통해 에너지의 확보, 온실가스 감축과 탄소중립의 실현 등에 있다. 또한 해상풍력법은 해상풍력발전입지의 계획적인 입지를 위한 통일적인 절차를 규율하고 있다.

해상풍력법이 '특별법'의 성격을 가지기 위해서는 '일반법'이 존재하여야 한다. 풍력도 재생에너지에 속하므로 '신재생에너지법'을 일반법으로 볼 수도 있다.[15] 신재생에너지법이 "신에너지 및 재생에너지의 기술개발 및 이용·보급 촉진"과 "신에너지 및 재생에너지 산업의 활성화"를 목적으로 한다는 점에서 그러하다. 그러나 해상풍력법에는 신재생에너지법과의 관계가 명확히 규정되어 있지 않다. 이와 달리 독일 재생에너지법(EEG: Erneuerbare-Energien-Gesetz) 제36조 이하에서는 지상풍력발전소의 시설을 상세히 규율하고 있다.[16] 해상풍력발전소의 설치나 운영, 시설 허가 등에 대해서는 해상풍력에너지법(WindSeeG: Windenergie-auf-See-Gesetz)이 별도로 규율하고 있다.[17] 해상풍력에너지법은 2017년 재생에너지법과 함께 제정되었다. 독일 해상풍력에너지법은 제3부에서 공모절차를 상세히 규정하고 있다. 또한 제4부에서는 2020년 12월 31일 이후에 운영되는 해상풍력시설의 허가, 설치 및 운영 등을 규율하고 있

15) 신재생에너지법은 '신에너지'와 '재생에너지'를 개념적으로 구분하고 있다(제2조). 즉 수소에너지, 연료전지, 석탄을 액화·가스화한 에너지 및 중질잔사유(重質殘渣油)를 가스화한 에너지로서 대통령령으로 정하는 기준 및 범위에 해당하는 에너지, 그 밖에 석유·석탄·원자력 또는 천연가스가 아닌 에너지로서 대통령령으로 정하는 에너지를 '신에너지'로 규정하고 있다. 신에너지는 "기존의 화석연료를 변환시켜 이용하거나 수소·산소 등의 화학 반응을 통하여 전기 또는 열을 이용하는 에너지"를 말한다. 또한 햇빛·물·지열(地熱)·강수(降水)·생물유기체 등을 포함하는 재생 가능한 에너지를 변환시켜 이용하는 에너지 중 태양에너지, 풍력, 수력, 해양에너지, 지열에너지, 생물자원을 변환시켜 이용하는 바이오에너지로서 대통령령으로 정하는 기준 및 범위에 해당하는 에너지, 폐기물에너지(비재생폐기물로부터 생산된 것은 제외한다)로서 대통령령으로 정하는 기준 및 범위에 해당하는 에너지, 그 밖에 석유·석탄·원자력 또는 천연가스가 아닌 에너지로서 대통령령으로 정하는 에너지를 '재생에너지'로 규정하고 있다. 재생에너지는 "햇빛·물·지열(地熱)·강수(降水)·생물유기체 등을 포함하는 재생 가능한 에너지를 변환시켜 이용하는 에너지" 중 위에 열거한 에너지를 말한다. 본고(本稿)에서는 신에너지와 재생에너지를 포괄하여 편의상 "신재생에너지"로 표현하기로 한다.

16) 독일 재생에너지법(EEG)은 재생에너지의 확대를 위해 2014. 7. 21. 제정되었다(BGBl. I S. 1066). 2017년 재생에너지법(EEG 2017)을 제정하면서, 육상풍력에너지시설 지원의 허가 요건을 규정하게 되었다. 당시에 이러한 허가(Genehmigung)가 무엇을 의미하는지가 논란이 되었다. 그러나 적어도 연방임미시온방지법상 허가와는 구별되며, 프로젝트와 관련된 허가 개념으로 이해해야 한다는 견해가 유력하다(Operhalsky/Fechler, Der Genehmigungsbegriff im EEG 2017, S. 17).

17) 이 법률의 공식명칭은 "해상풍력에너지의 발전 및 육성에 관한 법률(Gesetz zur Entwicklung und Förderung der Windenergie auf See)"이다.

다.[18] 특히 해상풍력시설의 설치·운영 및 중요한 변경은 '계획확정절차'에 의한다(동법 제45조).

이런 점을 고려하면, 해상풍력발전시설의 절차 신속화와 당사자나 이해관계인 등의 절차권 보장을 위해 어떠한 방식을 선택할 것인지를 고민할 필요가 있다. 종전의 「풍력발전 보급촉진 특별법안」 제11조에는 '고려지구'를 규정하고 있는데, 그 의미와 발전지구와의 관계가 모호하였다. 법률안 제2조 제3호는 고려지구를 "풍력입지정보망 등을 기반으로 풍황, 환경보호, 주민피해 최소화 등 풍력발전시설의 설치에 필요한 조건이 우수하여 풍력발전지구로 지정이 고려되는 지역"으로 정의하고 있었다. 현행 해상풍력법은 '고려지구'를 '예비지구'로 그 명칭을 변경하여 규율하고 있다. 즉 해상풍력 발전예비지구는 "풍황, 환경 및 주민피해 최소화 등 해상풍력발전시설의 설치에 필요한 조건이 우수하여 해상풍력발전지구로의 지정이 고려되는 지역으로서 제14조에 따라 지정·고시된 구역"을 말한다.

산업통상자원부장관과 해양수산부장관이 소정의 요건을 충족하는 지역을 해상풍력발전위원회의 심의를 거쳐 '예비지구'로 지정할 수 있다(해상풍력법 제14조). 산업통상자원부장관은 예비지구를 대상으로 기본설계안을 수립하고 해상풍력발전위원회의 심의·의결을 거쳐 기본설계를 확정한다(동법 제16조). 산업통상자원부장관은 해상풍력법 제19조 제1항 각 호의 요건을 충족하고 민관협의회의 협의를 거친 예비지구의 전부 또는 일부를 해상풍력발전위원회의 심의·의결을 거쳐 '발전지구'로 지정할 수 있다.

한편, 해상풍력발전사업자는 입찰을 통해 산업통상자원부장관에 의해 선정될 수 있다(동법 제24조). 다만, 200메가와트 이상의 석탄화력발전소

18) 독일에서도 이러한 규정이 도입되기 전에 중요한 시설변경에 어떤 절차가 적용될 것인지에 대해 논란이 있었다(Boemke/Uibeleisen, Update: Erste Änderungen des EEG 2017 und des WindSeeG, NVwZ 2017, S. 289 f.).

를 소유한 공공기관의 운영에 관한 법률 제4조에 따른 공공기관은 우대될 수 있다. 해상풍력발전사업자의 선정이 어떤 법적 성질을 가지는지는 앞으로 논란이 있을 수 있다. 선정된 해상풍력발전사업자는 소정의 사항을 포함하는 실시계획을 수립하여 산업통상자원부장관의 '승인'을 받아야 한다. 이러한 승인은 해상풍력발전사업의 실시와 관련된 설권적 처분의 성격을 가지며 강학상 특허로 보는 것이 타당하며, 또한 이는 재량행위에 해당한다.[19]

이러한 실시계획의 승인 또는 변경승인을 받은 때에는 해상풍력법 제27조 제1항에 따른 인허가 등의 의제가 발생한다. 또한 실시계획의 승인 또는 변경승인을 받은 해상풍력발전사업을 시행하기 위하여 건축법에 따른 건축물을 건축하려는 경우에 기본설계도서를 관계 행정기관의 장에게 제출하면 건축허가를 받거나 건축신고를 한 것으로 의제된다 (동법 제27조 제4항). 그러나 이러한 인허가의제는 1973년 12월 「산업기지 개발 촉진법」에 도입된 이래 2020년 현재 141개 조문으로 116개 법령에 산재되어 있으며, 법적으로 여러 가지 문제를 일으키고 있다. 관련 인허가 등이 반드시 필요한지도 면밀히 검토할 필요가 있다. 인허가의제는 절차간소화를 위한 규정이지만, 그 의제의 범위가 지나치게 포괄적이며 광범위하다.[20] 대규모공공사업의 수립에 적합한 절차간소화제도를 강구해야 하며, 절차적 요건을 충분히 보장하면서도 다른 인허가 등을 대체하거나 통합적으로 관할하는 방식을 검토할 필요가 있다.[21]

2. 태양에너지

신재생에너지법 제2조 제2호 가목에는 태양에너지를 재생에너지로

19) 대법원 2014. 9. 26. 선고 2012두5602 판결; 대법원 2014. 9. 26. 선고 2012두5619 판결 참조.

20) 정남철, 한국행정법론, 제4판, 198~199면.

21) 이러한 문제점에 대해서는 정남철, '행정기본법상 인허가의제 제도의 법적 쟁점과 개선방안', 행정법학 제21호, 2021. 9, 1~32면 참조.

분류한 규정만을 두고 있으며, 별도로 태양에너지를 자세히 규정한 법률은 없다. 다만, 개별법에 태양에너지에 관한 단편적인 규정만을 두고 있다. 예컨대 전기사업법상 허가기준으로 신재생에너지법 제2조에 따른 태양에너지 중 태양광, 풍력, 연료전지를 이용하는 발전사업의 경우 대통령령으로 정하는 바에 따라 발전사업 내용에 대한 사전고지를 통하여 주민 의견수렴 절차를 거칠 것을 규정하고 있다(동법 제7조 제5항 제5호). 농지법 제36조에서도 일정한 태양에너지 발전설비에 대해 농지복구를 조건으로 다른 용도의 일시사용허가를 규정하고 있다. 그 밖에 환경친화적 자동차의 개발 및 보급 촉진에 관한 법률 제2조 제4호는 태양에너지를 동력으로 하는 '태양광자동차'를 규정하고 있다. 이와 달리 독일의 2021년 재생에너지법 제37조 이하에는 태양에너지 시설과 관련된 모집공고에 관한 상세한 규정을 두고 있다.

3. 수소에너지

신재생에너지법에는 수소에너지를 '신에너지'의 일종으로 분류한 규정만 두고 있다(제2조 제1호 가목). 다만, 수소경제의 이행 촉진을 위한 기반 조성 및 수소산업의 체계적 육성을 위해 「수소경제 육성 및 수소 안전관리에 관한 법률」(이하 '수소법'이라 한다)이 제정되어 있다. 수소법 제4장에는 '수소연료공급시설'의 설치 등에 관한 규정을 두고 있다. 수소연료공급시설 설치계획서의 제출을 요청받은 일정한 시설운영자는 산업통상자원부장관에게 소정의 계획서를 제출하여야 한다(동법 제19조 제1항 및 제2항). 그러나 수소법은 이러한 계획서에 대해 산업통상산업부장관이 어떤 행정처분이나 행정조치 등을 할 수 있는지를 명확히 규정하고 있지 않다. 산업통상자원부장관이 연료공급시설 설치계획서의 변경을 요청하거나 그 설치계획서에 따라 이행을 하지 않는 시설운영자에게 그 이행을 요청하는 규정만을 두고 있을 뿐이다. 이러한 내용은 권고적 성격만 가질 뿐, 강제적 규정으로 보기는 어렵다. 수소연료공급시설의 설치에 개시통제의 수단이 보이지 않는다. 또한 계획서의 제출을 일종의 신청이나 신고로 이해할 수 있는지도 문제지만, 법문상으로는 그러한 신고나 신청으로 보기도 어렵다. 그 밖에 산업통상자원부장관은 수소특화단지의 지정 및 해제에 관한 권한을 가진다(동법 제22조).

Ⅳ. 개선방안

1. 탄소중립의 실현을 위한 법체계의 구축

2050 탄소중립의 목표를 효과적으로 달성하기 위해서는 법체계를 구축하는 것이 중요하다. 기후변화에 효과적으로 대응하고 탄소중립을 실현하기에 '탄소중립기본법'은 불완전하고 미흡하다. 기후변화에 적극적으로 대처하기 위해 '탄소중립기본법'이 제정된 것은 고무적이며, 탄소중립기본법은 기후변화 대응과 탄소중립을 실현하기 위한 중요한 '정책법'이라고 볼 수 있다. 그러나 탄소중립기본법에는 비구속적인 내용이 적지 않다. 국가 탄소중립 녹색성장 기본계획(국가기본계획)을 비롯해서 시・도나 시・군・구의 기본계획도 모두 비구속적인 성질을 가진다. 이러한 기본계획을 구체적으로 실천할 수 있는 구속력 있는 계획이나 집행도구를 '탄소중립기본법'에 규정해야 한다.

정부가 제시한 세부 추진과제는 신재생에너지의 확산 기반을 구축하여 저탄소 사회로 이전하기 위한 다양하고 포괄적인 정책 방안을 포함하고 있다. 즉 참여주체의 다변화와 인허가 규제의 개선, 신재생에너지 공급의무화(RPS) 의무이행 상향 조정, RE100 참여 확대를 위한 재생에너지의 다양한 수요기반 창출, 신재생 유망분야에 대한 R&D 지원 확대 및 차세대 인력 양성, 선제적 계통투자 등을 통한 인프라혁신 등을 포함하고 있다. 이러한 정책을 효율적이고 지속적으로 추진하기 위해서는 제도적 지원이 필요하다. 신재생에너지와 관련된 산업・경제 정책을 추진하면서 '법령'의 개선이 필요한 부분도 적지 않다. 정책과 제도가 법령에 근거를 두고 있지 않거나 국민의 권리・의무와 관련된 중요한 법규적 사항이 하위법령에만 규정되어 추진될 수도 있는데, 중요한 헌법원리(법치국가원리, 민주주의원리, 사회국가원리 등)에 위반되지 않도록 주의해야 한다. 신재생에너지의 확대로 인해 기업에 실질적인 부담을 줄 수 있는 내용도 적지 않다. 신재생에너지에 대한 규제는 주로 경제활동과 관련이 있으므로 이러한 규제가 기업의 자유(영업의 자유), 재산권 등 헌법상 기본권을 중대하게 침해하지 않도록 신중하게 정책을 추진해야 한다.[22)]

요컨대 기후변화 대응과 탄소중립의 목표를 달성하기 위해서는 '탄소중립기본법'과 개별 법률과의 연계를 구축하는 것이 중요하다. 탄소중립기본법에서 기후변화와 탄소중립의 기본방향과 목표를 제시하고, 개별 법률에서 이를 구체적으로 실현할 수 있는 제도를 마련해야 한다.

2. 탄소중립의 실현을 위한 행정조직의 설치

기후변화 대응과 탄소중립의 실현을 체계적으로 관리할 수 있는 통일적인 행정조직이 필요하다. 탄소중립기본법에는 기후변화 대응과 온실가스 감축을 종합적으로 추진할 수 있는 부처를 명확히 규정하고 있지 않다. 탄소중립녹색성장위원회가 이러한 역할을 맡는 것은 적절하지 않다. 정부 내에 기후변화대응과 탄소중립에 관한 정책을 종합적으로 관리하는 행정조직을 마련해야 한다. 현재 기후변화와 탄소중립 등에 관한 정책을 환경부나 산업통상자원부가 담당하고 있지만, 이러한 구조와 조직으로 통일적이고 체계적인 탄소중립 정책을 실현하는 것은 쉽지 않아 보인다. 예컨대 환경부에는 '기후탄소정책실'이 설치되어 있고, 산업통상자원부에는 '에너지정책실'을 두고 있다. 산업통상자원부의 에너지정책실에는 에너지정책관, 전력정책관, 재생에너지정책관 및 수소에너

---

22) Badura, Wirtschaftsverfassung und Wirtschaftsverwaltung, 2. Aufl., Rn. 26 ff.

지정책관을 두고 있다. 신재생에너지에 관한 정책은 산업통상자원부가 맡고 있다. 이처럼 탄소중립과 밀접한 관련이 있는 에너지정책을 산업통상자원부가 담당하고, 기후변화 정책을 환경부가 맡고 있다. 탄소중립 기본법의 소관부처는 환경부지만, 이와 밀접한 관련을 가지는 에너지정책은 대부분은 산업통상자원부의 관할이다.

탄소중립의 목표를 실현하기 위해서는 소관부처를 명확히 정해야 한다. 환경부의 권한이 강한 독일처럼 연방환경·기후변화·자연보호 및 핵안전부(Bundesministerium für Umwelt, Klimaschutz, Naturschutz und nukleare Sicherheit)가 탄소중립 정책을 주도하는 사례도 있다. 그러나 기후변화와 에너지 부분을 통합적으로 관할하는 부처를 신설하는 방안도 고려할 수 있다. 예컨대 영국의 '기후변화·에너지부(Department of Energy & Climate Change)'도 참고할 만하다. 기후변화·에너지부는 2016년 7월부터 '기업·에너지·산업전략부(Department for Business, Energy & Industrial Strategy)'로 통합되었다. 이후 2023년 2월에 에너지 안보 및 탄소중립부(DESNZ: Department for Energy Security and Net Zero)가 신설되어 탄소중립과 에너지 정책을 전담하고 있다. 탄소중립과 에너지 정책을 체계적으로 전담할 수 있는 기관의 신설이 필요하다.

3. 신재생에너지법령의 체계적 정비

신재생에너지법령의 체계적 정비가 필요하다. 신재생에너지에 관한 법령은 산만하며 아직 그 체계가 확립되어 있지 않을 뿐만 아니라, 관련 내용이 대체로 주어진 상황에 따라 제정되어 통일적이지도 않다. 특히 개별적인 신재생에너지에 대한 규율이 부족하고 그 시설의 설치나 허가 등에 관한 규정도 흠결되어 있다. 재생에너지 시설의 설치는 계획과 밀접한 관련이 있다.[23] 이와 관련하여 '신재생에너지법'을 전면적으

23) Fest/Fechler, Neue Anforderungen an Planung und Genehmigung von Windenergieanlagen, NVwZ 2016, S. 1050 ff.

로 재검토해야 한다. 신재생에너지법에 규정된 조항들이 새로운 법률의 제정이나 개정으로 인해 삭제된 경우가 적지 않다. 신재생에너지법은 독일의 사례에 비추어보면 신재생에너지 정책과 제도에서 중추적 역할을 수행해야 한다. 독일의 재생에너지법(EEG)과 같이 신재생에너지를 모두 망라하여 이를 체계적으로 규율하여야 한다. 이와 관련하여 태양에너지, 풍력, 바이오에너지 등 중요한 신재생에너지에 관한 규정을 더 욱더 보완해야 한다.

신재생에너지의 시설 설치에 관한 계획이나 절차 등에 관한 규정도 정비되어야 한다. 이러한 절차규정은 절차의 신속화가 고려되어야 하며, 이해관계인이나 지방자치단체 등의 참여절차가 충분히 보장되어야 한다. 신재생에너지정책을 신속히 추진하기 위한 인허가 통합시스템에 관한 내용은 현행 제도의 특징과 현황을 충분히 검토한 후 추진될 필요가 있다. 우리나라에는 아직 대규모공공사업의 설치에 관한 통일적인 규정이 없다. 다만, 해상풍력발전입지의 계획적인 조성과 해상풍력 보급 · 확산 등을 위해 '해상풍력법'을 제정한 것은 고무적이다. 그러나 해상풍력을 비롯한 육상의 풍력발전소 설치에 관한 체계적인 계획절차를 정비해 나가는 것이 중요하다. 최근 개정된 행정절차법 제40조의4에는 '행정계획'에 관한 규정이 도입되었다. 비록 어렵게 도입된 규정이지만, 대규모공공사업의 실시와 관련하여 완비된 절차규정을 마련해야 한다. 독일의 계획확정절차도 참고할 수 있는 좋은 모델이지만, 우리 현실에 적합한 구속력 있는 행정계획절차가 필요하다. 대규모 신재생에너지 시설의 설치에 관한 수립절차를 통일적으로 규율하는 방안을 강구하여야 한다.

4. 실현가능한 신재생에너지 정책의 로드맵

실현가능한 신재생에너지 정책의 로드맵이 필요하다. 2050 탄소중립의 실현을 위한 현행 신재생에너지법제는 불충분하므로 이를 통한 탄소중립의 실현은 구두선(口頭禪)에 그칠 수도 있다. 따라서 정부는 원자력에너지와 신재생에너지를 망라하는 에너지정책의 중장기 계획을 재검토하고 실현가능한 신재생에너지 정책을 제시할 필요가 있다. 이러한 정책을 국회와 협의해서 확정하고, 정부가 교체되더라도 그 기본적 골격이 유지되도록 해야 한다. 현행 신재생에너지법은 "신에너지 및 재생에너지의 기술개발 및 이용·보급 촉진과 신에너지 및 재생에너지 산업의 활성화"를 목적으로 제정된 것이다. 따라서 이 법률을 신재생에너지를 포괄적으로 규율할 수 있도록 정비할 필요가 있다. 전술한 독일의 신재생에너지법(EEG)이 그 대표적 사례이다. 현행 신재생에너지법을 전면개정하여 신재생에너지 전반을 망라하는 법률로 정비할 필요가 있다. 이러한 법률에는 2050 탄소중립을 실현할 수 있도록 신재생에너지별로 구체적이고 세부적인 연도별 목표치가 명확하게 규정되어야 한다.

지난 2022년 3월 9일 제20대 대통령선거를 통해 윤석열 정부가 출범하였고, 당시 대통령 당선인은 "실현가능한 탄소중립과 원전최강국 건설"을 10대 공약으로 제시하였다. 또한, 원자력과 청정에너지 기술의 구축을 통해 탄소중립의 목표를 달성하겠다고 밝혔다. 원자력에너지를 청정에너지로 활용한다고 하더라도 노후화된 원자력발전소의 유지와 가동연한 등에 대해서는 전문가의 판단 외에 국민적 합의와 의회의 결정이 중요하다. 이러한 문제는－독일의 사례처럼－의회에서 법률로 정해야 한다. 간과할 수 없는 사실은 포화상태에 있는 사용후핵연료의 처리와 같은 안전문제를 우선으로 해결해야 한다는 것이다.[24] 원자력에너지만으로 탄소중립의 목표를 달성할 수는 없다. 당시 대통령 당선인은 대선공약집에서 원자력 외에 태양광·수소 등 청정에너지 분야에서 글로벌 톱3 기술강국 실현으로 고급 일자리를 창출하겠다고 밝혔다. 그러나 탄소중립을 실현할 수 있는 구체적인 신재생에너지 정책은 보이지 않았다. 이러한 현실에 비추어 태양열이나 풍력 등 재생에너지만으로 전기

24) 김재광, '고준위방사성폐기물관리시설의 부지선정의 사회적 수용성 제고를 위한 법적 과제', 서울법학 제27권 제4호, 2020. 2, 415면 이하.

를 풍부하고 청정하며, 저렴하게 공급할 수 있을지는 미지수(未知數)이다. 설치비용이 높은 태양열이나 시간과 공간의 제약을 많이 받는 풍력발전소도 일정한 한계를 가지는 것이 사실이다. 원전을 폐쇄한 독일의 사례에서 보는 바와 같이 재생에너지에 대한 초기 투자 비용이 높아 전기요금의 인상을 감수해야 하는 점도 있다. 그러나 인류의 생존을 위협하는 기후변화에 대응하기 위해 청정에너지를 포기할 수는 없다. 유럽연합이나 미국 등에서는 청정에너지 기술이 괄목할 정도로 발전하고 있으며, 이에 대해 R&D 투자를 지속적으로 확대하고 있음을 부인할 수 없는 것이 사실이다.

대통령 탄핵결정을 거쳐 지난 2025년 6월 4일 다시 새로운 정부가 출범하였다. 이재명 정부는 재생에너지 중심의 에너지 전환정책을 약속하였다. 석탄화력발전소의 단계적 축소와 RE100 산업단지의 조성 등을 내용으로 하고 있지만, 신재생에너지 정책의 세부내용을 파악하기는 여전히 힘들다. 새 정부는 국회와 협력하여 청정에너지에 관한 에너지정책의 백년대계(百年大計)를 마련해야 한다. 탄소중립의 목표를 효과적으로 달성할 수 있는 신재생에너지 정책을 구체적으로 수립하고, 그 지속적 수행을 위해 관련 신재생에너지 법령을 체계적으로 정비하는 작업도 함께 병행해야 한다. 지난 정부의 실책을 반면교사로 삼아 지속가능한 신재생에너지 정책을 마련해야 할 시점이다.

〈참고문헌〉

[국내문헌]

김재광, '고준위방사성폐기물관리시설의 부지선정의 사회적 수용성 제고를 위한 법적 과제', 서울법학 제27권 제4호, 2020. 2, 415~455면.

이상돈, 비판적 환경주의자, 브레인북스, 2007.

이종영·윤기봉·박원석, '신재생에너지의 공급의무화제도', 환경법연구 제35권 제1호, 2013. 4, 279~316면.

이준서, '기후변화 대응 법제의 입법형식과 체계에 관한 소고', 환경법연구 제43권 제1호, 2021, 1~38면.

정남철, 환경법강의, 제2판, 법문사, 2025.

______, 한국행정법론, 제4판, 법문사, 2024.

______, '독일 원자력법제의 최근 동향과 에너지정책의 변화', 한국법제연구원, 2019.

______, '행정기본법상 인허가의제 제도의 법적 쟁점과 개선방안', 행정법학 제21호, 2021. 9, 1~32면.

______, '원전폐쇄와 재산권보장', 헌법논총 제25집, 2014, 205~240면,

앤서니 기든스/홍욱희 옮김, 기후변화의 정치학, 에코리브르, 2009.

토머스 프리드먼, 코드 그린: 뜨겁고 평평하고 붐비는 세계, 왕윤종 감수, 최정임·이영민 옮김, 21세기북스, 2008.

환경부, 한국형 녹색분류체계(K-TAXONOMY) 가이드라인, 2021. 12.

[독일문헌]

Badura, Wirtschaftsverfassung und Wirtschaftsverwaltung, 2. Aufl., Tübingen 2005.

Boemke/Uibeleisen, Update: Erste Änderungen des EEG 2017 und des WindSeeG, NVwZ 2017, S. 286 ff.

Erbguth/Schlacke, Umweltrecht, 6. Aufl., Baden-Baden 2016.

Fest/Fechler, Neue Anforderungen an Planung und Genehmigung von Windenergieanlagen, NVwZ 2016, S. 1050 ff.

Kloepfer, Umweltrecht, 4. Aufl., München 2016.

Operhalsky/Fechler, Der Genehmigungsbegriff im EEG 2017, S. 13 ff.

Scholtka/Frizen, Die Entwicklung des Energierechts im Jahr 2020, NJW 2021, S. 906 ff.

Voßkuhle/Wischmeyer, Grundwissen: Öffentliches Recht: Verwaltungsvollstreckung, JuS 2006, S. 698 ff.

Ziekow, Öffentliches Wirtschaftsrecht, 4. Aufl., München 2016.

02

에너지전환(Energiewende)시대의 원자력에너지와 재생에너지의 병행 발전방안*

김 종 천**

Ⅰ. 들어가는 말

에너지 역사는 인류의 역사와 같이 시작되었다고 해도 과언이 아니며 그 변천은 인류문명의 발달[1]과 함께 그 시대의 기술적인 진보 혹은

* 한국국가법학회, 「국가법연구」 제15집 제3호, 2019/10, 21~52면에 게재하였던 논문을 일부 수정하고 보완한 논문임을 밝힙니다.
** 한국법제연구원 기획정영본부상, 법학박사.

산업구조[2])를 재편시켰다.[3]) 특히, 대한민국의 급속한 산업 및 경제발전은 석유, 석탄, 천연가스를 통한 화력발전과 원자력발전을 통한 안정적인 전력공급[4])으로 국민들에게 편리하고 안락한 삶[5])을 제공해 주는 동시에 국가의 산업발전에 기여함으로써 이룩할 수 있었던 것이었다. 우리나라의 주력 산업인 조선, 철강, 자동차, 석유화학, 반도체 등 산업의 기반이 되는 대규모 집중형 제조시설도 석탄발전소, 원자력발전소, LNG 발전소의 안정적인 전력공급이 커다란 역할을 차지했다는 점을 부인할 수 없을 것이다.[6])

---

1) 역사적으로 우리나라 사람들의 수명과 관련하여 보면, 고려시대 왕 34명 평균수명 42.3세, 서민 39.7세, 승려는 70.2세였고, 조선시대에는 외침과 역병으로 평균수명이 30세 안팎이었으며, 1900년대 초에 평균수명 36세, 조선시대의 왕 27명 평균수명 47세(영조 83세), 1970년대에 평균수명 62.3세, 1990년대 71.1세, 2010년대 80.2세이다. 이처럼 사람의 수명이 연장된 이유는 에너지의 사용량 증가에 따라 깨끗한 물, 식품, 의약품 등의 기술개발이 중요한 원인으로 판단된다. 이와 관련하여 https://www.jeonmae.co.kr/news/articleView.html?idxno=853844 <인터넷홈페이지, 2025년 8월 15일>
2) 18세기 산업혁명시대에 제임스 와트에 의해 증기기관 발명과 방직기라는 기계의 등장으로 인간의 육체로 인한 농업중심의 사회구조를 산업중심의 사회구조로 변화시켰다. 19세기에서 20세기 중반은 전기, 석유 등의 새로운 에너지의 등장으로 조선, 철강, 석유화학 산업으로 대량생산이 가능해졌다. 20세기 후반은 개인용 컴퓨터와 인터넷의 등장으로 정보화시대를 열게 했다. 2025년 이후 우리인류는 AI 기술의 발전으로 모든 산업분야에서 창조적 파괴 현상을 일으키는 문명사적인 대전환 시대에 살고 있다. 이처럼 AI시대에 에너지는 우리 인류에게 지속 가능하고 편안한 삶을 유지하며, 국가의 산업발전을 강화하는데 원동력으로 작용하고 있다. 이와 관련하여 상세한 내용은 김종천, '에너지산업 플랫폼 구축을 위한 에너지사용정보 활용에 관한 법제연구', 한국법제연구원, 2020. 10, 61~62면.
3) Jeremy Rifkin/안진환(역), 3차 산업혁명, 민음사, 2012, 159면.
4) 에너지법의 가장 중요한 법원칙은 에너지의 안정적인 공급이며, 에너지공급의 안정성원리는 에너지안보라고도 불린다. 즉 에너지법의 출발점은 국가가 어떻게 국민이 필요로 하는 에너지를 안정적으로 공급할 수 있는 제도를 구축하는가에 달려 있다. 이종영, 에너지법학, 박영사, 2024, 6면.
5) 오늘 당신이 입은 옷은 비료와 트랙터로 재배된 면화로 만들어졌을지도 모른다. 혹은 에틸렌으로 만들어진 폴리에스테르 옷일 수 있는데, 에틸렌은 석유에서 나온다. 당신이 학교나 회사에 출근하기 위하여 차를 이용했다면 그 차가 설령 전기자동차라고 해도 그 전기를 생산하는데 화석연료가 사용되었을 것이다. 또한 아파트에 사는 당신은 시멘트 더미 속에서 사는 것과 같다. 이처럼 인류는 의·식·주 등에서 화석연료라고 하는 에너지를 사용하지 않고는 삶을 영위할 수 없다. 이와 관련한 내용은 빌 게이츠/김민주·이엽(역), 기후재앙을 피하는 법, 김영사, 2021, 58~59면.

이처럼 종전의 전력수급계획이 「전기사업법」에 근거하여 전력의 수급 안정과 경제성 위주로 수립된 계획임에 반하여, 지난 2017년 12월 작성된 제8차 전력수급계획(2017년부터 2031년까지)은 환경성과 국민의 안전에 미치는 영향을 고려하도록 설계됐다. 예컨대, 원전과 석탄을 단계적으로 축소하고, 신재생에너지를 중심으로 친환경에너지를 확대하도록 함과 더불어 30년 이상 된 노후석탄발전소의 봄철 가동중단 및 미세먼지 경보 시 지역 내 석탄발전소의 추가 제약 등을 할 수 있도록 했다.[7] 이것은 정부가 기존의 에너지 공급 일변도의 대규모 중앙집중형 발전 확대 정책에서 소규모 분산형 전원을 중시하는 정책에로의 에너지 전환(Energiewende) 의지를 보여 주는 사례라고 할 것이다.

하지만, 우리나라는 2011년 9월 15일에 "대규모 순환정전사태"를 경험한 바와 같이 매년 여름 · 겨울철에 폭염(暴炎)과 혹한(酷寒)으로 인하여 현재 전력공급이 전력수요를 따라가지 못하는 상황을 경험하고 있고, 대규모 정전사태(블랙아웃)를 사전에 대비하기 위하여 20년을 계획기간으로 5년마다 에너지기본계획을 수립해야 한다. 이에 정부는 2019년 6월 4일에 제3차 에너지기본계획을 심의하고 확정을 하였는바, 2040년까지 재생에너지 발전 비중을 30~35%로 확대하고, 석탄발전을 과감히 줄이고, 원전은 노후화된 원전 수명을 연장하지 않고, 신규로도 추진하지 않는 방침으로 2040년 원전 및 석탄 발전 비중 목표치(2차 에너지기

6) http://www.seoulfn.com/news/articleView.html?idxno=338891 <서울파이낸스, 2019년 4월 5일자>

7) 2025년 2월 21일 산업통상자원부는 제11차 전력수급기본계획(2024~2038년)을 확정하였는바, AI와 반도체 등 새로운 전력 수용에 대응하기 위하여 원전, 재생에너지, 수소 등 다양한 무탄소전원을 활용하는 내용을 담고 있다. 즉 2038년까지 신규 대형원전 2기와 SMR(소형모듈원자로) 1기를 건설하고, 2030년까지 연평균 7GW의 재생에너지를 보급하는 것이다. 특히, 2030년까지 무탄소발전 비중을 53%까지 높이고, 2038년에는 70%까지 확대하는 것을 목표로 제시했다. 정부는 첨단산업 신규투자, 데이터센터, 전기화 등으로 최근 전력 추가 수요를 반영한 2038년 목표 수요를 129.3GW로 전망했고, 수요관리는 측정 및 검증 가능한 수단으로 16.3GW 목표로 삼았다. https://www.motie.go.kr/kor/article/ATCLc01b2801b/70152/view# <산업통상자원부 홈페이지, 2025년 8월 15일>

본계획에서는 2035년 재생에너지 비중을 11%, 원전 비중을 29%)를 제시하지 않았다.[8] 또한 정부는 에너지소비효율을 38% 개선하여 에너지 수요를 18.6%를 감축하는 것과 재생에너지, 연료전지 등 수요지 주변에 분산전원 비중을 확대하여 분산형, 참여형 에너지시스템을 확대하겠다는 내용을 밝혔다.[9][10]

따라서 현대사회에서 국가의 핵심과제는 에너지의 효율적인 사용과 국민의 생명과 신체 등의 안전을 도모하기 위하여 에너지의 안정적인 공급 정책을 수립 및 친환경적인 에너지원 확보 방안에 관한 것을 목표로 삼아야 한다. 특히, 4차 산업혁명으로 대변되는 인공지능(AI), 사물인터넷(IoT), 빅 데이터(Big Data) 등의 新성장동력, 산업엔진, 혁신성장 등의 기반을 마련하기 위해서는 안정적인 에너지 공급 없이는 불가능하다고 할 것이다.

그러므로 대규모 집중형 발전시설인 원자력발전소가 1979년 미국의 펜실베니아주 스리마일섬 사고, 1986년 (구) 소련 우크라이나 체르노빌 사고, 2011년 3월 일본 후쿠시마 원전 폭발사고[11]가 발생했고, 우리나

---

8) http://biz.chosun.com/site/data/html_dir/2019/06/04/2019060401111.html <조선일보, 2019년 6월 4일자>

9) http://biz.chosun.com/site/data/html_dir/2019/06/04/2019060401111.html <조선일보, 2019년 6월 4일자>

10) 2023년 6월 13일에 법률 제19437호로 분산에너지 활성화를 위한 기반 조성 및 분산에너지 확대에 필요한 사항을 정함으로써 에너지 관련 첨단기술 활용을 통하여 분산에너지를 활성화하고 에너지공급의 안정을 증대하여 국민경제의 발전에 이바지하기 위한 목적으로 「분산에너지 활성화 특별법」을 제정하였고, 2024년 6월 14일부터 시행되고 있다. 특히, 5년마다 분산에너지 활성화 기본계획 수립 및 시행, 분산에너지 보급 확대를 위하여 필요한 분산에너지사업 등록, 등록 의제 및 등록취소, 분산에너지 설치 의무, 배전망 관리·감독, 전력계통영향평가의 실시, 분산에너지특화지역의 지정 및 규제 특례, 지역별 전기요금등에 관한 규정을 마련하고 있다. https://www.law. go.kr/ <인터넷홈페이지, 2025년 8월 15일>

11) 2011년 3월 일본 후쿠시마 원전사고가 발생한 후, 독일은 2022년까지 17개의 원전을 폐쇄하기로 결정을 했고, 오히려 중국은 2011년부터 2019년까지 오히려 34개 원전을 추가로 설치했는바, 독일이 폐쇄한 2배의 수치다. 미국은 값이 저렴한 천연가스와 경쟁하기 어려운 원전 몇 기를 폐쇄하긴 했으나, 여전히 100개에 가까운 원전을 가동하여 자국의 전력수요의 20%를 담당하고 있다. 또한 천연가스도 전체 에너지 사용량 중 재

라도 2016년 9월 12일 경주지진(5.8)과 2017년 11월에 발생한 포항지진으로 인하여 다수 호기가 설치되어 있는 경주와 부산 · 울산지역의 원전에 대한 안전성 확보 문제가 제기되었다. 이에 따라 문재인 대통령은 대선 과정에서 원전 감축에 대한 공약을 제시하였고, 이를 실현하기 위하여 2017년 6월 19일에 부산 기장군 장안읍 고리 1호기 원자력발전소 영구정지 선포식[12]에서 건설 예정인 신규 원전 건설계획(천지 1 · 2호기와 신한울 3 · 4호기)을 전면 백지화하고 원전의 설계수명을 연장하지 않겠다는 계획을 제시하기에 이르게 되면서 에너지전환(Energiewende)[13] 시대를 맞이하게 되었다.

종국적으로 원전의 안전기술이 지속적으로 발전하더라도 원전을 다른 에너지원으로 전환되어야 할 숙명인 것인지, 아니면 원전의 안전성 강화가 에너지전환이라는 거대한 물결을 잠재울 수 있을 것인지, 또는 이러한 물음에 대하여 원자력에너지와 재생에너지가 병행하여 발전을 도모할 수 있는 것인지에 대한 법제 대응 방안을 모색하고자 한다.

생에너지의 두 배가 넘고 있다. 이처럼 에너지전환 정책은 대단히 복잡하고 지난한 과정이며 어느 정도 객관적인 시각에서 세밀하게 각국의 에너지공급과 수급상황에 따라 분석할 필요가 있다. 대니얼 예긴/우진하(역), '뉴맵－에너지 · 기후 · 지정학이 바꾸는 새로운 패권 지도', 리더스북, 2020, 559면.

12) https://www.yna.co.kr/view/AKR20170619071500001 ＜인터넷홈페이지, 2019년 7월 19일＞

13) 그러나 우리나라는 정치, 경제, 사회, 문화적인 요인으로 인하여 에너지전환 정책에 많은 비판이 제기되고 있다. 그 이유가 첫째, 우리나라의 산업구조가 에너지 다소비구조인 제조업을 중심으로 성장하여 많은 에너지를 소비하는 시스템이고, 둘째, 우리나라 국민들은 에너지 전기를 저렴하게 공급되어져야 하는 인식구조를 가지게 되었는데, 그 이유는 공공요금 물가 정책의 일환으로 일반 국민에게 원가에 비하여 상대적으로 저렴한 전기요금 정책을 지속하고 있기 때문이며, 셋째, 「전기사업법」은 새로운 신사업 분야를 창출하기에 엄격한 규제와 통제제도를 가지고 있으며, 법체계 정비방향성에 부정적이기 때문이다. 이정동 · 권혁주 · 김기현 · 장대익 외 19인, 공존과 지속－기술과 함께하는 인간의 미래, 민음사, 2019/4, 229~230면.

Ⅱ. 헌법상 국가의 임무로서 에너지의 안정적인 공급의무에 관한 정당성 분석

독일의 에른스트 포르스트호프(Ernst Forsthoff)[14)]가 그의 저서 "Die Verwaltung als Leistungsträger(급부주체로서 행정)"에서 사회국가의 실현과 함께 "생존배려(Daseinsvorsorge)"라는 개념을 처음 사용한 데에서 기인(起因)한다.[15)] 생존배려란 인간의 삶을 필수불가결한 전기, 가스, 수도, 교통 등의 에너지공급과 환경 및 안전 등의 문제를 개인 스스로 해결할 수 없다는 점에서 국가에 의한 공적임무 또는 공적과제의 수행을 의미한다.[16)] 이처럼 국가는 개인들이 소유하거나 운영할 수 없는 에너지공급 시설이나 환경설비를 직접 운영하게 되었는바, 이러한 국가가 수행하는 활동을 국가의 임무 또는 국가의 공적과제라 한다. 즉, 현대국가에서도 국가의 임무가 국가 스스로 모든 과제를 수행하는 것이 아니라 제3자인 공사, 공단, 협회등과 협력을 통하여 수행한다는 점에서 국가의 공적 임무나 과제가 점점 더 확대되고 있다.[17)]

에너지는 인간의 삶의 편리함과 안락함 및 기본적인 욕구를 충족시키는 기능을 수행하는데 없어서는 안 되는 필수 재화이기 때문에 에너지의 안정적인 공급은 전형적인 "생존배려"의 영역에서 그 근거를 찾을

14) 독일의 에른스트 포르스트호프의 생존배려 개념이 반의회주의에 근거하고 있고, 포르스트호프가 국가사회주의(Nationalsozialismus)에 협력한 전력이 있었기 때문에 독일 공법학계에서는 포르스트호프의 생존배려 개념에 대한 신랄한 비판이 있었다. 이에 관한 내용은 정남철, 현대행정의 작용형식, 법문사, 2016, 84면.

15) 박기선, 에너지 수요관리제도에 관한 공법적 연구, 중앙대학교 법학박사학위, 2018, 44면; 양천수, '생존배려 개념 기원－법철학의 시각에서 본 포르스트호프의 사회보장법체계', 영남법학 제26호, 영남대학교 법학연구소, 2008. 4, 103면; 정남철, 현대행정의 작용형식, 법문사, 2016, 78～81면.

16) 한수웅, 헌법학, 법문사, 2025, 327면; 정남철, 현대행정의 작용형식, 법문사, 2016, 76～77면.

17) 김종천, '대행제도의 법리적인 분석을 통한 법제 개선방안 연구', 한국법제연구원, 2017. 10, 40면 이하 참조; 정남철, '생존배려영역에서의 민영화와 보장책임－특히 보장책임의 실현가능성을 중심으로', 법조 717호, 법조협회, 2016. 6, 176면.

수 있고, 대부분의 유럽 국가들도 에너지의 안정적인 공급을 국가의 책무로 규정하고 있다. 이에 유럽 국가들도 석유, 전기, 가스, 수도, 통신 등의 에너지시설과 환경설비들을 자본과 기술적인 측면에서 초기에 개인이 사적으로 소유하고 이용하는 것이 사실상 불가능함을 인식하여 불가피하게 다수가 낸 재원, 세금으로 설치하고 다수가 공동으로 사용할 수 있는 제도로 구축하게 되었다.[18] 따라서 국가는 개인이 석유, 전기, 가스, 수도, 통신 등의 에너지원을 스스로 확보하여 인간다운 생활을 영위할 수 있도록 해야 할 임무를 가지는 것이고, 국가는 개인들이 석유, 전기, 가스, 수도, 통신 등을 사적으로 소유하거나 사용할 수 없도록 에너지의 안정적인 공급을 보장할 책임을 가진다고 할 것이다.

이처럼 에너지공급에 대한 국가의 임무수행 방식도 경찰국가, 법치국가, 사회국가, 조종국가로 변화되면서 국가의 역할은 확대되었고, 국가가 모든 사회영역에서 그 역할을 수행할 수 없는 한계에 봉착하게 되면서 국가의 수행방식도 변화되었다.[19] 즉 국가는 "에너지공급" 자체가 아닌 "에너지공급의 보장"에 대한 임무를 담보하면서 국가에 의한 감독역할이 강조되었다. 특히, 에너지공급에 관한 국가의 임무가 민영화를 통하여 공기업이나 공사·공단에 의하여 대행하여 수행하더라도 국가임무가 민간에게 이전되는 것이 아니기 때문에 여전히 국가의 책임은 존재한다.[20] 따라서 「헌법」상 국가는 에너지공급의무에 대하여 직접적으

18) J. F. Baur/P. Salje/M. Schmidt-Preuß, Regulierung in der Energie-wirtschaft, Carl Heymanns, 2011, S. 1(13).

19) 국가의 기능변화에 따라 공적임무수행 방식은 전통적인 행정주체인 국가, 지방자치단체 이외에 공법상 법인과 특수법인 또는 사인에게 공적임무를 담당하게 되었다. 이원우, '21세기 행정환경의 변화와 행정법학방법론의 과제', 행정법연구 48, 행정법이론실무학회, 2017. 2, 93면; 차민식, 국가임무의 機能私化와 국가책임, 경인문화사, 2011, 46~59면.

20) 대행이란 행정기관이 법령상의 업무를 대행기관으로 하여금 사실상 행하게 하되, 그 명의와 책임은 원권한자인 행정기관에게 귀속되도록 하는 것을 말한다고 규정하고 있다. 즉 대행에 따른 법령상의 권한이 이전되지 않고, 자신의 명의로 이를 행사하더라도 그 법률적인 효과는 본래의 권한자인 행정기관이 행사한 것과 같은 효력이 발생한다 이에 관한 상세한 내용은 김종천, '대행제도의 법리적인 분석을 통한 법제 개선방안 연구', 한

로 수행해야 하는 것으로 볼 수 없으나, 국가는 모든 국민들에게 동등하게 에너지를 사용하고 이용할 수 있도록 보장할 책무를 진다고 할 것이다.

에너지의 안정적인 공급에 관한 헌법적인 근거로 사회국가원리(Sozialstaatsprinzip)들 수 있다. 즉 사회국가(Sozialstaat)란 사회정의의 이념을 헌법에 수용한 국가, 사회현상에 대하여 방관적인 국가가 아니라 경제, 사회, 문화 등의 모든 영역에서 정의로운 사회질서의 형성을 위하여 사회현상에 관여하고 간섭하고 분배하고 조정하는 국가를 말하며, 궁극적으로 국민 각자가 실제로 자유를 행사할 수 있는 실질적 조건을 마련해 줄 의무가 있는 국가를 말한다.[21] 현행 「헌법」에도 사회국가원리를 수용하고 있고, 구체화된 헌법 규범으론 제10조 인간의 존엄과 가치 및 행복추구권, 제34조 인간다운 생활을 할 권리, 제35조 건강하고 쾌적한 환경에서 생활할 권리, 제119조 시장의 지배와 경제력의 남용의 방지에 관한 경제조항,[22] 제120조 자연자원에 대한 사회화 및 「헌법」 제37조 제2항의 규정을 고려될 수 있을 것이다. 따라서 「헌법」상 기본원리인 사회국가의 원리는 우리 헌법질서의 근간을 이루고 있으며, 입법작용과 법해석 및 적용에 있어서도 적용된다. 또한 오늘날 생존배려적인 국가과제로 전기, 가스, 수도, 통신 등의 제공은 국민의 생존과 결부되어 있기 때문에 국가는 모든 국민에게 동등하게 제공할 수 있도록 입법자에게 위임하고 있다. 이에 국가는 사회국가의 원리에 의하여 실

국법제연구원, 2017. 10, 68면; 법제처, '법령입안 · 심사기준', 2019, 459면.

21) 한수웅, 헌법학, 법문사, 2025, 317~330면.

22) 대법원(2015. 11. 19. 선고 2015두295 전원합의체 판결)은 대형마트 영업시간 제한 사건에서 "우리 헌법상 경제질서는 '개인과 기업의 경제상의 자유와 창의의 존중'이라는 기본 원칙과 '경제의 민주화 등 헌법이 직접 규정하는 특정 목적을 위한 국가의 규제와 조정의 허용'이라는 실천 원리로 구성되고, 어느 한쪽이 우월한 가치를 지닌다고 할 수는 없다"는 점을 지적했다. 이처럼 에너지의 안정적인 공급이라는 측면에서 보면, 원전의 경제성과 효율성이 다른 공익인 환경보호와 사회적인 형평성이라는 가치와 비교형량을 통하여 에너지정책을 결정하여야 할 것으로 판단된다.

현하기 위하여 입법자의 입법형성권인 “법률”을 통하여 실현하게 된다. 구체적으로 입법자로 하여금 모든 국민들에게 동등하게 에너지의 안정적인 공급이 이루어질 수 있도록 함과 더불어 에너지의 최저 생활을 영위할 수 있도록 하여야 한다.

정부는 “탈석탄 · 탈원전”이라는 에너지전환(Energiewende)정책에 따라 “기저발전[23]”이라고 할 수 있는 석탄발전과 원전의 안정적인 에너지를 공급하는데, 친환경에너지라고 할 수 있는 신재생에너지를 포함할 수 있는가가 문제가 된다. 왜냐하면, 태양광, 풍력[24] 등 친환경에너지까지 포함하게 되는 경우에 “에너지의 안정적인 공급”과 “친환경성”, “에너지 가격”이라는 가치가 상충되기 때문이다. 따라서 국가는 생존배려의 관점에서 대규모 집중시설인 석탄발전과 원전 및 분산전원인 신재생에너지원을 안정적으로 공급할 수 있는 시스템을 마련하여야 할 뿐만 아니라 국민들이 인간다운 생존을 영위하기 위하여 적정한 가격으로 제공해야 할 과제를 가진다.

종국적으로 국가는 생존배려의 관점에서 에너지의 안정적인 공급이라는 공익(≒경제성, 효율성)과 환경보호라는 측면에서 태양광, 풍력 등의 재생에너지 확대라는 공익이라는 가치가 충돌하게 됨에 따라 어떠한 가치나 목표(목적)를 우선적으로 둘 것인지에 따라 이익형량을 통하여 결정되어져야 할 것으로 판단된다.

---

23) 기저발전이란 24시간 연속으로 운전되어 발전의 기반을 이루는 부분으로 발전원가가 가장 저렴한 원자력 · 석탄에 의한 발전을 말한다.

24) 2025년 3월 25일에 우리나라도 해상풍력발전입지의 계획적인 조성을 통하여 해상풍력 보급을 촉진하고, 해상풍력산업의 발전과 건전한 생태계 조성을 위한 지원에 관한 사항을 규정함으로써 해양공간의 공공성을 고려한 균형 있는 개발 · 활용을 통하여 온실가스 감축과 탄소중립 실현에 이바지하고 해상풍력산업의 경쟁력 강화, 국가 · 에너지 안보 및 국민경제 발전에 기여하기 위하여 법률 제20845호로 「해상풍력 보급 촉진 및 산업 육성에 관한 특별법」을 제정하였고, 2026년 3월 26일에 시행을 앞두고 있다(https://www.law.go.kr/ <인터넷홈페이지, 2025년 8월 15일>).

Ⅲ. 원자력에너지의 안정적인 공급에 관한 안전성 문제

1. 개 관

원자력에너지는 국가에너지의 안정적인 수급을 위하여 1958년 「원자력법」 제정을 통하여 원자력 발전을 도모한 이후 1960년대 박정희 대통령이 의욕적으로 추진했던 경제개발 5개년 계획이 성과를 거두면서 전력수요가 급증했다. 또한 1970년대 석유파동으로 인하여 에너지안보에 대한 필요성이 증가함에 따라 원자력발전소 건설을 본격적으로 추진하게 되었다. 정부는 에너지의 안정적인 공급이 필요하게 됨에 따라 1978년 4월 29일에 부산 기장군 장안읍 월내리에 가압경수로형(PWR)[25) 고리원전 1호기의 상업운전을 가동한 이래로, 고리-2(1983), 고리-3(1985), 고리-4(1986)호기가 건설되었고, 경북 울진에 한울-1(1988),[26) 한울-2(1989), 한울-3(1998), 한울-4(1999)호기가 건설되었으며, 같은 지역에서 한국표준형원자로인 한울-5(2004), 한울-6(2005)호기가 건설되었다. 경상북도 경주 월성지역에서는 캐나다 가압중수로(CANDU)[27)인

25) 고리 1호기는 가압 경수로형 587메가와트의 전기를 생산하는 발전소로 미국의 웨스팅하우스사가 건설책임 및 원자로 계통설비 및 조기 원전 연료를 책임지게 되었고, 터빈과 발전기 계통의 공급과 토건공사는 영국의 GEC사가 책임을 지게 되었다. 가압경수로는 원자로와 증가발생기가 격납건물 내에 있으며, 원자로를 순환하는 1차 계통(방사성물질을 포함한다), 증기발생기를 순환하는 2차 계통(방사성물질이 들어 있지 않은 물), 그리고 복수기를 순환하는 3차 계통(방사성물질이 들어 있지 않은 바닷물)으로 구성되어 있다. 원자로 속에 들어 있는 냉각재에 압력을 가해 150기압 300℃ 정도를 유지하고, 이 냉각재가 증기발생기 세관을 통과하면서 증기발생기 측의 물을 끓여 수증기를 만들어 터빈을 돌리게 되어 있다. 터빈을 돌리고 난 증기는 복수기를 통과하면서 다시 물이 되어 증기발생기로 보내진다. 이처럼 가압경수로 원자로 노형은 재원이 많이 들고 화석연료 발전에 비하여 운영비가 많이 든다는 단점이 지니고 있다.

26) 경북 울진에 한울 1호기는 1988년 프랑스 프라마톰사가 가압 경수로 형태로 건설되었고, 1998년 가동을 시작한 한울-3호기부터는 우리나라 독자규격인 OPR 1000 형태로 지어졌다. 국내 원자력발전소의 현황에 관한 자세한 사항은 http://blog.daum.net/miriya/15601245(방문일자: 2017. 12. 11.)

27) 캐나다에서 개발된 캔두형 원자로는 연료로 천연우라늄(U235)을, 냉각재와 감속재로 중수(D2O)를 사용하는 것이 특징이며, 천연우라늄을 연료로 사용하여 핵분열 확률을

월성－1(1983), 월성－2(1997), 월성－3(1998), 월성－4(1999)호기가 건설되었으며, 전라남도 영광지역에서는 한빛－1(1986), 한빛－2(1987), 한빛－3(1995), 한빛 －4(1996)호기가 건설되었으며, 같은 지역에서 한국표준형원자로인 한빛－5(2002), 한빛－6(2002)호가 건설되었다. 그 밖에도 신고리－1(2011), 신고리－2(2012), 신월성－1(2012), 신월성－2(2013) 호기가 건설되어 총 24기(2019년 7월)가 건설되어 가동 중에 있다.

그러나 울산광역시에 한국의 독자설계기술로 개발한 한국형 신형원자로 APR－1400인 신고리－3호기는 2016년 12월 20일에 준공했고, 신고리－4호기는 2018년 9월에 준공할 예정이었는데, 특히, 신고리－5호기와 6호기도 2021년과 2022년도에 각각 준공을 목표로 하여 건설 중이었으나,[28] 2016년 9월 12일 경주지진(5.8)과 2017년 11월에 발생한 포항지진으로 인하여 원전에 대한 안전성확보 문제가 제기되었다. 이에 2017년 6월 27일 문재인 대통령 주재로 열린 국무회의를 통하여 신고리 원전 5호기와 6호기 건설공사를 일시 중단하고, 이 문제를 10인 이내의 "신고리 5 · 6호기 공론화위원회" 구성을 통하여 최대 3개월간의 여론 수렴을 거쳐 시민배심원단이 판단을 내리게 하자는 결정을 통하여 "탈원전"이라는 에너지전환(Energiewende)정책에 많은 논란을 촉발하게 되었다. 특히, 1986년 (구) 소련 체르노빌 원전 사고와 함께 2011년 3월 11일 오후 2시 46분 일본 후쿠시마현 센다이 동쪽 179킬로미터 해저에서 발생한 지진 발생과 이로 인한 쓰나미로 인한 후쿠시마 원자력발전

높여주기 위하여, 감속재로 경수보다 중성자의 속도를 더 잘 감속시켜주는 중수(보통의 물보다 분자량이 큰 물)를 사용한다는 점이다. 보통 별도의 운전정지 없이 매일 일정량을 교체하기 때문에 경수로보다 연료의 이용률이 높다.

28) 2017년 6월 문재인 정부는 탈(脫)원전 · 탈(脫)석탄, 즉 에너지전환정책에 따라 신고리 5 · 6호기 원전 공사를 중단시키고, 공사 재개여부에 관한 공론화를 통하여 4개월간 중단됐다. 최근에 주 52시간이라는 여파로 신고리 5 · 6호기 원전 공사(2019년 7월말 기준: 47.72%)가 당초 2022년 10월에 준공할 예정이었으나, 2024년 6월로 연기됐다고 한다(http://biz.chosun.com/site/data/html_dir/2019/08/11/2019081101772.html <인터넷 홈페이지, 2019년 8월 12일사>).

소 사고[29]는 우리나라뿐만 아니라 독일, 영국, 미국, 프랑스 등 인류에게 원자력에너지를 계속해서 사용하여야 하는가에 대한 근원적인 물음을 던지게 되는 계기가 되었다.

따라서 이하에서는 원전으로부터 발생할 수 있는 방사능으로부터 국민의 생명과 신체 등의 안전관리를 위하여 원전 운영과정에서의 안전관리 문제, 고준위방사성폐기물인 “사용후핵연료(Spent Nuclear Fuel)”처리의 문제 등을 지적하고자 한다.

2. 원전의 운영과정에서의 문제

현행 「원자력안전법」 제20조 제2항에 발전용원자로 및 관계시설에 관한 운영허가를 받으려는 자는 허가신청서에 발전용원자로 및 관계시설에 관한 운영기술지침서, 최종안전성분석보고서, 사고관리계획서(중대사고 관리계획을 포함한다), 운전에 관한 품질보증계획서, 방사선환경영향평가서(제10조 제2항에 따라 제출된 방사선환경영향평가서와 달라진 부분만 해당한다), 발전용원자로 및 관계시설의 해체계획서(제10조 제2항에 따라 제출된 해체계획서와 달라진 부분만 해당한다), 액체 및 기체 상태의 방사성물질등의 배출계획서[부지별, 기간별, 핵종군(核種群)별 배출총량을 포함한다] 및 총리령으로 정하는 서류[30]를 첨부하여 위원회의 승인을 받아야 한다. 그리고 동법 제21조 제3호에서는 발전용원자로 및 관계시설의 운영

29) 독일의 사회학자 울리히 벡(U. Beck)은 리스크사회(Risikogesellschaft)에서 사회적인 궁핍은 계층적이면서 차별적인데 반해, 위험은 민주적이다. 리스크사회는 위험의 개인화를 낳고 있는데, 개인은 점차 독립적으로 되지만, 그 독립의 새로운 대가, 다시 말해 “전문가에 의존”하고 “인지적 주권”이 위협받는 상황에 노출하게 된다. 즉, 개인의 자율성은 계속 증대됨에 따라 불안이 증대된다는 점에서 끝없는 위험과 끝없는 삶의 위기가 도래하게 된다. 따라서 독일의 사회학자 울리히 벡은 현대사회를 리스크사회라고 간파하여, 과학기술의 발전과 활용에 더 많은 성찰을 필요하다고 강조하고 있다(U. Beck, Risikogesellschaft－Auf dem weg in eine andere Moderne－, Suhrkamp Verlag, 1986; 홍성태 역, 위험사회－새로운 근대성을 위하여－, 새물결출판사, 1997, 49면 이하 참조).

30) 동법 시행규칙 제16조 제7항에 따르면, 위원회가 정하여 고시하는 지침에 따라 작성된 원자로의 운전에 관한 기술능력의 설명서, 핵연료의 장전계획에 관한 설명서를 말한다.

으로 인하여 발생되는 방사성물질 등으로부터 국민의 건강 및 환경상의 위해를 방지하기 위하여 대통령령으로 정하는 기준에 적합할 것을 요구하고 있다.

또한 「원자력안전법」 제23조 제1항에서 "발전용원자로운영자는 발전용원자로 및 관계시설의 안전성을 주기적으로 평가하고, 그 결과를 위원회에 제출하여야 하고", 동조 제3항에서 제1항에 평가방법 및 평가내용 등에 관한 사항은 대통령령으로 정하도록 "주기적 안전성평가에 관한 규정"을 마련하고 있다.[31] 「원자력안전법 시행령」 제36조 제1항에 발전용원자로운영자는 해당 원자로시설의 운영허가를 받은 날로부터 10년마다 안전성을 종합적으로 평가하고, 평가보고서를 작성하여 위원회에 제출하여야 한다. 즉 「원자력안전법 시행규칙」 제20조 제1항 제14호에서 "방사선환경영향에 관한 사항: 원자로시설의 환경영향 감시계획이 적절히 수립되어 이행되고 있는지를 확인하기 위한 것으로 방사능으로 오염될 가능성이 있는 모든 유출경로에 대한 방출제한치 및 방출기록, 발전소 내로부터 계획되지 아니한 유출물 방출에 대한 경보장치, 원자로시설의 주변 주민에 대한 피폭방사선량, 발전소외 지역에 대한 방사선환경감시, 환경감시자료의 발간 및 배포의 사항을 포함하고 있어야 한다"고 정하고 있다. 이처럼 주기적 안전성평가제도(PSR, Periodic Safety Review)는 원자로의 운영과 관련하여 가동 중인 원자로시설의 안전성을 확보하기 위하여 모든 국내 발전용 원전에 대하여 10년을 주기적으로 안전성평가를 실시하는 제도를 말한다.[32] 특히, 주기적 안전성평가제도

31) 2025년 1월 21일 개정된 「원자력안전법」 제23조 제1항은 "발전용원자로운영자는 대통령령으로 정하는 바에 따라 발전용원자로 및 관계시설의 안전성을 주기적으로 평가하고, 그 결과를 위원회에 제출하여야 한다. 다만, 설계수명기간이 만료되어 제21조 제2항 및 제3항에 따라 변경허가를 받고 영구정지하거나 계속운전을 하고자 하는 발전용원자로 및 관계시설의 주기적 안전성평가에 필요한 사항은 대통령령으로 정한다"고 규정하고 있고, 동조 제3항은 "제1항에 따른 주기적 안전성평가의 평가기준, 평가방법 및 평가내용 등에 관한 사항은 대통령령으로 정한다"로 일부 개정되어 2026년 1월 1일부터 시행예정이다

는 가동 중인 원자로 및 관계설비나 제반행위에 대하여 경년열화, 변경, 운전경험 및 기술개발 등의 누적된 영향을 다루고, 가동기간 동안 높은 수준의 안전성을 보증하기 위하여 일정 주기로 수행하는 체계적인 안전성 평가를 목적으로 하는 것을 말한다. 이와 더불어서 「원자력안전법」 제104조 제1항 제1호에 발전용원자로 시설의 설치자 및 운영자로 하여금 방사선환경조사 및 방사선환경영향평가를 실시하여 이를 위원회에 보고하도록 하고, 보고일로부터 30일 이내에 공개하여야 한다고 규정하고 있다.

따라서 원전의 운영과정에서 방사능 리스크와 위험에 관한 규제와 관련하여 발전용원자로 및 관계시설의 허가단계에서 보다는 강화된 방사선영향평가서를 작성하도록 요구하고 있다. 왜냐하면 발전용원자로 운영단계에서는 핵연료물질을 이용하여 전기를 생산하고 있으며, 핵연료물질로부터 발생할 수 있는 방사능을 최저한도로 유지할 수 있도록 관리·감독을 하여야 하기 때문이다.

그러므로 「원자력안전법」 제20조 제2항과 제21조 제3호 및 「원자력안전법 시행령」 제36조에 규정하고 있는 것을 분석해 보면, 원전의 운영과정에서 방사능누출을 사전에 예방하기 위한 방사능으로 오염될 가능성이 있는 모든 유출경로에 대한 방출제한치 및 방출기록, 경보장치, 피폭방사선량, 발전소외 지역의 방사선 환경감시 등의 환경리스크와 위험 규제 강도가 강화하여 적용하고 있음을 발견할 수 있다.

그럼에도 불구하고 우리나라 국민들은 1986년 (구) 소련 체르노빌 원전 사고와 함께 2011년 3월 11일 오후 2시 46분 일본 후쿠시마 원전 폭발 사고를 눈으로 경험했기 때문에 원자력발전소에 대한 불안감을 불식시키기 위하여 형식적으로 강화된 안전관리기준을 마련하기보다는 실질적으로 원전 운영에 관한 안전관리수준을 국민의 눈에 맞게 운영할

32) 이종영, 에너지법학, 박영사, 2024, 569~571면.

필요가 있다. 하지만 2019년 5월 10일 전남 영광에 위치한 한빛 원전 1호기에서 정비를 마치고, 재가동을 위한 설비 성능시험 중에 원자로조종면허가 없는 직원이 제어봉 조작 미흡으로 원자로를 수동으로 정지하면서 출력 통제 불능 사건을 발생했다. 즉, 마땅히 한수원의 운영관리에 관한 책임을 져야 할 것이며, 철저한 반성과 함께 재발방지책을 마련하여야 한다.[33]

종국적으로 정부는 우리나라 원전은 해외에서 발생한 원전과 다르다는 점과 원전의 운영기술 및 설비교체도 지속적으로 발전시켜 운영할 필요가 있으며, 원자력에너지의 발전 방향도 안전을 강화하는 추세를 지향하고 있다는 점을 강조할 필요가 있다고 판단된다.

3. 고준위 방사성폐기물인 사용후핵연료(Spent Nuclear Fuel) 처리 문제

1978년도에 우리나라 원자력발전소인 고리 1호기가 가동을 시작한지 39년이 지난 지금까지 한 번도 그 대가를 지불하지 않았다. 이처럼 정부는 1984년도에 방사성폐기물 처분시설계획으로 중・저준위・고준위 방사성폐기물 처분장을 동일부지에 건설하면서 사용후핵연료를 최종처분 한다는 것으로 시작했지만, 1991년도 안면도, 1995년도 굴업도, 2003년도 부안사태[34]로 사용후핵연료 처분시설을 확보하지 못했으며,

33) 2019년 8월 9일 원자력안전위원회는 한빛 1호기 사고 조사결과를 발표했는데, 사고원인으론 원전 주제어실 폐쇄성, 발전소 운전원에 대한 교육 부실, 안전을 최우선으로 하는 조직문화 결여, 원안위 현장대응능력 부족을 꼽았다. 따라서 원안위는 이번 사고조사 결과에 따라 재발 방지를 위하여 4개 분야 26개 과제를 도출했다. 이처럼 원안위는 8월말까지 재발방지를 위한 세부계획을 수립하고 주기적으로 점검할 예정이며, 특히, 한빛 1호기에 대하서는 CCTV를 먼저 설치한 후에 재가동하기로 했다고 발표했다 (http://www.dailytw.kr/news/articleView.html?idxno=19238 <인터넷홈페이지, 2019년 8월 10일자>).

34) http://news.donga.com/Main/3/all/20130420/54568110/1 <인터넷홈페이지, 2019년 7월 19일>; 2003년도에 부안군수가 방폐장(중저준위 방사성폐기물처분장) 유치를 선언했다가 군수가 주민들에게 감금되는 일이 벌어졌으며, 주민이 160여명이 사업처리 되었고, 부상자도 500여명이 넘었고, 주민투표에서 92%가 반대하는 사태를 말한다.

지금까지도 원자력발전소 부지내에서 사용후핵연료가 차곡차곡 쌓이고 있음에 따라 사용후핵연료 처리 문제가 시급한 국가의 과제로 떠오르고 있다.[35)]

왜냐하면 현재 우리나라의 원자력발전소 26기(2025년 6월)가 가동 중에 있는데, 각 원전의 임시저장시설에 사용후핵연료를 저장하고 있는바, 2021년 경주 월성원전을 시작으로 2027년 고리원전, 2026년 한빛 원전(옛 영광), 2028년 한울원전(울진), 2039년 경주 신월성(경주), 2060년 새울원전(울주)이 포화상태에 이르기 때문이다.[36)] 이처럼 원전 내에 있는 사용후핵연료를 영구적으로 무한대로 보관할 수 없다는 점에서 영구처분을 할 것인지, 영구처분하기 전까지 중간저장 단계로 중간저장 상태로 보관할 것인가에 대하여 정책적인 결정을 하여야 하는 시점에 와 있다.[37)]

---

35) 현재 가동 중인 원전에서 매년 800t의 사용후핵연료가 발생하고 있으며, 원전 내 저장(건식 및 습식) 시설에 안전하게 저장 관리되고 있다. 2014년 말 기준 원전 내 저장시설용량 1만9,095t 중 1만3,807t(72.3%)이 저장중이며, 현재대로라면 2016년 고리 원전(2,121톤)을 시작으로 한빛 2,202톤(65%), 한울 1,848톤(62%), 월성 중수로 7,171톤(76%) 사용후핵연료를 저장하는 수조가 포화상태에 이르게 된다는 점이다.

36) 최근 방폐물학회에 따르면, 전 정부에서 마련한 9차 전력수급기본계획에 따라 설계 수명이 끝난 원전을 운영하지 않을 경우에 2031년부터 한빛 · 고리 원전을 시작으로 한울원전(2032년), 신월성 원전(2044년), 새울 원전(2066년)에 포화 시점이다. 현 정부 정책에 따라 설계 수명이 다한 원전 10기를 계속 운영할 경우에 고리 2 · 3호기가 각각 2023년과 2024년, 고리4 · 한빛1호기가 2025년, 한빛2 · 월성2호기가 2026년, 월성3 · 한울1호기가 2027년, 한울2호기가 2028년, 월성 4호기가 2029년에 포화될 것으로 보고 있다(https://www.hankookilbo.com/News/Read/A2022111516260004858 <인터넷홈페이지, 2025년 8월 15일>).

37) 우리나라는 2005년 11월에 중 · 저준위 방사성폐기물 처분장 부지선정문제로 사회적으로 큰 이슈가 되었는바, 경주, 포항, 영덕, 군산 등에서 주민투표를 거쳐 “경주”가 중 · 저준위 방사성폐기물처분장으로 확정했다. 이처럼 중 · 저준위 방사성폐기물 처분장 부지선정 문제로 19년이란 시간을 끌어왔는데, 이는 원전으로부터 발생할 수 있는 방사능 피폭에 대한 국민의 생명과 신체 등 안전성 확보가 담보되어야 한다는 점이었다. 이러한 방사성폐기물 처분장 유치전은 국가의 수천억 원에 달하는 지원을 약속한 대가로 이루어졌으며, 이러한 국가의 수천억 원의 지원은 경상북도 경주지역의 지방 활성화를 촉진한다는 점은 긍정적인 요인으로 볼 수 있지만, 방사성폐기물 처분장으로부터 발생할 수 있는 국민의 생명 · 신체 등의 안전문제 또한 간과할 수 없는 문제점으로 지적되고 있다. 이에 정부는 2005년 3월 31일에 「중 · 저준위방사성폐기물 처분시설의 유치지

이에 따라 정부는 2013년 10월 사용후핵연료 관리방안에 관한 국민 의견 수렴기구인 "사용후핵연료 공론화위원회"[38]가 출범하여 2015년 6월까지 20개월간 활동했던 결과인 "사용후핵연료 관리에 관한 권고(안)"을 제시했다.[39] 동위원회에서는 늦어도 2051년까지 특정 지역에 사용후핵연료 처분장을 건설하여 임시저장 시설에 보관 중인 사용후핵연료를 모두 모아 처분해야함을 제시했으며, 이를 위하여 향후 2021년 이내에 처분장과 같은 지하연구소(URL) 부지를 선정하여 2030년까지 실증연구를 해야 함을 권고(안)으로 제시했다.[40]

그러나 그 전에 "사용후핵연료 관리에 관한 권고(안)"의 문제점을 보완하기 위하여 또다시 정부에서 2018년 5월 11일 고준위방사성폐기물 관리 기본계획(2016. 7) 재검토 준비단을 구성하여 재검토 목표, 재검토 위원회 구성 방안, 재검토 의제, 의견 수렴 방법 등을 논의하여 2018년

역지원에 관한 특별법」이 제정했다. 따라서 우리나라의 중 · 저준위 방사성폐기물 처분장의 부지선정 과정을 보더라도 "원자력"과 관련된 방사성폐기물의 부대시설물 설치는 국민의 생명과 신체 등의 안전에 치명상을 가져다줄 수 있다는 불안감으로 인하여 21년이 걸렸다는 점에서 원자력발전소 건설 및 방사성폐기물 처분장 설치가 얼마나 어려운지를 증명해 주고 있다.

38) 독일은 "방사성폐기물 영구처분시설 건설부지의 탐사와 선정에 관한 법률"을 제정하여 2031년까지 부지선정을 투명하고 민주적으로 선정하기 위하여 제정하였고, 동법 제3조에 동위원회는 33인으로 민간위원 16인, 연방과 중 정치계 16인 및 위원장 1인으로 구성한다. 프랑스의 국가공공토론위원회(CNDP)는 바르니에 법(Loi Barnier)에 의하여 도입되었고, 위원들은 독립적이고 해임이 불가하며 5년간 임기를 보장받으며, 동위원회는 대통령령으로 위원장 1인과 부위원장 2인 등 총 위원 25명을 임명한다. 영국은 CoRWM을 발족하여 12인으로 구성된 방사성폐기물관리위원회를 설립하고 PSE 프로그램으로 3년간 공론화를 추진한다. 캐나다는 NWMO 기구를 설치하여 전문가 500여 명의 과학기술 및 인문사회과학분야 전문가 참여, 신민참여 1,800여 명의 시민의견을 경청하고, 특히 "인터넷 등을 통한 공론화" 5만 명 이상 30만 번 이상 공론화 진행을 통한 의견수렴을 한다는 점이 특징적이다. 이에 상세한 내용은 김종천, '안전국가 정착을 위한 입법적 과제', 중앙법학 제17집 제1호, 중앙법학회, 2015, 121면.

39) 국외의 국가들도 사용후핵연료 관리정책을 수립하는데 많은 어려움을 겪었는바, 핀란드는 15년이 걸렸고, 스웨덴은 32년이 걸렸고, 독일은 원전 부지 내와 별도의 부지에 저장하는 방식을 선택했고, 미국은 유카마운틴이라는 별도의 처분장을 선정했다가 예산삭감으로 무산되어 아직 원전 부지 내에서 관리하고 있다.

40) 김종천, '사용후핵연료 관리를 위한 국가의 입법적 과제', 중앙법학 제18집 제2호, 중앙법학회, 2016, 9~10면.

11월 27일에 정책건의서를 제출했고, 2019년 5월 29일에 "사용후핵연료 재검토 공론화위원회"가 출범했다.

따라서 사용후핵연료는 강한 방사선과 높은 열을 내뿜는 위험물질이기 때문에 특수기술을 이용하여 지하 500미터 깊이까지 안전하게 영구처분을 해야 하는 물질이므로 국민의 안전을 최우선으로 고려하여 관리하여야만 한다. 또한 이러한 책임은 그간 원자력발전의 혜택을 향유한 현세대가 져야지 미래 세대에게까지 넘겨져서는 안 될 것으로 판단되는 바, 사용후핵연료를 안전하고 효과적으로 관리하기 위해서는 우리 세대가 바로 이 시점에서 사회적 합의점[41]을 도출하여야 한다.[42] 특히, 2025년

---

41) 현재 원자력발전소 가동으로 발생하는 사용후핵연료가 원전 외부에 저장하거나 영구처분할 수 있는 시설이 갖춰지지 않아 발생량 전부를 원전 부지 내에 임시로 저장하고 있다. 2024년 말까지 누적된 사용후핵연료는 540,924다발로, 임시저장 시설 또는 2031년 고리·한빛 원전을 시작으로 점차 포화될 것으로 전망하고 있다. 이에 사용후핵연료를 안전하게 폐기하고 영구적으로 격리할 수 있는 처분시설을 조속히 마련할 필요가 있다고 하겠다. 이에 따라 고준위 방사성폐기물을 안전하게 관리하기 위한 시설 마련과 그 운영에 필요한 사항들을 규정하고 유치지역 등의 지원방안을 구체화하기 위하여 「고준위 방사성폐기물 관리에 관한 특별법」을 마련하여 2025년 2월 27일 국회에서 의결하였고, 2025년 3월 25일에 법률 제20843호로 제정됐고, 2025년 9월 26일에 시행을 앞두고 있다. 이제 후행 핵주기사업인 고준위 방사성폐기물관리 정책에 대한 첫 출발점에 서 있으며, 위원회 구성, 관리시설의 부지조사 및 선정, 관리, 지원 등 지역주민과 국민의 공감대를 형성하여야 하는 지난한 과정이 남아 있다(https://likms.assembly.go.kr/bill/billDetail.do?billId=PRC_O2J5N0T2G1Y7V1B9N3L6Y2R3X9R6Z0 <인터넷홈페이지, 2025년 8월 15일>).

42) 특히, 「고준위방사성폐기물법」 제2조 제8호에서 "연구용 지하연구시설"에 관한 용어를 정의하고 있는바, "고준위 방사성폐기물 처분시설의 부지를 선정하기 전에 건설하여 처분시설의 지질환경과 유사한 조건에서 처분시스템의 성능과 안전성을 연구하고, 필요한 기술개발 등을 수행하는 시설을 말한다"고 적시하고 있다. 최근 고준위방사성 폐기물 연구용 지하연구시설(URL) 부지로 강원도 태백시가 선정되었으나, 일각에서 해당 부지가 부지 적합성 조건을 만족하지 못한다는 의견이 제기되고 있다. 하지만 해외 국가인 일본 미즈나미 URL, 스위스 몬테리 연구시설, 스위스 처분 후보지 등은 상부에 다양한 암종이 존재하는 상태에서 연구개발을 진행하고 있다. 즉, 우리나라의 「고준위방사성폐기물 심층처분시설에 관한 일반기준」 제2조 제5호에서 "처분고"란 "처분시설에서 방사성폐기물이 최종적으로 정치되는 설비로서 방벽에 의해 격리되는 독립적인 처분용 구조물을 말한다(예: 처분공 또는 처분용 터널)"고 정하고 있다. 따라서 특별법상 "지질환경과 유사한 조건"과 관련하여 현재 인간의 실천이성 기준인 「고준위방사성폐기물 심층처분시설에 관한 일반기준」을 참조하여 처분고(예: 처분공 또는 처분용 터널)의 예상 위치에 단일 기반암이 위치하고 있는지 여부가 연구용 지하연구시설의 설치 부지를

2월 17일에 국회에서 5개의 법률(김성환 의원: 고준위 방사성폐기물 관리에 관한 특별법안, 김석기 의원: 고준위 방사성폐기물 관리 및 유치지역 지원에 관한 특별법안, 정동만 의원: 고준위 방사성폐기물 관리시설 등에 관한 특별법안, 이인선 의원: 고준위 방사성폐기물 관리에 관한 특별법안, 김성원 의원: 고준위 방사성폐기물 관리시설의 설치·운영 및 주민지원 등에 관한 특별법안)[43)]이 계류 중에 있었는바, 원전 부지 내에 임시저장하고 있는 사용후핵연료를 안전하게 폐기하고 영구적으로 격리할 수 있는 처분시설을 조속히 마련하기 위하여 산업통상자원중소벤처기업위원장 대안으로 「고준위 방사성폐기물 관리에 관한 특별법」을 마련하여 2025년 2월 27일 국회에서 의결했고, 2025년 3월 25일에 법률 제20843호로 제정하여, 2025년 9월 26일부터 시행을 앞두고 있다.

종국적으로 국가는 사용후핵연료 관리를 위한 핵심적인 과제로 사용후핵연료의 최종처분장 후보지를 어떠한 방법으로 선정할 것이지, 선정될 후보지 지역에 대한 보상 문제를 어떠한 방법으로 혜택을 줄 것인지,[44)] 현재 경주 월성원전의 부지 내 건설된 중간저장 형태의 건식저장(맥스터, 사일로)[45)]에 관한 법률상 문제 등에 관한 구체적인 해결 방안을 지속적으로 모색해야 한다.

평가하는 핵심 조건으로 판단되는바, 태백 부지 지하 500미터 이하 심도에 결정질암 분포를 시추공을 통하여 해당 조건에 부합함을 확인할 수 있다고 하겠다(https://view.asiae.co.kr/article/2025081400522800381 <인터넷홈페이지: 2025년 8월 15일자>).

43) https://likms.assembly.go.kr/bill/billDetail.do?billId=PRC_O2J5N0T2G1Y7V1B9N3L6Y2R3X9R6Z0 <인터넷홈페이지, 2025년 8월 15일자>

44) 2025년 3월 25일 법률 제20843호로 제정된 「고준위방사성폐기물법」은 제3장 관리시설 부지적합성 조사 및 부지의 선정 등에서 부지적합성 조사계획 수립(제20조), 부지적합성 기본조사(제21조), 부지적합성 심층조사(제22조), 관리시설 부지 선정(제23조), 관리시설 유치지역 지원위원회의 설치(제24조), 관리시설 유치지역 지원계획의 수립(제26조), 관리시설 유치지역지원 시행계획의 수립(제27조), 관리시설유치지역등 특별지원금의 지원(제28조), 유치지역지원사업 특별회계의 설치 및 운용(제29조), 원자력발전소 부지 내 사용후핵연료 저장시설의 설치·운영 등(제36조), 부지내저장시설 주변지역의 지원(제37조), 기금의 사용(제39조) 등에 관한 규정을 마련하고 있으며, 2025년 9월 26일에 시행될 것이다(https://www.law.go.kr/ <인터넷홈페이지, 2025년 8월 15일>).

45) 강창우 외12인, 핵무기와 핵선략, 박영사, 2025, 14~16면.

4. 소 결

원전은 원자핵이 붕괴하거나 핵반응을 일으킬 때 방출되는 에너지를 이용하여 발전기를 돌려 전력에너지를 생산하는 방식이다. 그러나 화력발전은 석탄, 가스, 석유 등의 화석연료를 태워서 물을 끓여 발전하는데 반하여 원자력발전은 핵분열에서 나오는 에너지를 이용하여 물을 끓인다는 점에서 차이가 있다.[46] 화력발전이나 가스발전은 온실가스의 배출이 많으나, 원자력발전은 온실가스의 배출이 거의 없다는 점에서 "그린에너지"라고도 한다. 하지만 원자력발전이 "그린에너지"라는 평가에는 법이론적인 의문이 상존한다. 왜냐하면, 친환경에너지는 안전성을 기반으로 하는데 반하여, 원자력발전은 안전한 에너지로 평가되지 않기 때문이다.

그러나 우리나라에서 원전은 에너지의 안정적인 공급측면에서 적합한 에너지원에 속한다. 왜냐하면 우리나라는 에너지원이 부족한 국가로 약 94%를 해외에 의존하고 있는 에너지빈국이기 때문이다. 예컨대, 원전의 원료인 우라늄은 해외에 수입하고 있으나, 다른 석탄, 석유, 가스 등의 화석연료에 비하여 가격이 안정적이고, 우라늄의 분포도 특정지역과 국가에 의존적이지 않다는 점에서 경쟁력이 있다.

따라서 우리나라는 에너지의 안정적인 공급을 실현하고 에너지의 안보위협으로 벗어나기 위하여 원자력에너지가 매우 중요한 에너지원이라고 판단된다. 또한 원자력에너지는 화석에너지와 달리 기술집약적인 에너지이자 동시에 기술력이 동반하는 에너지원이라는 점에서 기술력 개발에도 중요한 역할을 담당하고 있다.

그러므로 독일처럼 원전을 폐쇄하여 에너지전환(Energiewende)의 대상으로 삼더라도 우리나라는 제조업 기반으로 산업발전을 도모하고 있으며, 독일과 다르게 인접국가에 전력에너지를 구매할 수 없다는 측면

46) Newton HIGHLIGHT, 전력과 미래의 에너지, 뉴턴코리아, 2013, 34~35면.

에서 원자력에너지가 갖고 있는 에너지의 안정적인 공급측면에서 매우 중요한 역할을 담당하고 있다는 점에서 매우 신중하게 전략적으로 전력수급계획 및 국가에너지기본계획을 마련할 필요가 있다고 판단된다.

Ⅳ. 재생에너지의 안정적인 공급에 관한 발전 문제

1. 개 관

재생에너지의 관련된 최초의 법률은 1987년 12월 4일에 제정된 「대체에너지개발촉진법」이다. 동법률은 대체에너지[47]인 태양에너지, 바이오에너지, 풍력, 소수력, 연료전지, 석탄액화・가스화, 해양에너지, 폐기물에너지의 적극적인 개발과 이용을 가능하게 함으로써 우리의 생존과 번영에 필수불가결한 에너지공급에 관한 문제를 해결하고 장기적으로 국가의 발전에 이바지하기 위하여 정부가 중심이 되어 대체에너지기술개발을 효율적으로 추진할 수 있는 법적 근거를 마련하기 위하여 제정되었다. 이어서 1994년 3월 21일 기후변화에 관한 국제연합기본협약(UNFCCC)가 발효되었고, 태양에너지 등 일부 대체에너지가 그 동안 기술개발 성과로 상업화됨에 따라, 환경친화적인 대체에너지의 이용・보급을 촉진하기 위하여 대체에너지 기본계획 및 대규모 에너지 관련 사업자에 대한 투자 권고대상에 대체에너지의 이용・보급에 관한 사항, 시범사업을 보다 적극적으로 추진하여 대체에너지사업이 조속히 육성하기 위하여 법 명칭을 「대체에너지개발및이용・보급촉진법」으로 개정되었다.[48]

---

47) 독일은 「재생가능에너지법(Gesetz für den Vorrang Erneuerbarer Energien, Erneuerbare Energien Gesetz)」 제2조에서 "재생에너지는 풍력, 태양, 지열, 파력, 조력, 수력, 바이오매스, 매립지가스, 하수처리발전가스, 바이오가스, 공기열에너지, 수열에너지를 말한다"고 규정하고 있다(http://www.gesetze-im-internet.de/eew_rmeg/_2.html <인터넷홈페이지, 2019년 7월 21일자>).

48) http://www.law.go.kr/lsInfoP.do?lsiSeq=168&ancYd=19971213&ancNo=05446&efYd=19980614&nwJoYnInfo=N&efGubun=Y&chrClsCd=010202#0000 <인터넷홈페이지, 2019년 7월 21일>

특히, 2004년 12월 31일에 정부는 "신에너지" 및 "재생에너지"의 보급 목표를 원활하게 달성하고 신·재생에너지기술의 개발을 제도적으로 뒷받침하기 위하여 신·재생에너지기술의 사업화 지원, 신·재생에너지 설비 설치전문기업 등록제의 신설 등을 통하여 신·재생에너지에 대한 관리 및 지원 강화를 내용으로 하는 법의 제명을 「대체에너지개발및이용·보급촉진법」에서 「신에너지 및 재생에너지개발·이용·보급촉진법」으로 변경을 했다.

그 후 15년 동안 「신에너지 및 재생에너지개발·이용·보급촉진법」은 여러 차례 개정을 진행했다.[49] 즉, 이명박 정부에서 "제1차 국가에너지기본계획"을 통하여 현재 1차 에너지 소비의 2.5%에 불과한 신재생에너지 비중을 2030년까지 11%대로 늘리는 목표를 설정했다.[50] 이는 기술개발과 사업 확대를 통하여 신재생에너지 산업을 육성하여 일자리를 창출하는 등의 국가산업의 성장동력의 요체로 삼겠다는 전략이라고 볼 수 있다. 이에 정부는 신재생에너지 보급 확대를 위하여 평균발전 단가를 제외한 차액을 발전보조금 형태로 하는 FIT(Feed-in Tariff)제도를 2002년도 도입하여 2011년 12월 31일까지 운영했다. 즉, FIT는 신재생에너지 원별로 발전원가를 고려한 기준가격을 설정하여 기준가격[51]과 시장가격(SMP)과의 차액을 일정기간 동안 국가의 재정으로 지원하는 제도다.

그러나 우리나라는 신재생에너지에 대한 발전 차액 금액이 급증하여

49) 신·재생에너지 관련 법제 제·개정사에 관한 상세한 내용은 김종천, '미래 신재생에너지 활성화를 위한 법제 대응 방안', 가천법학 제6권 제1호, 가천대학교 법학연구소, 2013. 3, 22~34면.

50) 제1차 국가에너지기본계획(2008-2030) 보고서를 참조함.

51) 기준가격이란 신재생에너지에 투자한 비용을 적정이윤(normal profit)으로 회수할 수 있는 가격수준이라고 할 수 있다. 예를 들어 태양광발전소를 건설하는데 소요된 투자비는 태양광발전소의 내용연수 기간 동안에 발전되는 전력량을 판매함으로써 회수되는데, 기준가격은 동 투자비를 내용연수(15년~20년이라고 가정)동안 적정수익률로 회수될 수 있는 수준의 발전량 판매가격(원/kWh)을 의미한다.

예산상의 문제, 기준가격의 설정의 곤란함, 태양광발전에 치우쳐 다른 신재생에너지의 균형발전 미흡, 시장변화에 대응 어려움(신재생에너지의 보급률이 저조하고 발전량도 전체의 1% 수준에 불과했음) 등으로 인하여 FIT 제도를 2011년 12월 31일에 폐지[52)]하게 되었다. 이어서 2012년 1월 1일부터 미래 에너지 확보를 위하여 「신에너지 및 재생에너지 개발·이용·보급 촉진법」 제10조 제4호에 "신·재생에너지 공급의무화 지원"이라고 하는 신재생에너지 의무할당제(Renewable Portfolio Standard, RPS)를 도입하여 시행하기에 이르게 되었다.[53)] 그리고 「신에너지 및 재생에너지 개발·이용·보급 촉진법」 제12조의5에서 "공급의무자가 신·재생에너지를 이용하여 공급하여야 하는 발전량(의무공급량)의 합계는 총전력생산량의 10% 이내의 범위에서 연도별로 정하도록"하고 있다([표 1]).[54)]

표 1 연도별 의무 공급량 비율(제18조의4 제1항 관련)

해당 연도	2012	2013	2014	2015	2016	2017	2018	2019	2020	2021	2022	2023 이후
비율 (%)	2.0	2.5	3.0	3.0	3.5	4.0	5.0	6.0	7.0	8.0	9.0	10.0

52) 우리나라의 발전차액지원제도에서 문제가 태양광 발전에 너무 치우쳐져 있었다. 2010년에만 하더라도 총 지원액 1,200억 원 가운데 태양광이 1,131억 원으로 95%를 차지했다는 점에서 신재생에너지 중 태양광사업에 많은 지원을 했다는 점에서 비판을 받았다.

53) 그럼에도 각 국가들은 미래 에너지원을 확보하기 위하여 FIT와 RPS제도를 운영하고 있다. 예컨대, 미국, 영국, 스웨덴, 캐나다, 일본, 이탈리아 등 16개국이 RPS와 FIT 제도를 운영하고 있고, 독일, 덴마크, 프랑스, 호주 등 34개 국가 아직까지도 FIT 제도를 시행하고 있다. 특히 영국(2010년 4월 소규모 태양광 설비에 FIT를 도입), 이탈리아, 일본(2009년 11월 태양광에 한해 신고적정 가격제도를 도입)의 경우 RPS제도를 시행하다가 FIT 제도로 선회하였다. 스웨덴, 호주, 벨기에, 폴란드국가는 RPS제도를 시행하고 있다.

54) 미국의 UC버클리 하스 경영대학원의 연구원들은 건물의 에너지 효율성 증가와 재생가능에너지 구비가 제공하는 거시적인 고용효과에서 "전력생산의 연간 상승률을 반으로 줄이고 신재생에너지 의무할당제(RPS)를 30%로 잡는다면 2030년까지 약 400만 개의 일자리를 창출할 것"이라고 예상했다. 만약 신재생에너지의무할당량(Renewable Portfolio Standard, RPS) 기준을 40%로 잡는다면 미국에서 창출되는 완전히 새로운 일자리의 수는 550만 개를 넘을 것이라고 한다. 이에 관한 자세한 내용은 Jeremy Rifkin/안진환(역), 3차 산업혁명, 민음사, 2012, 73면.

즉, 동법률에서 RPS 제도를 도입한 이유는 단순히 신재생에너지에 대한 자금을 지원해 주는 게 아니라 정부가 발전사업자나 전력판매자들에게 총 발전량의 일정 비율만큼 신재생에너지 사용의무를 부여해 시장을 창출해 주되, 그 시장의 진입은 공급자들 간의 경쟁을 통하게 한다는 점에서 보다 효율적인 지원방안이라고 할 수 있을 것이다. 또한 2013년 7월 30일에 「신에너지 및 재생에너지 개발·이용·보급 촉진법」은 국제에너지기구(International Energy Agency)의 재생에너지 통계와의 합치를 위하여 신·재생에너지를 신에너지와 재생에너지로 구분하여 정의했다. 즉, 정부는 신·재생에너지 보급을 지속적으로 확산하고 관련 산업을 육성하기 위하여 석유정제업자 또는 석유수출입업자에 대하여 수송용연료에 일정비율 이상의 신·재생에너지 연료를 혼합하도록 의무화하는 제도(RFS: Renewable Fuel Standards)를 도입하였다. 이에 정부는 혼합의무 이행을 확보하기 위하여 의무미이행자에 대한 과징금 부과 제도를 마련하였으며, 신·재생에너지 설비인증을 받은 자에게 제3자가 입을 손해를 대비하여 보험 또는 공제에 의무적으로 가입 및 신·재생에너지 사업자가 신·재생에너지의 기술개발 및 이용·보급에 필요한 사업을 원활히 수행하기 위하여 공제조합에 가입할 수 있도록 하는 등의 법개정을 했다.

특히, 2014년 1월 21일에 「신에너지 및 재생에너지 개발·이용·보급 촉진법」은 신·재생에너지 설비에 신·재생에너지를 이용한 전원의 전력계통 연계조건을 개선하기 위한 설비가 포함되도록 명확히 규정하고, 신·재생에너지 공급의무의 이행 연기를 3년의 범위에서 가능하도록 하려는 법개정과 2015년 1월 28일에는 신·재생에너지 공급인증서(REC) 거래시장이 활성화되지 않은 상태에서 국가에 대해 발급된 공급인증서(국가REC)의 막대한 거래물량과 낮은 거래가격이 오히려 거래시장에 큰 혼란을 초래하고 거래시장 참여자의 예측가능성을 어렵게 하고 있어 국가 REC 거래기준과 거래방법의 명확히 하는 법개정을 했다. 마지막으로 2019년 1월 15일에 「신에너지 및 재생에너지 개발・이용・보급 촉진법」은 재생에너지의 정의에서 비재생폐기물로부터 생산된 것을 제외하고, 기존 사업자들에 대한 신뢰보호를 위해 산업통상자원부령으로 정하는 바에 따라 개정규정의 적용을 배제하는 법개정이 이루어져 적용되고 있는 상황이다.[55)]

이처럼 정부는 「대체에너지개발촉진법」, 「대체에너지개발및이용・보급촉진법」, 「신에너지 및 재생에너지 개발・이용・보급 촉진법」의 법명칭 변경을 통하여 30년 동안 온실가스감축, 환경보호, 에너지 다원성 확보, 에너지의 안정적인 공급을 위하여 중요한 국가의 과제로 신재생에너지 확대 정책을 집행해 왔다. 그 결과로 과거 정부도 신재생에너지 확대를 위하여 지대한 노력을 해왔고, 그 결과 신재생에너지 보급은 점진적으로 확산이 됐다. 그러나 다른 유럽국가와 비교할 때도 현저히 낮은 수준이지만, 우리나라는 신재생에너지인 태양광을 설치할 수 있는 토지가 충분하지 않고, 국토의 면적 중 산지가 많아서 풍력발전기를 설치할 수 있는 적합한 공간이 부족한 현실적인 제약이 존재한다.

그럼에도 불구하고 정부는 에너지전환정책의 방향성을 설정하여 2030년까지 신재생에너지 발전량을 20%까지 널리겠다는 야심찬 계획을

55) 최근 전 세계적으로 기업들이 사용하는 전력의 100%를 재생에너지로 공급하자는 캠페인인 RE100(Renewable Energy 100%)에 참여하는 기업들이 늘고 있다. 그러나 우리나라의 「전기사업법」에 따르면 발전원별로 구분하여 전기를 판매할 수 있는 근거가 없기 때문에 전기사용자가 「신에너지 및 재생에너지 개발・이용・보급 촉진법」에 따라 발전한 재생에너지를 구매할 수 없다. 이에 따라 전기판매사업자(한국전력공사)는 재생에너지를 이용하여 생산된 전기임을 증명하는 증서와 함께 전기사용자에게 재생에너지로 생산된 전기를 판매할 수 있도록 "녹색전력요금 및 재생에너지 구매제도"를 도입하기 위하여 이원욱 의원 대표 발의로 「전기사업법」 및 「신에너지 및 재생에너지 개발・이용・보급 촉진법」 개정(안)이 국회에 계류 중이다. 해외에서 녹색요금(Green Pricing) 제도를 운영하고 있는 호주는 1997년에 Green Power Provider(전력판매사)가 존재하고 있고, 미국도 1993년에 소비자가 자발적으로 녹색전력을 구입하는 요금제도(Green Pricing)를 운영하고 있으며, 독일도 1996년부터 중개인모델(신재생발전회사와 계약, 발전량과 인증서 구입)과 보조금모델(소비자에게 추가로 거둔 재원을 신재생에너지 관련 프로젝트에 보조금 형태로 이용)을 통하여 신재생에너지 발전 및 환경개선을 위한 소비사가 자발적으로 선택 가능한 요금제를 운영하고 있다.

두고 많은 정치적인 논쟁을 촉발하게 되었으며, 지금까지도 논쟁의 대상이 되고 있다.

따라서 이하에서는 태양과 바람이 존속하는 한 영구적으로 이용될 수 있는 에너지가 재생에너지이지만, 에너지의 안정적인 공급을 위하여 재생에너지가 갖고 있는 문제점을 분석하고자 한다.

2. 재생에너지인 태양광 · 풍력발전사업 허가절차의 문제점

재생에너지인 태양광발전과 관련하여 에너지의 안정적인 공급을 확대하기 위하여 태양광발전사업에 관한 허가절차는 쉽고 간편하여야 한다. 그러나 태양광발전사업에 관한 허가절차는 태양광발전사업허가(전기사업법 제7조), 태양광발전 사업자등록, 개발행위허가(국토계획법 제56조-산지관리법 제14조) 및 환경영향평가(환경영향평가법 제22조), 공사계획 인가 및 신고(전기사업법 제61조 및 제62조), 사용전 검사(전기사업법 제63조), 사업개시신고 및 준공검사, 전력수급계획(PPA) 신청(SMP 계약), 공급인증서(RPS) 대상 설비 확인, 공급인증서 발급 및 거래 등의 절차를 거쳐야 한다.

구체적으로 태양광발전사업허가는 3MW 이상은 산업통상자원부에, 3MW 이하는 해당 지방자치단체에 허가신청을 하면 60일 이내에 발전허가증을 발급한다.[56] 태양광발전사업자는 관할세무서에 법인사업자 또는 개인사업자로 등록하여야 한다. 특히, 태양광발전사업자는 개발행위허가 및 환경영향평가를 60일 정도가 소요된다. 즉, 국토계획법상의 개

56) 현행 재생에너지 사업의 인허가 절차를 보면, 3MW 이상의 태양광이나 풍력발전소는 먼저, 산업통상자원부의 전기위원회가 사업자 적격을 판단하여 "발전사업허가"를 내준 이후에 각각 지방자치단체가 실제 발전소 건설과 관련한 개발행위허가를 하게 된다. 즉 재생에너지 사업 인허가 절차에서 문제점으로 이원화된 인허가 절차로 주민의 동의 절차는 중앙정부의 "발전사업 허가"단계에서만 반영되는 구조이기 때문에 일부 주민의 동의로 뒤늦게 다른 주민들이 반대함으로써 주민간의 갈등문제가 심각하다고 한다 (https://news.kbs.co.kr/news/view.do?ncd=5590372&ref=A <인터넷홈페이지, 2025년 8월 15일>).

발행위허가는 시간이 많이 소요되며, 가장 많은 이슈가 제기되고 있으며, 개발행위가 불가한 지역임에도 불구하고 이러한 지역에 허가를 받을 수 있다는 대행업체들의 사기 등을 당했다는 보도가 있다.[57] 이에 태양광발전사업자는 개발행위허가가 받을 수 있는 지역인가를 반드시 관할 지자체에 확인을 필요로 한다. 또한 태양광발전사업을 가능한가에 대한 부지에 대하여 환경영향평가를 받게 된다는 점에서 꼼꼼하게 해당 지방자치단체에 확인을 필요로 한다. 이어서 태양광발전허가증이 발급되면 공사계획 신고를 하게 되는바, 공사진행절차, 전기설계도면, 개발행위서, 구조물검토서 등을 10MW이상은 산업통상자원부에, 10MW이하인 경우에 지방자치단체나 산업통상자원부에 제출하고 신고 후 1주일 이내에 공사계획 신고필증이 발급되면 태양광 설치공사가 진행된다. 즉, 태양광발전설비가 완공되면 발전소가 이상이 없는지 한국전기안전공사에 사용전 검사를 받아야 하고, 시・군 및 지방자치단체에 개발행위 준공검사 및 사업개시신고를 받아야 한다. 특히, 한전과 전력수급계약(PPA: SMP계약)을 신청하여야 하는바, 1MW 이상은 전력거래소, 1MW 이하는 한국전력공사에 접수하여야 한다. 마지막으로 공급인증서(RPS) 대상 설비 확인을 하고 1주일 이내에 공급인증서를 발급받고, 공인인증서는 매년 4월과 10월에 정규입찰에 참가하여 20년 장기계약을 하거나 매주 열리는 전력거래소 통합 현물시장에 거래를 할 수 있다.[58]

57) http://www.jjan.kr/news/articleView.html?idxno=2048675&sc_section_code=S1N36&sc_sub_section_code=S2N71 <인터넷홈페이지, 2019년 8월 10일>

58) 제3자 PPA란 재생에너지발전사업자와 전기판매사업자, 전기판매사업자와 전기사용자간의 전력거래를 말한다. 제3자 PPA의 법적근거는 「전기사업법」 제31조 제1항 단서 규정과 같은 법 시행령 제19조 제1항 제3호의 근거를 통하여 "신・재생 에너지 발전전력의 제3자간 전력거래계약에 관한 지침"을 마련하고 있다. 참여대상은 설비용량 1MW 초과하는 재생에너지발전사업자, 계약전력 1MW 초과 전기사용자이다. 이처럼 2021년 6월에 도입되었으나, 제3자 PPA 체결계약은 불과 2건(SK E&S가 아모레퍼시픽에 직접 재생에너지를 공급하는 PPA계약, 한국전력공사가 현대엘리베이터와 제3자 PPA를 체결)에 불과한바, 재생에너지 발전단가가 높아 국내에서 기업참여가 부진하며, 중개사업자인 한전의 송・배전망의 수수료 등 부대비용이 높아 기업에게 부담으로 작용하여 실적이 미미하다고 판단된다. 이에 정부는 2022년 8월 직접 PPA제도를 마련했다. 즉 직접

이처럼 정부의 "재생에너지 3020 이행계획"을 실현하기 위하여 에너지의 안정적인 공급확대를 하여야 함에도 불구하고 태양광발전입지규제가 강화되고 있으며, 태양광 사용기간도 20년으로 잡아놓아 기간을 태양광모듈 사용기간으로 확대할 필요가 있고, 빛 반사, 소음, 화재 등의 미관상의 이유로 도로로부터 100미터에서 1,000미터로 이격거리를 두고 있는 지방자치단체가 늘고 있다.[59)]

따라서 에너지의 안정적인 공급과 "재생에너지 3020 이행계획"을 실천하기 위하여 태양광발전 입지기준에 대하여 임야에 태양광을 설치할 수 있는 세부적인 기준을 정할 필요가 있으며, 지자체별로 이격거리 기준 합리화,[60)] 개발행위 전 지역주민 동의 의무화 방안, 지역과 사업이익

PPA란 전력생산자(재생에너지 발전사업자)와 구매자(전기사용자)가 사전에 동의된 기간 동안 사전동의된 가격으로 전력구매를 공정으로 하는 계약을 말한다. 즉 제3자 PPA와 달리 중개사업자 없이 재생에너지 발전사업자와 전기사용자간 1:1 전력거래를 체결하는 것을 말한다. 따라서 PPA제도는 폐쇄적이었던 전력시장을 일부 개방하여 재생에너지 발전사업자의 수익 확보에 도움을 줄 수 있고, 전력가격의 유연성을 확보할 수 있다. 이와 더불어 기업의 재생에너지 사용 확대를 통하여 전력사용의 100%를 재생에너지로 충당하겠다는 RE100 캠페인에 기여할 수 있을 것으로 판단된다(https://blog.naver.com/solarconnect/222519370680 <인터넷홈페이지, 2025년 8월 15일>).

59) 2016년부터 2019년 7월 현재까지 태양광발전시설의 설치를 두고 업체와 지방자치단체 간의 이격거리 제한과 관련하여 소송 건수가 93건이고, 이 중 22건이 항소심에서 판단을 받고 있다. 최근 포천시에서 도로로부터 200미터 내의 태양광발전시설 설치 제한과 관련하여 재판부에서는 법령에서 위임한 한계를 벗어난 것으로 볼 수 없고, 각 지방자치단체의 실정과 지역의 특성에 맞게 판단하려면, "높이", "거리"등 개방적 · 추상적인 개념을 통하여 규제하는 것이 불가피하다고 판결했다. 또한 도로와 건축물 사이의 간격을 뜻하는 이격거리 개념은 해남군(500미터), 장흥군(1,000미터), 전주시(500미터) 등 상당수 지방자치단체별로 도로를 기준으로 이격거리 규정을 신설했다(http://news.heraldcorp.com/view.php?ud=20190715000088 <인터넷홈페이지, 2019년 7월 22일>).

60) 「대구광역시 달성군 태양광발전시설 허가기준조례」 제6조 제1항에 따르면, "도로에서 500미터 안에 입지하지 않을 것, 10호 이상 주거지로부터 500미터, 5호 이상 10호 미만 주거지로부터 300미터, 5호 미만 주거지로부터 100미터, 「관광진흥법」에 따른 관광지 및 공공시설 부지의 경계로부터 500미터 안에 입지하지 않을 것, 우량농지로 보전할 필요가 있는 지역에 입지하지 않을 것, 자연환경보전, 문화재의 보존, 사회적 중요한 시설의 보호 필요성 등의 공익을 위하여 자연적 · 사회적 경관을 보전할 필요가 있는 지역에 입지하지 않을 것, 태양광발전시설은 부지의 경계로부터 3미터 이상 이격하여 완충 공간을 확보하고, 그 완충 공간에는 주변 경관과 조화되도록 높이 2미터 이상의 울타리(펜스 또는 차폐를 식재)를 설치할 것, 태양광발전시설의 설치로 그 인접 토지에

을 공유할 수 있는 방안을 마련할 필요가 있다고 판단된다. 풍력발전의 경우에도 발전사업허가 신청단계에서 국내 풍력발전산업계 활용방안계획서 제출 의무화, 규제기관간 상호협력체계 구축 및 복잡한 인허가 절차 및 기간 단축,[61] 과학적이고 국제적인 기준에 따른 저주파 관리 방안을 구축하여야 한다.

3. 재생에너지의 안정적인 공급으로 인한 지형적 · 간헐성 및 사회적 갈등의 문제

우리나라는 화석연료의 의존도를 줄여 나가면서 환경에 영향을 미치지 않는 새로운 대체에너지를 개발하기 위하여 이미 30년 이전부터 재

영향을 끼치지 않도록 배수 등 적절한 조치를 취할 것의 기준에 적합하여야 한다"고 정하고 있다. 「나주시 개발행위허가 운영 지침」 제4조에 따르면, 도로에서 100미터 이내에 입지하지 아니할 것, 주거 밀집지역의 가장 가까운 거리에 있는 주택에서 시설부지 경계선까지 직선거리 100미터 이내에 입지하지 아니할 것. 다만, 10호 미만 주거지역의 경우에는 해당 지역의 모든 주민(소유자 등)들이 동의하면 태양광발전시설 설치를 허용할 수 있다, 집단화된 농지(경지정리가 완료된 농지. 다만, 구획정리된 농지는 제외함)에 입지하지 아니할 것, 「신에너지 및 재생에너지 개발 · 이용 · 보급 촉진법」 제2조에 따른 바이오에너지 설비로서 전기를 생산 · 판매할 수 있는 시설은 주거지역의 가장 가까운 거리에 있는 주택에서 시설부지 경계선까지 직선거리 500미터 이내에 입지하지 아니할 것의 기준에 모두 적합하여 한다고 정하고 있다. 특히, 「청도군 개발행위허가 운영 지침」 제4조에는 태양광발전시설과 풍력발전시설의 허가기준을 마련하고 있는바, 동조 제1항에서 태양광발전시설은 주요끝선으로부터 300미터 안에 개발행위허가 대상지가 입지 불가, 개발행위허가 대상지 경계로부터 직선거리 300미터 안에 주거 밀집지역이 입지 불가, 자연취락지구, 관광지, 관광휴양형 지구단위계획구역, 문화재 경계로부터 직선거리 500미터 안에 입지 불가, 경지정리지구 등 집단화된 농지 중앙 부근에 입지 불가하고, 동조 제2항에서 풍력발전시설은 주요교통시설의 끝선으로부터 1,000미터 안에 개발행위허가 불가, 개발행위허가 대상지 경계로부터 직선거리 500미터 안에 주거 밀집지역이 입지하지 못하도록 규정하고 있다는 점을 발견할 수 있다.

61) 2025년 2월 27일 국회에서 「해상풍력 보급 촉진 및 산업 육성에 관한 특별법」이 통과됐고, 2026년 3월 26일에 시행을 앞두고 있다. 종전에 민간사업자 주도 방식으로 추진되었던 해상풍력 발전사업을 정부 주도의 개발사업으로 전환했고, 인허가 의제 규정을 통하여 개발절차를 간소화하는 등 해상풍력 발전사업 관련 규제 전반을 정비하는 것으로 주된 내용을 하고 있고, 부칙규정에 기존 사업자에 대한 경과조치, 집적화단지에 대한 경과조치 규정을 마련하고 있다. 해상풍력 관련 자세한 내용은 백옥선, '해상풍력 발전사업 인허가 패러다임 전환의 공법적 함의와 법적 쟁점', 법제 제709호, 법제처, 2025. 6, 3-34면.

생에너지 보급 및 확산을 위한 노력을 지속적으로 해왔다. 그러나 정부의 이러한 정책 집행에도 불구하고 7%의 재생에너지발전 비중을 차지하고 있는 바와 같이, 우리나라는 쓸모없는 사막이나 버려진 땅도 없기 때문에 재생에너지 확산에 한계가 존재한다. 예컨대, 산지에 태양광에너지를 설치하거나 농지에 설치하거나 건축물에 설치하거나 최근에는 댐과 호수 등에 설치할 수 있다. 산지에 태양광을 설치하는 경우에는 산림을 훼손하여 환경을 파괴하여야 한다. 환경보호를 목적으로 하는 재생에너지의 확산이 오히려 산림을 파괴하는 현상이 발생한다. 뿐만 아니라 농촌마을 주변에 설치하는 태양광의 설치로 인하여 빛 반사와 자연환경의 훼손이라는 사회적인 갈등을 촉발시키고 있다.[62)][63)] 이와 더불어 풍력발전기의 경우에도 독일처럼 평지이면서 바람이 잘 부는 지평선에서 설치하는 것이 적합하나, 우리나라의 경우에는 대부분의 지형 70%가 산지이기 때문에 풍력발전기를 설치하는 것도 한계가 있다. 따라서 우리나라의 경우에도 대표적인 재생에너지이라 할 수 있는 태양광

---

62) 박시원 교수는 재생에너지 설치와 관련된 갈등문제를 독일사례를 제시하고 있는바, 도시관리계획에서 환경적으로 문제가 없고, 지역주민의 수용성이 높은 지역에 "재생에너지우선개발지구"의 지정을 통하여 재생에너지 활성화를 도모할 수 있다고 제언하고 있다. 이에 상세한 내용은 박시원, '재생에너지 법정책의 현황과 개선과제', 환경법연구 제39권 제3호, 한국환경법학회, 2017, 105~108면.

63) 신재생에너지 보급 확대를 위하여 정부와 지자체간에 일관된 정책을 추진하고 공동으로 대응하여야 하나, 정부와 지방자치단체간의 연계성 미흡과 신재생에너지보급 확대를 위하여 대규모 부지 확보가 필요한 실정이나 재생에너지 발전의 개발관련 규정이 미흡하여 용이하지 않은 실정이었다. 이에 따라 2017년 12월 27일에 어기구 의원에 의하여 「신에너지 및 재생에너지개발・이용・보급촉진법」을 대표 발의되었다. 동 개정안에는 재생에너지발전지구의 정의, 재생에너지발전지구의 지정, 지정해제, 재생에너지발전지구의 사업시행자, 재생에너지발전지구 개발 실시계획의 승인, 다른 법률에 따른 인・허가등의 의제, 발전사업부지의 처분방법 등, 재생에너지 발전지구 개발 실시계획의 승인 취소 등, 재생에너지발전지구 개발 전담기관의 지정 등에 관한 개정(안)을 제시하고 있다. 이에 따라 동개정(안)은 재생에너지발전지구의 지정 및 개발, 운영 등에 관한 사항을 규정함으로써 신속하고 효율적으로 대규모 재생에너지 발전사업을 추진할 수 있는 법적 기반을 마련하고 있다는 점에서 시의성이 있다고 할 것이다(http://likms.assembly.go.kr/bill/billDetail.do?billId=PRC_U1P7F1E2R2Q7F1A8Y0U1Z5N3C6C1N8 <인터넷홈페이지, 2019년 8월 10일>).

발전과 풍력발전을 설치하여 에너지의 안정적인 공급을 확산하는데 지형적인 요인으로 인하여 재생에너지 확산 정책에 한계가 있다[64]고 판단된다.

특히, 재생에너지는 석탄발전과 원자력발전과 달리 필요한 시점에 즉시 에너지를 공급하지 못하는 "간헐성(intermittent power generation)"으로 인하여 에너지의 안정적인 공급에 한계가 있다. 왜냐하면, 태양광에너지는 햇빛이 있어야 하고, 풍력에너지는 바람이 불어야 전기에너지를 생산할 수 있기 때문이다. 또한 재생에너지는 초기투자비는 높으나 관리비가 적게 들어가고, 연료비가 들어가지 않는다는 점에서 장점을 갖고 있으나, 간헐성으로 인하여 재생에너지만으론 에너지의 안정적인 공급을 하지 못하는 난제가 존재한다. 이에 정부는 재생에너지의 간헐성 문제를 해결하기 위하여 에너지저장장치(ESS)를 설치하도록 하게 함으로써 「신에너지 및 재생에너지 개발·이용·보급 촉진법」에 따른 공급인증서(Renewable Energy Certificate: REC) 비중을 4.5~5.0%까지 부여하고 있었다. 그러나 2017년 8월 전북 고창변전소에서 시작한 ESS 화재사고가 2018년 5월 경산시, 7월 경남 거창군, 11월 경북 문경, 12월에 삼척시, 2019년 1월 울산에서 발생함으로 인하여 2030년까지 전체 발전량의 20%를 재생에너지로 채운다는 "재생에너지 3020" 계획을 달성하는데 최대 난제가 발생한 상황이다.[65] 따라서 재생에너지인 태양광발전과 풍

64) 재생에너지의 특징으로 석탄, 석유, 천연가스 등의 화석연료는 고갈성을 특징으로 하는데 반하여 재생에너지는 비고갈성을 갖는다. 또한 재생에너지는 화석연료에 비하여 온실가스의 배출이 극히 적거나 0에 가깝다는 측면에서 청정에너지의 성격을 갖고 있다. 반면에 재생에너지는 화석연료에 비하여 상대적으로 낮은 경제성을 갖고 있다. 재생에너지의 낮은 경제성으로 인하여 초기에 과다한 투자를 요한다는 장애요인이 있다. 또한 재생에너지발전은 우리가 필요한 시점에 전기를 항상 발전을 할 수 없고, 발전량도 시간에 따라 매우 불안정하다는 점에서 화석연료 발전에 비하여 매우 불리한 측면을 가지고 있다. 이와 더불어 재생에너지 설치 장소와 원료 수급 방식 등에 따라 산림훼손의 문제, 해양생태계 등을 훼손하게 된다는 측면에서 더 많은 공해와 온실가스 발생을 유발 할 수 있다고 한다. 이에 관한 자세한 내용은 홍순파·정동원, 신·재생에너지법과 정책, 법문사, 2012, 11~15면.

65) http://www.dt.co.kr/contents.html?article_no=2019050202109958027005&ref=naver

력발전은 에너지저장장치의 연계를 통하여 에너지의 안정적인 공급을 담보할 수 있기 때문에 에너지저장장치의 안전성을 담보하지 않고서는 간헐성 문제를 해결하기에는 한계가 있다고 판단된다.

정부의 에너지전환정책에 따라 기존의 원전과 석탄발전을 재생에너지와 천연가스발전으로 전환하게 되는 경우에 기존 원전발전과 석탄발전과 관련 산업생태계가 붕괴될 수밖에 없기 때문에 기존 종사자들로부터 많은 저항에 부딪히게 된다. 이처럼 에너지산업 생태계는 단순한 구성체계가 아니라 다양한 주체가 복합적으로 구성된 체계이다. 따라서 에너지전환 정책은 정부에 의한 선언만으로 쉽게 추진할 수 없는 매우 중요한 국가적 과제이기 때문에 중·장기적인 관점에서 다양한 이해관계자 및 전문가 등의 참여를 통하여 우리나라의 산업, 경제, 금융, 문화, 기술발전 등 현실에 부합할 수 있도록 에너지전환에 관한 정책 결정을 하고 점진적으로 진행했어야 한다고 판단된다.

4. 소 결

정부는 2017년 12월에 "재생에너지 3020 이행계획"을 발표했다. 2017년 12월 기준으로 7%에 불과한 재생에너지를 2030년까지 20%를 높이기 위하여 태양광발전 30.8GW, 풍력발전 16.5GW를 확충 목표치를 제시했다. 또한 2019년 6월 4일에 정부는 제3차 에너지기본계획을 발표했는데, 2040년까지 재생에너지 비중을 30~35%로 늘리겠다는 야심차고 매우 도전적인 목표치를 제시하기에 이르렀다.

앞에서도 지적한 바와 같이 우리나라의 국토 지형이 70% 산지로 둘러싸여 있기 때문에 태양광발전과 풍력발전을 확산하는데 한계가 있으며, 또한 환경보호를 목적으로 하는 재생에너지가 산지에 설치하게 되는 경우에 오히려 산림을 훼손하고, 빛 반사 등 자연환경을 훼손하게

<인터넷홈페이지, 2019년 7월 21일>

된다는 측면에서 "녹색"과 "녹색"간의 사회적인 갈등문제를 해소하여야 한다. 따라서 우리나라의 경우에 대표적인 재생에너지이라 할 수 있는 태양광발전과 풍력발전을 설치하여 에너지의 안정적인 공급을 확산하는데 지형적인 요인으로 인하여 재생에너지 확산 정책에 한계가 있다.

또한 정부의 재생에너지 3020 이행계획을 실현하여 에너지의 안정적인 공급확대를 하여야 함에도 불구하고 태양광발전과 풍력발전의 입지 규제 개선, 복잡한 인허가 절차 기간 단축, 규제기관간의 협력체계 구축, 태양광발전은 30~35년 활용 가능한데 20년으로 묶어놓은 기간을 확대할 필요가 있고, 도로로부터 이격거리가 100미터에서 1,000미터를 두고 있는 지방자치단체가 늘고 있음에 따라 합리적인 기준 설정, 풍력발전은 저주파 관리에 관한 방안을 강구할 필요가 있다.

따라서 독일은 2050년까지 전체 발전량을 80%로 친환경에너지로 공급할 계획으로 태양광발전 연계 ESS 보조금을 지원하고 있다는 점에서 우리나라의 경우에도 2030년까지 전체 발전량에서 태양광 풍력 등의 친환경에너지 발전 비중을 20%까지 확대한다는 "재생에너지 3020 계획"을 내놓았으나, 우리나라의 지형적인 특성, 재생에너지의 간헐성 문제(화재 발생하지 않는 대형 ESS 투자 필요), "녹색"과 "녹색"간 사회적인 갈등 문제로 인하여 안정적인 에너지를 공급하는데 한계가 있다.

그러므로 우리나라는 에너지전환(Energiewende) 정책을 독일이라는 국가를 벤치마킹하여 정책구상을 하고 있는데, 독일은 인접국가들에게 전력을 구매할 수 있는 전력망 구축(남는 전기에 대한 보조금 지급을 통하여 전력판매), 태양광발전과 풍력발전이라는 지형적인 특성의 우위 등을 통하여 안정적으로 재생에너지를 공급하고 있다는 점에서 매우 신중하게 "에너지 믹스(Energy Mix)" 차원에서 에너지기본계획과 전력수급계획을 세워야 한다고 판단된다.

V. 원전과 재생에너지의 병행 발전을 위하여 "(가칭)에너지정책기본법" 제정을 통한 국가에너지기본계획 및 전력수급계획 수립 필요

정부의 에너지정책에 관한 구상은 2016년 9월 12일 경주지진(5.8)과 2017년 11월 15일에 발생한 포항지진(5.4)으로 인하여 다수호기가 설치되어 있는 경주와 부산·울산지역의 원전에 대한 안전성 확보 문제가 제기됨에 따라 문재인 대통령은 대선과정에서 원전 감축에 대한 공약을 제시하게 되었다. 이를 실현하기 위하여 문재인 대통령은 2017년 6월 19일에 부산 기장군 장안을 고리 1호기 원전 영구정지 선포식에서 건설중인 원전(신고리 5·6호기) 중단결정과 건설 예정인 신규 원전 건설계획(천지 1·2호기와 신한울 3·4호기)을 전면 백지화하고 원전의 설계 수명을 연장하지 않겠다는 계획을 제시하면서 "탈원전" 정책에 불을 지폈다. 이어서 2017년 5월 15일에 미세먼지 대책의 일환으로 업무지시 3호[66]로 30년 이상 된 노후 석탄발전소를 6개월 한 달 동안 일시적으로 가동중단 및 삼천포 화력 1호기와 2호기를 임기 내에 모두 폐쇄한다는 방침에 대하여 "탈석탄" 관련하여 많은 논란을 촉발시켰다.

왜냐하면, 신고리 5호기·6호기의 원전의 건설계획은 이명박 정부에서 2008년부터 2017년 간 「전기사업법」, 「에너지법」, 「저탄소녹색성장기본법」의 제1차 국가에너지기본계획에 따라 장기간의 검토와 공론화를 거쳐 추진되었기 때문이다. 즉, 정부(前 산업통상자원부)는 2008년 8월 27일에 제1차 국가에너지기본계획을 수립하여 2030년까지 원자력발전의 설비 비중을 41% 수준으로 높이겠다는 것을 모든 부처, 에너지 공급자와 수요자, 시민단체의 공청회, 공개토론, 워크숍 등을 개최하여 2008년 12월에 「전기사업법」에 근거하여 제4차 전력수급기본계획(2008-2022)이

66) https://news.nate.com/view/20170515n27896 <인터넷홈페이지, 2025년 8월 15일>

공론화 과정을 거친 다음 전력정책심의회의 심의를 거쳐 계획을 수립하고 신고리 5호기·6호기 공사계획을 확정했다. 이에 박근혜 정부에서 한국수력원자력은 2013년 9월 30일에 「전기사업법」에 따라 산업통상자원부장관으로부터 발전사업 허가를 받았으며, 2014년 1월 14일에 「저탄소녹색성장기본법」, 「에너지법」에 따라 제2차 국가에너지기본계획을 확정했는데, 원전 비중을 41%에서 29%로 낮추기로 결정했고, 신규 원전 건설계획은 유지하기로 결정했다. 이러한 계획에 따라 한수원은 2016년 6월 27일에 원자력안전위원회에 의한 38개월간의 심의를 거쳐 「원자력안전법」 제10조에 따른 발전용원자로 및 관계시설의 건설허가를 받은 다음 날 공사에 착수하여 공사를 2017년 6월 19일까지 공사를 지속하여 오다가 문재인 대통령의 고리 1호기 영구정지 선포식에서 "원전 중심의 발전정책을 폐기하고 탈핵 시대로 가겠습니다. 준비 중인 신규 원전 건설계획은 전면 백지화하겠습니다. 원전의 설계 수명을 연장하지 않겠습니다. 현재 수명을 연장하여 가동 중인 월성 원전 1호기는 전력 수급 상황을 고려하여 가급적 빨리 폐쇄하겠습니다"[67) "탈원전" 및 "신규 원전" 건설계획(신한울 3·4호기)을 백지화하고 현재 건설 중에 있는 신고리 5호기·6호기 공사를 중단[68)하게 되는 상황에 이르게 되었다.[69)70)

---

67) http://monthly.chosun.com/client/mdaily/daily_view.asp?idx=11640&Newsnumb=20210111640&form=MY01SV&OCID=MY01SV <인터넷홈페이지, 2025년 8월 15일>

68) 2017년 6월 27일 문재인 대통령 주재로 열린 국무회의에서 신고리 원전 5호기와 6호기 건설공사를 일시 중단하고, 이 문제를 10인 이내의 "신고리 5·6호기 공론화위원회" 구성을 통하여 최대 3개월간의 여론 수렴을 거쳐 시민배심원단(471명)이 판단을 내리게 하자는 결정을 했다. 이에 공론화위원회는 공사 중단 중인 신고리 원전 5호기와 6호기의 건설공사 재개(건설재개: 59.5%, 건설중단 40.5%)와 원전 축소하는 방향으로 정책을 추진할 것 등을 정부에 권고했다. 이에 정부는 2017년 10월 24일 국무회의를 통해 건설공사 재개를 확정했다(https://www.lawtimes.co.kr/news/122117 <인터넷홈페이지, 2025년 8월 15일>).

69) 독일도 2011년 3월 11일 일본의 후쿠시마 원전참사로 인하여 메르켈 수상이 2011년 3월 14일에 기자회견의 형식으로 독일 내 모든 원전의 안전성 심사와 11차 원자력법 개정에서 규정된－평균적으로 12년인－가동연장을 3개월간 중단하는 것을 내용으로 일련의 비상 가동중단조치를 발했고, 그 다음날 2011년 3월 15일에 메르켈 수상과 바이에른 주지사 등이 모든 원전에 관한 안전성 심사만을 실시하는 것이 아니라, 가동 중인

이에 따라 정부는 2017년 12월 29일 제8차 전력수급기본계획(−환경성과 국민의 안전에 미치는 영향 고려−2017~2031)에서 2030년까지 원전 비중을 현재 30%에서 18%로 감축하고, 액화천연가스 비중을 20%에서 37%로, 신재생에너지를 5%에서 20%로 올리기로 하는 정책을 제시하게 되면서 기존 원전의 발전정책과 재생에너지의 발전 방향 정책간 충돌하게 되는 정책 결정으로 인하여 사회적인 갈등을 촉발케 했다. 정부는 원전과 석탄을 단계적으로 축소하고, 신재생에너지를 중심으로 친환경 에너지를 확대하도록 함과 더불어 30년 이상 된 노후 석탄발전소의 봄철 가동 중단 및 미세먼지 경보 시 지역 내 석탄발전소의 추가 제약 등을 할 수 있도록 했다. 이것은 정부가 기존의 에너지 공급 일변도의 대

노후 원전 7개(Biblis A, Neckarwestheim 1, Biblis B, Brunsbüttel, Isar 1, Unterweser, Philippsburg1)의 정지를 모라토리엄의 이름으로 공표했다. 독일의 연방상원 위원회에서 독일원전에서 기인할 리스크를 장래에 배제하기 위하여 전력생산을 위한 핵에너지이용으로부터 벗어날 것을 권고했다. 이 권고를 바탕으로 2011년 7월 31일에 연방의회는 제13차 원자력법개정(제2차 원전폐쇄법)을 했다. 그리고 제13차 원자력법 개정에 의해 나머지 9기의 원자력발전소에 대하여 2015년까지 운영하기로 하였고, 3기의 원자력발전소는 2022년까지 운영하도록 하였다(독일 원자력법 제7조 제1a조 참조). 그 밖에 독일 내의 모든 원자력발전소를 단계적으로 폐쇄하기로 결정함에 있어서, 원자력안전위원회(Reaktorsicherheitskommission)는 2011년 3월 17일에 연방환경부의 위탁을 받아 원자력발전소의 안전성을 심사하였고, 2011년 3월 22일에는 윤리위원회(Ethik-Kommission)가 설치된 바 있다. 이처럼 독일의 원자력법 개정(제2차 원전폐쇄법)이 일본의 후쿠시마 원전참사에 따른 독일의 에너지전환(Energiewende) 정책의 핵심이다. 김중권, '독일 제2차 원전폐쇄법에 관한 독일연방헌법재판소 판결의 공법적 의의', 헌법논총 제28집, 헌법재판소, 2017, 197~199면; 정남철, '원전폐쇄와 재산권보호', 헌법논총 제24집, 헌법재판소, 2014, 211~214면.

70) 독일은 제16차 원자력법을 개정하였는바, 첫째, 2010년 제11차 개정법이 원전가동기간을 연장함에 따른 추가전력량에 의거한 투자가 좌절된 것, 둘째, 2020년 잔여전력량을 자체 원전에서 발전하는 것이 불가능한 것, 즉 전자는 제7조의e규정(좌절된 투자에 대한 재정적 보상), 후자는 제7조의f(전력량에 대한 보상)이다. 그러나 독일의 연방헌법재판소는 위의 규정을 무위로 돌리게 되었는바, 독일 연방의회는 2021년 10월 31일부터 발효하는 제18차 원자력법 개정안, 즉 제7조의e(재정적 보상), 제7조의f(연방정부에 대한 지급), 제7조의g(공법계약을 체결하기 위한 수권)을 2021년 6월 10일에 가결했다. 이에 관한 내용은 김중권, '독일 제16차 개정 원자력법에 관한 독일 연방헌법재판소 결정의 공법적 의의', 환경법연구 제43권 제2호, 한국환경법학회, 2021/8, 69~89면; 정남철, 환경법강의, 법문사, 2025, 377~382면.

규모 중앙집중형 발전 확대 정책에서 소규모 분산형 전원을 중시하는 에너지정책으로의 전환 의지를 보여 주는 사례라 판단된다.

또한 정부는 2014년 1월에 「저탄소녹색성장기본법」 제41조[71]에 따라 5년 주기로 수립되는 제2차 에너지기본계획을 발표했는데, 2035년까지 원전 발전 비중을 29%, 재생에너지 발전 비중을 11%를 제시하였음에도 불구하고 2019년 4월에 제3차 에너지기본계획에서 이를 뒤집어 2040년

71) 최근의 급격한 기후변화는 홍수, 가뭄, 한파, 산불 등의 자연재난과 화재, 감염병 등 사회재난, 일자리 감소 등 경제침체를 비롯한 전방위적인 기후위기로 표출되면서 그 강도와 빈도가 지속적으로 증가하는 경향을 보이고 있는 부문을 대응하기 위해 2015년 파리에서 채택된 「파리협정」에 따라 당사국 모두는 자발적으로 온실가스 감축목표를 수립하고 이를 이행할 의무를 지니게 되었다. 즉 EU, 미국, 영국, 일본 등 세계 각국은 2050년까지 온실가스 순배출량을 영(零)으로 하는 탄소중립을 앞다투어 선언하고 이를 이행하기 위한 새로운 경제체제 구축 등을 적극 모색하고 있으며, 우리 정부도 기후위기의 심각성에 대한 인식을 바탕으로 이러한 국제사회의 흐름에 발맞추어 2020년 7월 그린뉴딜 정책을 발표했고, 같은 해 10월 2050년 탄소중립 목표를 선언하였다. 이에 기존의 「저탄소 녹색성장 기본법」을 중심으로 한 현행 법·제도상 기후위기 대응 체계는 최초로 국가 온실가스 감축목표를 설정했고, 국가 전체 온실가스 배출량의 약 70퍼센트를 포괄하는 온실가스 배출권거래제 출범의 기반을 다지는 등 그간 우리나라 기후변화 대응 정책을 이끌어 왔으며 지난 2019년 우리나라 국가 온실가스 배출량을 최초로 감소세로 돌아서도록 하는 데 기여하였으나, 탄소중립 사회로의 이행을 위한 온실가스 감축과 기후위기에 대한 적응, 이행과정에서의 일자리 감소나 지역경제·취약계층 피해 최소화와 함께, 경제와 환경이 조화를 이루는 녹색성장 추진까지를 아우르는 통합적인 고려가 불충분하고 법률적 기반에 한계가 있다는 지적이 있어 왔다. 이에 따라 중장기 온실가스 감축목표 설정과 이를 달성하기 위한 국가기본계획의 수립·시행, 이행현황의 점검 등을 포함하는 기후위기 대응 체계를 정비하고, 기후변화영향평가 및 탄소흡수원의 확충 등 온실가스 감축시책과 국가·지자체·공공기관의 기후위기 적응대책 수립·시행, 정의로운 전환 특별지구의 지정 등 정의로운 전환 시책, 녹색기술·녹색산업 육성·지원 등 녹색성장 시책을 포괄하는 정책수단과 이를 뒷받침할 기후대응기금 신설을 규정함으로써 탄소중립 사회로의 이행과 녹색성장의 추진을 위한 제도와 기반을 마련하기 위하여 「기후위기 대응을 위한 탄소중립·녹색성장 기본법」을 법률 제18469호로 2021년 9월 24일에 제정하였고, 2022년 3월 25일부터 시행해 오고 있다. 이에 관한 상세한 내용은 https://likms.assembly.go.kr/bill/billDetail.do?billId=PRC_U2N1D0E8N1S8F2K0B3I4V4I7F8I4G1 <인터넷홈페이지, 2025년 8월 15일>; 그러나 2023년 3월 「기후위기 대응을 위한 탄소중립·녹색성장 기본법」이 제정되면서 기존의 「저탄소녹색성장기본법」에서 근거하여 수립해 오던 "에너지기본계획"의 법적 근거를 상실하여 미아 상태로 존재 하고 있는 점은 문제점으로 지적되어 오고 있다. 따라서 정부는 하루빨리 "에너지 헌법"으로서 법적 위상을 정립할 수 있도록 "국가에너지기본계획"의 법적 근거를 재정립할 필요가 있다고 판단된다. 이에 관한 내용은 https://www.mk.co.kr/news/contributors/11026016 <인터넷홈페이지, 2025년 8월 15일>

까지 재생에너지 발전 비중을 30~35%로 늘린다고 발표함에 따라 일방적인 에너지전환 정책에 대한 심대한 우려의 목소리가 제기되고 있다.

특히, 프랑스 정부는 2015년 8월에 기후변화대응 및 에너지전환을 위하여 에너지전환법(La loi de transition énergétique)을 제정했다. 예컨대, 프랑스는 원전에 의한 전력생산 비중을 75%에서 2020년까지 50% 감축하고, 신재생에너지 비중을 2030년까지 40%까지 확대하겠다는 목표를 법률에 담았다. 그러나 2017년 취임한 마크롱 대통령은 급격한 원전비중 감소가 에너지비용 증가와 기후변화에 취약하다며 연기를 시사했다. 이에 2019년 4월에 프랑스 환경부 드 루기 장관은 에너지전환법(La loi de transition énergétique) 개정안을 제출했고, 2025년까지 원전 비중을 75%를 54% 낮추고자 했던 것을 2035년까지 늦추고(원전 58기 중 14기는 2035년까지 단계적으로 폐쇄), 새로운 화력발전소 건설이 필요하다는 에너지전환법(La loi de transition énergétique) 개정(안)을 제출한 상태에 있다.

따라서 우리나라의 경우에도 (가칭)「에너지정책기본법」 제정을 통하여 정부의 변천 및 변화에 따라 백년대계라고 할 수 있는 "국가에너지기본계획에 관한 변경"을 최소화할 수 있도록 함과 더불어 최상위 국가에너지기본계획 수립 및 중·장기적인 친환경에너지의 사용을 비롯한 에너지믹스(Energy Mix) 정책을 총괄할 수 있도록 원전과 재생에너지에 관한 에너지원 목표치를 제시하는 것이 바람직하다고 판단된다.

Ⅵ. 맺는말

정부는 제2차 국가에너지기본계획에서 2035년 원전 발전 비중을 29%, 재생에너지 발전비중을 11%를 제시했으나, 문재인 정부는 이를 뒤집어 제3차 국가에너지기본계획에서 2040년 석탄발전을 과감하게 단축하고, 노후 원전 수명을 연장하지 않고 신규 원전을 추진하지 않는 방식으로 원전비중을 점진적으로 감축하고, 재생에너지의 발전비중을 30~35%로 확대한다고 발표함에 따라 에너지전환(Energiewende) 정책에 따른 원전과 재생에너지간의 사회적 갈등 문제를 촉발시켰다.

우리나라는 에너지전환정책에 관한 사회적인 갈등 문제를 해결하기 위하여 프랑스와 같이 "(가칭)에너지정책기본법"을 제정하여 법률 내용에 2030, 2040, 2050, 2060, 2070에 대비하여 에너지원별로 구체적인 목표치를 제시할 필요가 있다. 왜냐하면, 정부는 5년마다 수립되는 국가에너지기본계획을 수립·시행함에 있어서 정치적인 개입을 최소화하여야 함과 더불어 미래세대에게 에너지의 안정적인 공급과 안전하고 깨끗하고 에너지를 사용할 수 있도록 에너지전환 설계를 도모하면서 우리나라의 조선, 철강, 기계, 반도체 등 주력산업에 투입되는 에너지 사용량을 파악하여 현실성 있는 국가에너지기본계획을 수립하고 시행할 필요가 있기 때문이다. 또한 정부는 우리나라의 산업·경제적인 상황, 에너지 공급과 수급 상황 및 에너지 안보라는 큰 틀에서 중·장기적인 관점에서 접근하여 국가에너지기본계획을 수립·시행하여야 한다. 즉, 정부의 변천이나 변경에 따라 국가에너지기본계획에 관한 변경을 최소화함과 아울러 에너지 관련 기본계획간 정합성과 연계성을 강화하기 위하여 "(가칭)에너지정책기본법"을 제정을 통하여 계획적으로 수립하고 시행할 필요가 있다고 할 것이다.

따라서 정부는 "(가칭)에너지정책기본법"에서 규정하고 있는 국가에너지기본계획의 법적인 근거를 토대로 중·장기적인 관점에서 우리나라의 현실에 부합하는 에너지 수급 상황에 비추어 원전과 재생에너지 정책을 수립하여 병행 발전을 도모할 수 있도록 방향성을 제시할 필요가 있다고 할 것이다.

특히, 2025년 6월에 新정부가 출범하였고, 9월 7일에 고위당정협의회 결과 「정부조직법」에 대한 개편방안으로 환경부가 기후에너지환경부로 확대 개편하여 기존 산업통상자원부의 에너지정책까지 담당하게 될 것이라고 발표했다.[72] 현재 산업통상자원부는 1993년 상공부와 동력자원부가 합쳐져 옛 상공자원부가 만들어진 후, 32년 만에 에너지정책이 산업정책과 분리하게 되었는바, 그 이유가 원유와 가스, 석탄등 에너지를 거의 전적으로 수입에 의존하여 오일쇼크 등의 위기를 겪으면서 에너지의 안정적인 수급을 경제안보의 관점에서 매우 중요한 국가적 과제로 여겨져 왔기 때문이었다.[73] 하지만, 新정부는 「정부조직법」에 "기후에너지환경부" 신설을 통하여 기후위기 대응과 탄소중립 시대에 에너지정책을 아우르는 콘트롤타워 역할을 담당하게 될 것이라고 한다. 반면에 환경부의 기능 비대화로 산업용 전기요금 인상으로 이어져 기업의 경영부담이 커질 수 있다는 우려와 함께 94% 에너지를 해외 수입에 의존하는 현실에서 기후위기 대응에 정책적인 우위를 가지게 될 경우에 상대적으로 에너지 수급의 문제나 국내·외 자원개발 등 에너지안보에 대한 고려가 약화될 수 있다는 비판의 목소리가 제기되고 있다.[74]

그러므로 향후 기후에너지환경부로 재편될 정부는 원전과 재생에너지의 병행 발전 전략을 수립하기 위하여 「기후위기 대응을 위한 탄소중립·녹색성장 기본법」에 "(가칭)에너지정책기본법"상의 국가에너지기본계획에 관한 내용을 포함할 수 있도록 법률 개정이 필요하다고 하겠다.

---

72) https://www.hankyung.com/article/2025090783117 <인터넷홈페이지, 2025년 9월 8일>
73) https://www.hankyung.com/article/2025090783117 <인터넷홈페이지, 2025년 9월 8일>
74) https://www.hankyung.com/article/2025090783117 <인터넷홈페이지, 2025년 9월 8일>

〈참고문헌〉

[국내문헌]

강창우 외 12인, 핵무기와 핵전략, 박영사, 2025.

김종천, '대행제도의 법리적인 분석을 통한 법제 개선방안 연구', 한국법제연구원, 2017. 10.

______, '에너지산업 플랫폼 구축을 위한 에너지사용정보 활용에 관한 법제연구', 한국법제연구원, 2020. 10.

뉴턴 하이라이트(Newton HIGHLIGHT), 전력과 미래의 에너지, 뉴턴코리아, 2013.

박기선, '에너지 수요관리제도에 관한 공법적 연구', 중앙대학교 법학박사학위논문, 2018.

법제처, 법령입안・심사기준, 2019.

이종영, 에너지법학, 박영사, 2024.

이정동・권혁주・김기현・장대익 외 19인, 공존과 지속－기술과 함께하는 인간의 미래, 민음사, 2019. 4.

정남철, 현대행정의 작용형식, 법문사, 2016.

______, 환경법강의, 법문사, 2025.

차민식, 국가임무의 機能私化와 국가책임, 경인문화사, 2011.

한수웅, 헌법학, 법문사, 2025.

홍순파・정동원, 신・재생에너지법과 정책, 법문사, 2012.

김중권, '독일 제16차 개정 원자력법에 관한 독일 연방헌법재판소 결정의 공법적 의의', 환경법연구 제43권 제2호, 한국환경법학회, 2021. 8, 69～89면.

______, '독일 제2차 원전폐쇄법에 관한 독일연방헌법재판소 판결의 공법적 의의', 헌법논총 제28집, 헌법재판소, 2017, 197～199면.

김종천, '안전국가 정착을 위한 입법적 과제', 중앙법학 제17집 제1호, 중앙법학회, 2015, 121면.

______, '사용후핵연료 관리를 위한 국가의 입법적 과제', 중앙법학 제18집 제

2호, 중앙법학회, 2016, 9～10면.

______, '미래 신재생에너지 활성화를 위한 법제 대응 방안', 가천법학 제6권 제1호, 가천대학교 법학연구소, 2013. 3, 22～34면.

박시원, '재생에너지 법정책의 현황과 개선과제', 환경법연구 제39권 제3호, 한국환경법학회, 2017, 105～108면.

백옥선, '해상풍력 발전사업 인허가 패러다임 전환의 공법적 함의와 법적 쟁점', 법제 제709호, 법제처, 2025. 6, 3～34면.

양천수, '생존배려 개념 기원－법철학의 시각에서 본 포르스트호프의 사회보장법체계', 영남법학 제26호, 영남대학교 법학연구소, 2008. 4, 103면.

이원우, '헌법상 경제질서와 공생발전을 위한 경제규제의 근거와 한계', 행정법학 제4호, 한국행정법학회, 2013, 22～34면.

이원우, '21세기 행정환경의 변화와 행정법학방법론의 과제', 행정법연구 48, 행정법이론실무학회, 2017. 2, 93면.

정남철, '원전폐쇄와 재산권보호', 헌법논총 제24집, 헌법재판소, 2014, 211～214면.

______, '생존배려영역에서의 민영화와 보장책임－특히 보장책임의 실현가능성을 중심으로', 법조 717호, 법조협회, 2016. 6, 176면.

[번역서]

B. Gates/김민주・이엽(역), 기후재앙을 피하는 법, 김영사, 2021.

Daniel Yergin/우진하(역), 뉴맵－에너지・기후・지정학이 바꾸는 새로운 패권 지도, 리더스북, 2020.

Jeremy Rifkin/안진환, 3차 산업혁명, 민음사, 2012.

U. Beck, Risikogesellschaft－Auf dem weg in eine andere Moderne－, (Suhrkamp Verlag, 1986); 홍성태 역, 위험사회－새로운 근대성을 위하여－, 새물결출판사, 1997.

[외국문헌]

J. F. Baur/P. Salje/M. Schmidt－Preuß, Regulierung in der Energiewirtschaft,

Carl Heymanns, 2011, S. 1(13).

[인터넷 홈페이지]

http://www.seoulfn.com/news/articleView.html?idxno=338891 <서울파이낸스, 2019년 4월 5일>

http://biz.chosun.com/site/data/html_dir/2019/06/04/2019060401111.html <조선일보, 2019년 6월 4일>

https://www.yna.co.kr/view/AKR20170619071500001 <인터넷홈페이지, 2019년 7월 19일>

http://blog.daum.net/miriya/15601245(방문일자: 2017. 12. 11.)

http://news.donga.com/Main/3/all/20130420/54568110/1 <인터넷홈페이지, 2019년 7월 19일>

http://news.heraldcorp.com/view.php?ud=20190715000088 <인터넷홈페이지, 2019년 7월 22일>

http://www.dt.co.kr/contents.html?article_no=2019050202109958027005&ref=naver <인터넷홈페이지, 2019년 7월 21일>

http://www.gesetze-im-internet.de/eew_rmeg/__2.html <인터넷홈페이지, 2019년 7월 21일>

http://www.law.go.kr/lsInfoP.do?lsiSeq=168&ancYd=19971213&ancNo=05446&efYd=19980614&nwJoYnInfo=N&efGubun=Y&chrClsCd=010202#0000 <인터넷홈페이지, 2019년 7월 21일>

http://www.dailytw.kr/news/articleView.html?idxno=19238 <인터넷홈페이지, 2019년 8월 10일>

http://www.jjan.kr/news/articleView.html?idxno=2048675&sc_section_code=S1N36&sc_sub_section_code=S2N71 <인터넷홈페이지, 2019년 8월 10일>

http://likms.assembly.go.kr/bill/billDetail.do?billId=PRC_U1P7F1E2R2Q7F1A8Y0U1Z5N3C6C1N8 <인터넷홈페이지, 2019년 8월 10일>

http://biz.chosun.com/site/data/html_dir/2019/08/11/2019081101772.html <인터넷홈페이지, 2019년 8월 12일>

https://view.asiae.co.kr/article/2025081400522800381 <인터넷홈페이지, 2025년 8월 15일자>

https://www.law.go.kr/ <인터넷홈페이지, 2025년 8월 15일>

https://www.motie.go.kr/kor/article/ATCLc01b2801b/70152/view# <산업통상자원부 홈페이지, 2025년 8월 15일>

https://likms.assembly.go.kr/bill/billDetail.do?billId=PRC_O2J5N0T2G1Y7V1B9N3L6Y2R3X9R6Z0 <인터넷홈페이지, 2025년 8월 15일>

https://likms.assembly.go.kr/bill/billDetail.do?billId=PRC_O2J5N0T2G1Y7V1B9N3L6Y2R3X9R6Z0 <인터넷홈페이지, 2025년 8월 15일>

https://www.lawtimes.co.kr/news/122117 <인터넷홈페이지, 2025년 8월 15일>

https://www.mk.co.kr/news/contributors/11026016 <인터넷홈페이지, 2025년 8월 15일>

https://likms.assembly.go.kr/bill/billDetail.do?billId=PRC_U2N1D0E8N1S8F2K0B3I4V4I7F8I4G1 <인터넷홈페이지, 2025년 8월 15일>

https://www.hankyung.com/article/2025090783117 <인터넷홈페이지, 2025년 9월 8일>

03

해상풍력 발전사업 인허가 패러다임 전환의 공법적 함의와 법적 쟁점*

백 옥 선**

Ⅰ. 들어가는 말

현대 행정국가에서는 복잡하고 다양한 사회적 수요를 충족하고 공익을 실현하기 위해 국가 개입 방식 변화나 확대가 불가피한 영역이 등장

---

* 본 논문은 법제처 법제 통권 709호(2025. 6)에 게재한 논문임을 밝힙니다.
** 부산대학교 법학전문대학원 교수

하고 있으며, 이에 대한 기존 공법적 규율 체계의 재구성이 요구되고 있다. 전 세계적으로 지속가능성 확보를 위한 에너지 전환이 확대되고 있는 가운데, 에너지 분야는 법체계와 규율 방식의 재편이 요구되는 대표적인 영역이다. 특히, 에너지 분야는 인공지능(AI)기술 활용 증대로 전력수요가 폭증할 것으로 예상되는 등,[1] 그 어떤 영역보다도 규제환경을 둘러싼 기술적・경제적・사회적 변화가 매우 크다. 더욱이, 발전소나 전력망 설치를 둘러싼 지역 및 주민 반발 증대에 따른 수용성 확보 문제, 기후변화 및 탄소중립 대응을 위한 환경적 요소의 반영은 에너지 분야 법체계와 규율방식에 대한 새로운 접근을 강력하게 요청하고 있다.

이러한 상황에서 해상풍력은 에너지 문제를 둘러싼 최근의 여러 현안을 상대적으로 효과적으로 해결할 수 있는 수단으로 주목받고 있다. 유럽을 비롯한 여러 국가에서는 에너지 안보 강화와 탄소중립 및 재생에너지 확대 전략의 일환으로 해상풍력을 위한 법제를 마련하고 시행하고 있다. 에너지 전환 과정에서의 에너지 목표 및 탄소중립 목표 달성은 특정 국가의 환경적・기술적・산업적 문제에 국한되지 않는 전 지구적 성격을 띠므로, 외국의 에너지 안보 확보를 위한 법제의 변화는 우리에게도 상당한 시사점을 제공한다.

우리나라의 현행 해상풍력 관련 법체계에 따르면 해상풍력발전사업자는 자율적으로 해상풍력발전사업을 위한 해양공간 입지를 정한 후, 다수의 개별법에 따른 인허가를 받아 사업을 추진하고 있다. 이러한 방식은 해양공간 활용의 비체계성, 복잡한 이해관계 충돌로 인한 갈등 유발, 전력사업을 위한 행정적 비효율성 등 다양한 법적 문제를 야기할 수밖에 없다. 특히, 현행 법체계에서는 해상풍력 발전사업 수행을 위한 상당한 노력과 기간을 투입한 이후에도 개별법상의 인허가가 거부될 가

---

1) 인공지능시대의 성패는 에너지 문제에 좌우된다는 측면에서 에너지법의 과제를 다룬 최근 논문으로는 백옥선, '인공지능과 에너지법－데이터센터 확대에 따른 법적 과제를 중심으로－', 공법연구 제53권 제3호, 2025. 2. 참고.

능성이 있어 사업수행에 대한 예측가능성이 현저히 낮다. 한편으로는 사업자의 사업수행에 대한 보장이 없는 상황에서 허가 순서에 따라 전력계통 접속 우선권이 부여되므로, 선순위 수허가자에게 부여된 계통이 포화된 경우 후순위 허가가 제한받게 될 수 있다. 이를 종합할 때 현재 해상풍력 발전사업 인허가 체계는 공익 실현의 제도적 기반이 취약할 뿐만 아니라, 사업자에게도 예측불가능한 구조적 체계임을 알 수 있다.

2025년 3월 25일 공포된 「해상풍력 보급 촉진 및 산업 육성에 관한 특별법」(이하 "해상풍력특별법"이라 한다)은 해상풍력 발전사업 관련 규제체계와 방식을 구조적으로 완전히 개편한 법률로 평가할 수 있다.[2] 해상풍력특별법은 크게 두 가지 패러다임의 변화를 담고 있다.[3] 첫째는

2) 제21대 국회에서 발의되어 산업통상자원중소벤처기업위원회로 회부된 풍력발전 보급촉진 특별법안(김원이의원 대표발의), 해상풍력 계획입지 및 산업육성에 관한 특별법안(한무경의원 대표발의), 해상풍력 보급 활성화에 관한 특별법안(김한정의원 대표발의) 등 3건의 제정안에 대하여 법안심사소위에서 9차례 논의하였으나 기존에 허가를 받은 발전사업자가 이 법 절차에 참여하는 경우 우대 문제, 계획입지에 포함되지 않은 기존 사업지역에 대한 입지적정성평가 문제 등에 대한 이견으로 의결에 이르지 못한 바 있으나(해상풍력 계획입지 및 산업육성에 관한 특별법안 검토보고서, 2024. 8, 산업통상자원중소벤처기업위원회, 13면~14면), 제22대 국회에 와서 해상풍력 계획입지 및 산업육성에 관한 특별법안(김소희의원 대표발의), 해상풍력 계획입지 및 산업 활성화에 관한 특별법안(허종식의원 대표발의), 해상풍력발전 보급촉진 특별법안(김원이의원 대표발의), 해상풍력 보급 활성화와 산업육성을 위한 특별법안(서왕진의원 대표발의), 해상풍력 계획입지 및 풍력산업발전에 관한 법률안(강승규의원 대표발의), 해상풍력의 계획입지 및 산업육성에 관한 특별법안(조경태의원 대표발의), 해상풍력 보급 및 산업육성을 위한 특별법안(김정호의원 대표발의) 7건의 법률안을 심사하고, 이를 통합·조정하여 위원회 대안을 마련하여 통과되었다.

3) 이미 이러한 취지를 반영하여 외국에서는 해상풍력을 위한 별도 법률을 제정하거나 에너지법 내에서 특화된 장을 두는 방식으로 해상풍력에 관한 국가의 적극적 역할을 부여하고, 개입강도를 높이는 방식으로 법체계를 구축하고 있기도 하다. 대표적으로 덴마크 재생에너지 보급촉진에 관한 법률(lov om fremmeafvedvarende energi, 2009년 1월 1일 시행), 대만 재생가능발전조례(再生能源發展條例, 2009년 7월 8일 시행), 네덜란드 해상풍력에너지법(Wet windenergieop zee, 2015년 7월 1일 시행), 독일 해상풍력에너지법(Windenergie-auf-See-Gesetz, 2017년 1월 1일 시행), 일본 해양재생가능에너지 발전설비 정비 관련 해역의 이용촉진에 관한 법률(海洋再生可能エネルギー發電設備の整備に係る海域の利用の促進に關する法律, 2019년 4월 1일 시행), 호주 해상전기인프라법(Offshore Electricity Infrastructure Act 2021, 2022년 6월 2일 시행)을 들 수 있다.

해상풍력 발전사업의 입지 결정의 패러다임 변화이고, 둘째는 발전사업자 선정 및 사업추진 절차의 패러다임 변화이다. 해상풍력특별법은 국가가 주도적으로 마련한 해양공간을 해상풍력 발전사업의 부지로 활용하는 계획입지(計劃立地) 제도를 도입하고 있다. 해상풍력특별법이 시행되면 해상풍력사업을 위한 입지는 기존과 같은 민간 주도의 개별입지 방식을 기반으로 한 사업허가 시스템에서 벗어나, 국가 주도로 발굴된 계획입지 내에서만 사업을 허용하는 체계로 개편된다. 이러한 계획입지 제도는 해양공간계획을 통해 해양공간을 보다 체계적이고 효율적으로 관리하는 데 목적을 두며, 기존의 행정처분 중심의 해양공간 이용 허가 방식을 상당 부분 구속력 있는 계획 중심으로 전환하는 의미를 내포한다. 한편, 이러한 계획입지를 기반으로 한 규제체계의 개편과 더불어 해상풍력발전사업자 선정 방식을 종전 허가제에서 경쟁을 통한 입찰제도로 전환하고 있으며, 이는 입찰을 통한 사업자 선정 이후 인허가의제제도를 통하여 「전기사업법」상 발전사업자 지위를 취득하게 된다는 점에서 종전 해상풍력사업 허가와는 시간적으로나 내용적으로 매우 큰 제도적 개편이 이루어진 것으로 볼 수 있다. 해상풍력특별법은 계획입지 지정과 사업자 선정 등에서 다른 법률에 우선하는 특별법으로서, 해상풍력 발전사업 입지에 대한 계획법적 규율체계를 구축하고 사업자 선정 방식을 입찰제로 변경하며, 인허가 절차 통합이라는 절차법적 체계를 마련하였다는 점에서 공법적 시사점이 매우 크다.

본 논문은 최근 제정된 해상풍력특별법의 주요내용인 계획입지제도 도입과 사업자 선정방식의 변화가 어떠한 의미가 있는지를 공법적으로 평가하고, 이러한 법제정의 취지를 고려하여 해상풍력특별법의 시행을 위한 하위법령 제정 방향성을 제시하는 데 목적이 있다. 이러한 목적하에 본 논문에서는 크게 해상풍력 발전사업을 위한 입지제도인 계획입지 제도가 등장하게 된 배경과 정당성을 논의한 후, 계획입지제도가 사업자 등 국민의 재산권이나 직업수행의 자유를 제한하는지와 계획입지

제도하에서 필요한 행정계획의 절차적 적법성 요건 등의 공법적 쟁점을 논의한다(Ⅱ). 이후 해상풍력 발전사업자 선정 방식의 전환과 관련하여 발전사업 허가체계 변화 소개, 사업자 선정 시 공법적 통제 장치를 고찰하고, 선정기준의 객관성과 예측가능성, 이해관계자 참여 절차 및 불복 절차 보장 등 절차법적 정당성 확보 방안을 서술한다(Ⅲ). 또한 사업자 선정과 관련하여 기존사업자의 법적 지위와 기득권에 대한 보호 여부는 법적 안정성 및 신뢰보호 원칙과 경과규정 해석이라는 측면에서 주요 쟁점이 되고 있으며, 해상풍력특별법은 기존사업자 편입기준을 고시하도록 하고 있으므로 관련하여 우리와 유사한 환경에서 이미 판단이 이루어진 바 있는 독일 연방헌법재판소 판결의 내용을 참고하여 기존사업자 지위에 대한 공법적 문제를 검토한다(Ⅳ). 본 논문은 이러한 논의를 중심으로 해상풍력 발전사업에 관한 허가 체계 변화와 관련된 구조적 문제들을 공법적 시각에서 검토함으로써, 하위법령 제정 시 고려하여야 하는 법 제정 취지를 제시하고, 향후 해상풍력특별법 시행 과정에서 발생할 수 있는 법적 문제의 해석 방향 등을 제시하는 데 기여하고자 한다.

Ⅱ. 국가 주도 계획입지 제도 도입의 공법적 의의

1. 종전 해상풍력 발전사업 인허가체계의 한계

(1) 발전사업 허가의 법적 성격 및 한계

해상풍력 발전사업을 하기 위해서는 다수 관계법률상의 인허가를 받아야 한다. 대표적인 것이 바로 「전기사업법」상 전기사업 허가이다. 「전기사업법」상 발전사업은 전기를 생산하여 전기판매사업자에게 공급하는 것을 주된 목적으로 하는 전기사업의 일종으로,[4] 발전용량에 따라 기후

4) 「전기사업법」은 전기사업을 발전사업・송전사업・배전사업・전기판매사업 및 구역전기

에너지환경부장관 또는 시・도지사의 허가를 받아야 한다. 발전사업 허가의 법적 성격과 관련하여서는 강학상 특허적 성격으로 이해하는 견해가 많은 것으로 보이나,[5] 발전사업을 포함한 전기사업 허가는 국가나 공동체의 특정된 자원의 효율적 할당을 위한 조정적 허가이고, 자유로운 직업의 자유 영역에 있는 것이지 사업을 할 수 있도록 하는 설권행위는 아니라는 점을 들어 허가적 성격으로 보기도 한다.[6] 과거 발전사업을 포함한 전기사업 전체를 한국전력이 독점적으로 수행해 왔으므로 전기사업은 대표적인 시장실패영역으로 보아 강학상 특허적 성격으로 이해해 온 측면이 있을 것이나, 최근 재생에너지 확대 등에 따른 발전원의 다원화, 발전사업 규모의 다양화, 중앙집중형 단일 전력망을 통한 공급・판매 구조에서 탈피하는 추세 등을 고려하면, 과거 전력산업을 대표적인 시장실패 영역으로 간주하여 일률적으로 특허적 관점에서 이해하던 것과 달리, 에너지 환경 변화에 부합하게 이해하는 것이 타당하다고 판단된다. 특히, 발전사업자가 사업을 위해서는 전력망 접속이 필요한 것이 대부분이지만, 전력망의 전압이나 공동의 전력망 없이 직거래 방식으로도 사업이 가능하다는 점에서 보면 전력망 접속이 발전사업 허가를 특허 영역으로 보아야 하는 기준이 되는 것은 아니라고 볼 수 있다.[7] 이와 같이 현재 발전사업 상황을 고려하면 발전사업 허가는 송배전사업 허가와는 달리 법령상의 요건을 갖추는 경우 허용되는 자유로운 직업의 자유 영역에 속하는 것이므로 허가적 성격으로 이해하는 것

사업으로 구분하고, 발전사업을 "전기를 생산하여 이를 전력시장을 통하여 전기판매사업자에게 공급하는 것을 주된 목적으로 하는 사업"으로 정의하고 있다. 그러나 전기판매사업자에게 공급하지 않는 경우,

5) 「전기사업법」상 전기사업허가의 법적 성격 및 재산권성에 대해서는 정남철, '전기사업법상 사업허가의 법적 쟁점 –특히 사업허가의 재산권성과 전기사업의 임의적 종료가능성 문제를 중심으로–', 저스티스 제200호, 2024. 2, 138면 이하.

6) 이종영, 에너지법학, 박영사, 2024. 9, 331면.

7) 다만, 발전사업 허가를 강학상 허가로 보는 경우에도 해상풍력발전사업은 강학상 특허적 성격의 「공유수면 관리 및 매립에 관한 법률」에 따른 점사용허가를 동시에 받아야 하므로 허가와 특허의 성격이 혼합된 진입규제라고 볼 수 있다.

이 적합하지만,[8] 발전사업의 규모 및 전력수급 정도, 계통 상황 등 전기사업이 가지는 공공성을 고려하는 경우 발전사업 허가는 재량을 부여할 수밖에 없다.[9]

발전사업 허가가 종국적인 해상풍력 발전사업의 실시를 보장하는 것은 아니다. 「전기사업법」에 따른 허가가 개별법상 후속 인허가의 발급을 보장하지는 않기 때문이다. 특히, 「전기사업법」에 따른 발전사업 허가 이후에 환경 영향 및 해역 이용 저촉 여부 등 개별법에 따라 해상풍력 발전사업 입지의 적합성을 별도로 판단하는 현행 절차의 문제점은, 부지 적합성 확인 전에 발전사업 허가가 이루어짐에 따라 해상풍력 발전사업의 불확실성과 갈등을 심화시키는 주요원인이 된다. 한편, 「전기사업법」은 해상풍력 발전사업 허가 시 주민수용성 확보를 허가기준의 하나로 규정하고 있으나, 여타 주민수용성 제도와 마찬가지로 확보해야

8) 일본 전기사업법 해설에 따르면, "발전사업은 일반 송배전사업이나 송전사업, 특정 송배전사업과 달리 이중투자로 인한 폐해가 예상되지 않고 본래 자유롭게 이루어져야 하는 사업유형일 뿐만 아니라, 다양한 사업자의 진입으로 인한 경쟁으로 효율적인 전기공급이 요구되는 사업분야이다. 또한 그 공급 상대방에 일반가정 등이 포함되는 소매 전기사업자와 달리 발전사업자는 그 거래상대방이 대체로 소매전기사업자, 일반송배전사업자 또는 특정송배전사업자이므로 그 진입규제에 대해서는 필요한 최소한의 규제를 하는 것이 적절하다."고 하고 있으며, 2014년 개정 전 전기사업법 제31조 제2항에서는 도매공급사업자에 대한 공급명령에 관한 규정을, 또한 같은 조 제3항에서는 특정 자가용 전기공작물 설치자에 대한 공급권고에 관한 규정을 정비하고 있는데, 이들에 대해서도 신고제를 도입하고 있으므로(동법 제28조의2 및 제28조의3), 발전사업자에 대해서는 신고제를 채택하는 것이 적절하고 충분하다고 하고 있다(일본 전기사업법 해설, 경제산업성, 2020). 발전사업자는 신고 이후 송배전사업자와 전기공급의 계약체결을 할 의무가 있는 것은 아니나, 전기사업법은 송배전사업자와 약정한 경우에는 발전사업자에게도 발전 및 공급의무가 있다는 것을 공법적 의무로 명확하게 규정하고 있다.

9) 「전기사업법」 제7조 제5항에서는 전기사업 중 발전사업의 허가기준을 1. 전기사업을 적정하게 수행하는 데 필요한 재무능력 및 기술능력이 있을 것, 2. 전기사업이 계획대로 수행될 수 있을 것, 4의2. 발전소나 발전연료가 특정 지역에 편중되어 전력계통의 운영에 지장을 주지 아니할 것, 5. 「신에너지 및 재생에너지 개발 · 이용 · 보급 촉진법」 제2조에 따른 태양에너지 중 태양광, 풍력, 연료전지를 이용하는 발전사업의 경우 대통령령으로 정하는 바에 따라 발전사업 내용에 대한 사전고지를 통하여 주민 의견수렴 절차를 거칠 것, 6. 그 밖에 공익상 필요한 것으로서 대통령령으로 정하는 기준에 적합할 것을 요구하고 있고, 하위법령에서도 이러한 추상적 기준이 대체로 유지되고 있다.

할 주민의 범위나 수용성의 정도에 대한 기준이 불명확하다는 한계가 있다. 이러한 문제는 발전사업 허가 단계에서는 물론, 허가 이후에도 주민 반대가 나타날 수 있어 사업 추진을 위한 지속적 장애요인이 될 가능성이 크다. 그러나 「전기사업법」상 발전사업 허가는 전력계통을 고려한 재량행위로 발급됨에 따라, 이미 다수의 허가가 발급된 경우 실질적 사업능력을 갖춘 사업자의 진입이 제한되는 문제가 발생할 수 있다.[10)]이는 결과적으로 「전기사업법」에서 전기사업 허가 시 재량을 부여한 재량권 행사의 본래 목적 달성을 저해하는 상황을 초래하게 된다.

(2) 공유수면 점용 · 사용허가의 법적 성격 및 한계

해상풍력발전사업은 필요적으로 공물인 공유수면[11)]을 점용 · 사용하게 되므로, 「공유수면 관리 및 매립에 관한 법률」에 따라 공유수면관리청[12)]으로부터 공유수면 점 · 사용허가를 받아야 한다. 공유수면 점 · 사용허가는 해상풍력 발전사업을 위한 기초자료 확보를 위한 풍황계측기 설치 목적, 혹은 풍력 터빈 · 해상 변전소 · 해저 케이블 등의 시설물 설치 목적으로 받아야 하므로, 해상풍력 발전사업을 시작하기 전과 풍력발전시설 설치를 위한 착공 전에 받아야 하는 허가이다([표 1]). 공유수

---

10) 「전기사업법」은 전기사업 허가를 받은 사업자가 사업을 본격적으로 시작할 때 신고하는 개시신고 전에도 인가를 받아 허가권을 양도 · 양수하거나 분할 · 합병 등을 할 수 있도록 허용하고 있으므로, 발전사업의 개발 의사 없이도 허가권 매각을 목적으로 하는 투기적 허가 신청이 나타날 가능성이 상존하며, 이 경우 사업 지연으로도 연결되는 문제가 있다.

11) 「공유수면 관리 및 매립에 관한 법률」에 따른 "공유수면"에는 바다와, 바닷가, 하천 등이 포함되며, 그중 바다는 「해양조사와 해양정보 활용에 관한 법률」 제8조 제1항 제3호에 따른 해안선으로부터 「배타적 경제수역 및 대륙붕에 관한 법률」에 따른 배타적 경제수역 외측 한계까지의 사이로 정의되어 있다.

12) 「공유수면 관리 및 매립에 관한 법률」 제4조에 따르면 「배타적 경제수역 및 대륙붕에 관한 법률」에 따른 배타적 경제수역이나 「항만법」에 따른 국가관리무역항 및 국가관리연안항의 항만구역 안은 해양수산부장관(다만, 점 · 사용허가등은 지방해양수산청장), 「항만법」에 따른 지방관리무역항 및 지방관리연안항의 항만구역 안은 관할 시 · 도지사, 시 · 도지사 관할을 제외한 공유수면은 시장 · 군수 · 구청장이 공유수면관리청이 된다.

면 점·사용허가는 공물인 공유수면을 사용할 수 있는 권리를 설정하는 특허로서 재량행위이다.[13)]

표 1 현행법상 해상풍력 발전사업을 위한 추진절차

1	입지분석 및 타당성 조사, 개념설계	
2	❶ 풍황 계측기 설치 허가 •(공유수면) 점·사용허가	
3	풍황 계측(1년 이상) 및 기본설계	
4	❷ 발전사업 허가(전기위/지자체)	
5	❸ 개별 인허가	• (환경) 환경영향평가, • (해양환경) 해역이용협의/해양이용영향평가, • (재해) 재해영향평가, • (국방) 軍작전성평가, • (문화) 문화재지표조사, • (항로) 항로표지 설치, • (해사안전) 해상교통안전진단 <해당 시> (자연공원) 공원구역공작물, (경관) 건축물 경관심의, (수도) 전용상수도 설치, (도로) 도로 점용허가, (사도) 사도의 개설허가, (농어촌도로) 도로 점용, (장사) 분묘 등의 처리, (산지) 일시사용허가, (습지) 습지보호지역 행위, (항만) 항만개발시행허가, (하천) 하천공사시행허가
6	공유수면 점·사용허가, 개발행위허가(육상 송전선)	
7	상세설계	
8	❹ 공사계획 인가(산업부)	
9	발전소 공사 ⇨ 사용전 검사(전기안전공사) ⇨ RPS 설비 확인(에공단)	

출처: 기후에너지환경부

그러나 종전 「공유수면 관리 및 매립에 관한 법률」은 공유수면 점·사용허가와 관련하여 허가로 인해 피해가 예상되는 권리자[14)]가 있는 경우 허가등을 제한하는 규정만 둘 뿐, 공유수면 점·사용허가 시 고려해

13) 대법원 1991. 10. 11. 선고 90누8688 판결; 대법원 2008. 7. 24. 선고 2007두25930, 25947, 25954 판결; 대법원 2001. 8. 24. 선고 2001두2485 판결 등.

14) 「공유수면 관리 및 매립에 관한 법률 시행령」 제12조에 따르면 종전에 공유수면 점·사용허가를 받은 자, 매립면허를 받은 자, 「수산업법」에 따른 입어자(入漁者), 어업면허를 받은 자나 「양식산업발전법」에 따른 양식업 면허를 받은 자, 인접한 토지·인공구조물의 소유자·점유자 등을 말한다.

야 하는 허가기준을 규정하고 있지 않았다. 해상풍력 확대등과 관련하여 공유수면의 효율적 관리를 위하여, 2022년 12월 「공유수면 관리 및 매립에 관한 법률」상 허가기준을 신설하였다. 개정법에서는 공유수면관리청이 공유수면의 점용·사용허가를 하는 경우, 점용·사용의 면적·기간·방법 등의 적정성은 물론, 해양공간계획과의 부합성, 해양환경, 해양생태계, 해상교통안전 등 다양한 기준을 종합적으로 고려하도록 하였다.[15)]

「공유수면 관리 및 매립에 관한 법률」상 점용·사용허가는 공유수면의 지속적 이용과 보전·관리를 최우선 목표로 하므로, 해상풍력 발전사업을 위한 허가도 이 기준을 충족해야 한다. 또한 공유수면관리청이 점용·사용허가 시 필요하다고 인정하는 경우 어업인 등 이해관계자의 의견수렴절차를 공식화하였다. 이를 종합하면 「전기사업법」상 허가 기준인 주민수용성 확보와는 별개로 의견수렴 절차를 거쳐야 하므로 절차의 중복 진행에 따른 부담이 있으며, 해상풍력사업을 위한 공유수면 점용·사용허가 발급에 장기간이 소요될 수 있다. 「공유수면 관리 및 매립에 관한 법률」에 따른 점용·사용 허가 취득 시점이 사업 추진의 후반부에 위치한다는 점을 고려할 때, 이 단계에서 허가가 거부된다면 사업자는 막대한 투입 비용을 회수할 수 없게 된다. 따라서 현행 체계는 사업자에게 상당한 위험 부담을 지우는 구조라고 평가할 수 있다.

(3) 환경영향평가 및 해역이용협의 등 각종 협의상 한계

해상풍력 발전사업을 하려는 사업자는 개별법에 따른 평가 및 관계부

15) 「공유수면 관리 및 매립에 관한 법률」 제12조 제1항에 신설된 점용·사용허가 등의 기준에는 1. 공유수면 점용·사용 면적, 기간, 방법 등의 적정성, 2. 「해양공간계획 및 관리에 관한 법률」에 따른 해양공간계획과의 부합 여부, 3. 해양환경, 해양생태계, 자연경관, 해상교통안전, 공유수면의 관리·운영 및 국가안보 등에 미치는 영향, 4. 어업활동 등 수산업에 미치는 영향, 5. 제8조 제7항에 따라 이해관계자 의견 수렴을 한 경우 그 결과, 6. 그 밖에 필요한 사항으로서 대통령령으로 정하는 사항을 포함하고 있다.

처 협의를 거쳐야 하며, 대표적으로 「환경영향평가법」에 따른 환경영향평가, 「해양이용영향평가법」에 따른 해양이용협의 및 해양이용영향평가, 「해상교통안전법」에 따른 해상교통안전진단, 「전파법」에 따른 전파영향평가 등을 들 수 있다. 이러한 영향평가들은 모두 각 개별법의 목적에 따라 해상풍력사업이 미치는 영향 등을 중점적으로 평가하는 제도이다.

이러한 절차들은 각각 근거 법률과 소관 행정기관이 상이하고, 법적 목적과 평가 기준이 달라 평가제도 간 연계성이 부족할 수밖에 없다. 그 결과 해상풍력에 특화된 평가가 이루어지지 못할 수 있으면서도, 사업자가 중복적인 평가를 받아야 하는 비효율도 발생할 수 있다. 또한 이러한 평가는 「전기사업법」상 발전사업 허가를 받은 이후 순차적으로 진행되므로, 관계 행정기관은 발전사업이 상당 부분 추진된 이후에야 해양 환경이나 해역 이용상의 중요한 문제들을 영향평가나 협의 단계에서 발견하게 된다. 이때 사업자가 이를 보완하는 조치를 하는 것이 쉽지 않아 사업지연은 물론, 사업이 좌초될 수 있는 원인이 될 수 있다.

(4) 입지 및 개발 관련 인허가의 한계

해상풍력 발전사업은 해상에서 생산된 전기를 육상으로 연계하기 위해 변전소나 송전선로와 같은 육상 시설물 설치가 필수적이며, 이는 「국토의 계획 및 이용에 관한 법률」에 따른 개발행위허가 대상이 된다. 「국토의 계획 및 이용에 관한 법률」에 따른 개발행위허가는 토지의 형질변경 등에 대한 일반적 허가로서, 해당 시설 설치 사업의 부지가 도시·군계획 구역에 포함되는 경우 도시·군관리계획의 결정이 요구된다. 이 외에도 개발 부지가 산지인 경우 「산지관리법」에 따른 산지전용허가 또는 산지일시사용허가, 농지인 경우 「농지법」에 따른 허가가 필요하며, 기타 「도로법」에 따른 점용허가 등의 대상이 될 수 있다. 해상풍력 발전사업의 육상 연계 시설은 경과지 및 건설 방식에 따라 적용되는 인허가가 상이하며, 이러한 인허가 대부분은 행정청에 상당한 재량권이 부여되어 있다. 따라서 이는 다른 인허가와 마찬가지로 해상풍력 발전사업 추진의 어려움을 가중시키는 요인으로 작용한다.

2. 국가주도 계획입지 제도의 도입 필요성 및 법적 정당성

(1) 계획입지제도의 필요성과 특별법 제정

해상풍력 발전사업 추진 과정에서 다수의 인허가기관이 개별법에 따라 부여된 재량권을 행사할 경우, 해상풍력발전이라는 목적에 부합하는 통합적 고려 없이 인허가가 각각 분절적으로 이루어질 수밖에 없다. 이러한 구조는 해상풍력 발전사업 추진에 상당한 장애가 된다. 특히, 해상풍력 발전사업의 입지선정이 사업자의 의사에 달려 있어 부지의 적절성이 사전에 평가되지 못하고 있고, 그 결과 주민수용성 확보도 어렵다는 점은 해상풍력사업의 근본적 문제라 할 수 있다. 이는 사업추진 기간의 장기화 또는 인허가 절차의 중단 등의 큰 불확실성으로 이어지게 되어 사업자의 예측가능성을 낮추게 된다.

가장 근본적인 문제는 공유수면은 여러 가지 목적으로 최대한 효율적으로 이용되어야 함에도 불구하고, 현재 해상풍력 발전사업의 첫 단계인 「전기사업법」에 따른 발전사업 허가 단계에서 해당 지역이 종국적으로 발전사업에 적합하고 효율적인 입지인지에 대한 검토 없이 사업이 추진된다는 데 있다. 이러한 문제를 해소하기 위해서는 기존의 인허가 체계와는 달리, 해상풍력의 발전사업 입지 적합성에 대한 사전 확인이 이루어진 후 해당 지역에서 사업을 추진하는 구조로의 전환이 필요하다. 이러한 전환을 위해서는 현재 해상풍력 관련 법률보다 우선적으로 적용될 수 있는 독립된 법률이 필요하다. 해상풍력특별법이 해상풍력발전을 위한 입지를 국가가 사전에 검토하여 제공할 수 있도록 하는 체계를 도입한 것은 이러한 문제를 해결하기 위한 것이라 할 수 있다. 해상풍력특별법이 '해상풍력발전 입지의 계획적인 조성을 통한 보급 촉진'

및 '해양 공간의 공공성을 고려한 균형 있는 개발·활용'[16]을 통해 온실가스 감축과 탄소중립 실현에 이바지하는 것을 주된 목적으로 명시하고 있는 것은, 이러한 문제의 해결을 위한 법제정의 제정취지를 보여준다.

(2) 해양 공간의 효율적 관리 및 안보적 관점의 정당성

국가 주도 계획입지제도 도입의 정당성은 첫째, 공유수면의 공공성 및 제한된 자원의 효율적 배분 관점에서 찾을 수 있다. 해상풍력발전은 공유수면을 이용하므로 공익을 고려한 관리가 필수적이다. 「헌법」 제120조는 국토의 효율적이고 균형 있는 이용·개발 및 보전을 위한 국가의 제한과 의무 부과 권한을 규정하며, 이는 해양공간에도 적용된다. 특히 「해양공간계획 및 관리에 관한 법률」은 해양공간의 지속가능한 이용·개발 및 보전을 위한 계획 수립과 집행을 통해 공공복리 증진에 기여하고 있다. 우리나라를 비롯한 각국이 해양공간계획(Maritime Spatial Planning, MSP) 제도를 도입하여 해양공간의 합리적 활용 기반을 마련하는 것 또한 이러한 공공성 확보의 일환이다.[17]

둘째, 해양공간의 지속가능한 이용을 위해서는 「헌법」 제35조에 근거한 환경권 보장 역시 중요한 고려 요소가 된다. 해상풍력발전은 친환경 에너지원으로서 환경보전에 기여하는 긍정적 측면이 있지만, 무분별한 개발은 오히려 해양환경을 훼손할 수 있으므로, 국가가 해양공간의

16) 육상풍력과 관련하여서는 공공성 강화가 필요하다는 관점에서 공공관리제도를 검토하고 있는 문헌으로는 이순자, '육상 풍력발전시설 개발에 있어서 공공성 강화 방안-제주특별법상 풍력자원의 공공적 관리제도 검토를 중심으로-', 강원법학 제42권, 2014. 6 참고.

17) 이러한 의미에서 해양공간은 체계적이고 밀도 있는 배분, 한정된 해양공간 자원을 전력생산 용도 외 다른 해양활동도 이루어질 수 있도록 지원하는 공존(co-existence) 방안 등을 논의하는 논문으로는 강금석·전인성·곽지영, '해상풍력단지 공존이용 가능성과 방향', 풍력에너지저널 제1권 제1호, 2020 참고; 기타 해양공간계획의 취지나 동향 등에 대한 문헌으로는 정남철, EU 해양공간계획법제의 최근 동향과 특징, 글로벌법제전략 GLOBAL LEGAL ISSUES 제7호, 2022. 8. 5, 한국법제연구원; 김현귀, '해양공간계획 및 관리의 구조와 한계-해양공간계획법을 중심으로-', 법학연구 제33권 제1호, 2023; 길준규, '독일의 해양공간관리계획에 관한 법적 고찰', 토지공법연구 제65호, 2014; 김지영, '프랑스의 해양공간계획에 대한 법적 고찰', 토지공법연구 제72호, 2015 등 참고.

환경성을 사전에 체계적으로 검토하여 입지를 선정하는 제도를 마련하는 것은 해양공간의 효과적인 관리뿐만 아니라 국민의 환경권 보장 차원에서도 그 정당성을 찾을 수 있다.

셋째, 해상풍력 발전을 위해 설치되는 해역은 군사 작전 구역, 레이더 탐지 범위, 해안 경계 등 국가 안보와 밀접하게 연관될 수 있다. 기존의 사업자 개별 입지 선정 방식은 개발 계획이 상당 부분 진행된 이후에야 군사 작전상의 문제가 발견되는 한계가 있었다. 따라서 입지 선정 초기 단계부터 국가 안보 관련 기관이 참여하여 군사 작전이나 시설 운영에 지장을 초래할 수 있는 지역을 미리 배제하거나, 필요시 개발 조건을 부과함으로써 안보적 요구 사항을 반영해야 한다. 국가가 주도적으로 해상풍력발전이 이루어지는 해역에 대해 국가 안보 관련 사항을 사전에 검토하고 입지를 선정하는 방식은, 에너지 개발 및 탄소중립이라는 국가 목표를 달성하면서도, 또 다른 핵심 목표인 국토 안보를 동시에 고려할 수 있으므로 양 이익 간의 충돌을 예방하면서도 조화롭게 해양공간을 활용할 수 있다. 해상풍력 발전사업자는 사업 추진 과정에서 발생할 수 있는 불확실성이 사전에 제거되어, 국가적 이익인 국토 안보가 보장된 해역에서 해상풍력 개발사업을 추진할 수 있게 된다. 이러한 국토 안보적 측면 역시 계획입지 제도의 정당성을 뒷받침하는 중요한 근거가 된다.

(3) 국가 에너지목표 달성 및 에너지 안보 차원의 정당성

「기후위기 대응을 위한 탄소중립·녹색성장 기본법」은 2050년까지 탄소중립 사회로 이행하고 기후위기에 효과적으로 대응하기 위한 법적 기반을 구축하고 있는 법률로, 동법 제8조는 2030년까지 국가 온실가스 배출량을 2018년 대비 35% 이상 감축하는 중장기 온실가스 감축 목표(Nationally Determined Contribution, NDC)[18]를 법제화하고 있다. 이 목표

18) NDC는 파리협정(Paris Agreement)에 따라 당사국들이 스스로 결정하여 국제사회에 약

달성을 위해 「전기사업법」에 따른 전력수급기본계획 등 에너지 계획을 수립하도록 하며, 전력수급기본계획은 탄소중립 목표를 고려하여 2038년까지 해상풍력 보급 확대를 강조하고 있다.[19] 따라서 이러한 목표 달성을 위해서는 국가 차원의 계획적 접근이 필수적이다.

「헌법」 제119조 제2항은 국가의 경제 규제 및 조정에 관하여 규정하고 있다. 우리나라의 에너지 자립도 향상 및 에너지 안보를 위한 현실적 대안으로 해상풍력이 부각되는 만큼, 청정에너지 생산을 통한 탄소중립 실현, 에너지 안보 강화를 위해 해상풍력의 안정적 확대가 필요하다. 이 점에서 정부 주도 계획입지는 초기 단계에서부터 입지 적정성, 전력계통 연계 가능성과 경제성 등을 중요하게 고려해야 한다. 개별 사업자가 산발적으로 추진하는 소규모 사업보다, 정부 주도 계획하에 해상풍력발전단지를 대규모로 조성하는 것이 전력망 계획 및 운영 측면에서 훨씬 효율적이고 안정적이다. 이는 재생에너지의 간헐성 문제를 완화하고 전력 공급의 신뢰도를 높이는 데 기여할 수 있다. 해상풍력 확대를 통한 해외 에너지의존도 저감 및 공급망 안정성 제고는 궁극적으로 국가의 에너지 안보 강화에 기여하므로, 정부 주도의 계획입지는 에너지 안보 목적에서도 정당성이 인정된다.

(4) 갈등 예방 및 조정을 위한 정당성

국가 주도의 계획입지제도의 정당성은 지금까지 해상풍력의 입지 결정을 둘러싸고 발생한 갈등을 국가가 적극적으로 해소하여야 하는 책임

속하는 국가 온실가스 감축목표 및 기후변화 적응 목표를 의미한다.

19) 2025년 2월 수립된 제11차 전력수급기본계획(2024~2038)에 따르면 2023년 기준 재생에너지발전설비는 30GW이나, 2038년까지 풍력을 포함한 재생에너지 발전 설비 목표를 총 121.9GW로 전망하고, 이 중 풍력 발전 설비 목표를 2038년 기준 40.7GW로 설정하고 있다. 이 목표는 2038년 기준 전체 에너지 중 최소 45% 이상을 재생에너지로 충당하여야 하는 수치이자, 매년 2.6GW의 풍력 발전 설비를 새로 설치해야 달성이 가능한 목표로, 지난 20여 년간 누적 설치한 설비용량인 1.97GW보다 20배 가까이 많은 수치라고 할 수 있다.

이 있다는 점에서도 찾을 수 있다. 그동안 해상풍력 발전사업 추진 시 해상풍력 발전지역 이해관계자(주민이나 어업인 등)와 해상풍력 발전사업을 하려는 자 간 갈등 심화는 해상풍력 발전 및 보급 확대의 가장 큰 장애물로 지적되어 왔다. 해상풍력 발전사업을 확대하여야 하는 책임과 해양공간의 합리적 이용 및 관리를 위한 책임 모두 국가 및 지방자치단체에게 있다. 또한, 해상풍력 발전사업 허가를 비롯하여 해양공간의 정당한 이용권을 부여하는 각종 허가나 면허의 주체 역시 국가 및 지방자치단체이다. 따라서 관련 인허가로 인한 갈등이나 인허가 간의 갈등이 심화될 경우, 이를 적극적으로 해소할 제도적 기반을 마련해야 한다.[20] 해상풍력특별법은 해상풍력 발전사업을 위한 계획입지를 지정하는 단계부터 정부 주도로 주민·어업인 간 이해관계를 조정하기 위한 민관협의회 제도를 두고 있으며, 지역주민 및 어업인 등의 수용성을 높이기 위한 방안으로 해상풍력 발전사업의 이익을 공유받을 수 있는 제도를 함께 마련하여 갈등을 예방하는 제도를 마련하고 있다.[21]

해상풍력특별법에서는 이러한 갈등 예방 및 조정에 대한 이념을 국가 및 지방자치단체의 책무 조항에 명시하고 있다.[22) 「헌법」 제123조

20) 해상풍력에너지 확대에 따라 복잡한 갈등 양상이 초래되었으나 상충되는 이해관계의 균형을 맞추는 것이 매우 어려워 갈등조정에 대한 국가 역할을 다루고 있는 문헌으로는 Germelmann, Der Ausbau der Offshore-Windenergie als Herausforderung für das Instrumentarium des staatlichen Konfliktausgleichs, EnWZ 2013, 488 ff.

21) 외국의 해상풍력발전 추진과 관련된 주민수용성을 검토하고 있는 문헌으로는 이유봉, “기후변화시대의 해상풍력발전 추진을 위한 외국에서의 새로운 입법동향과 시사점”, 환경법과 정책 제15권, 2015. 9 참고; 이해관계자 협의를 위한 절차 개선에 관해서는 임현지 외, “해상풍력 발전사업의 원만한 이해관계자 협의를 위한 절차적 개선방향”, 환경법과 정책 제27권, 2021. 9 참고.

22) 해상풍력특별법 제3조 제2항은 “국가는 해상풍력발전을 위한 입지를 마련하여 해상풍력 발전사업을 추진하는 경우 해양환경의 보전, 해양안전의 확보, 수산업 및 그 밖의 해양 이용과 조화될 수 있도록 하여 해양의 지속가능한 개발 및 이용이 실현될 수 있도록 하여야 한다”고 규정하고, 제4항은 “국가는 해상풍력산업의 진흥을 도모하되, 해상풍력 발전에 의하여 영향을 받을 수 있는 다른 산업에 대해서는 지원방안을 모색하여야 한다”고 하며, 제7항에서는 이러한 질서 있는 해상풍력 보급, 주민수용성 확보 및 해상풍력 전력계통 연계 등에 관하여 국가와 지방자치단체가 상호 협력할 것을 요구하고 있다.

제1항은 국가가 어업 보호·육성을 위한 계획을 수립·시행할 책무가 있음을 명시하고 있다. 따라서 국가 에너지 목표 달성을 위한 해상풍력 개발로 인해 영향을 받는 어업을 보호·육성하는 차원에서도 계획입지 제도는 정당화될 수 있다.

3. 국가 주도 계획입지 제도의 공법적 의의 및 쟁점

(1) 입지에 대한 사전 계획통제 규제방식으로의 변화

육상풍력 발전사업이 소유권 등 권원 확보 문제를 주로 겪는 것과 달리, 해상풍력 발전사업은 해양공간 이용권과의 충돌이 핵심 문제로 부각된다. 「해양공간계획 및 관리에 관한 법률」에 따라 해양공간은 중첩적 용도 활용이 원칙적으로 허용되므로, 육상과 달리 갈등 양상도 복합적이다. 그러나 기존에는 해상풍력 발전사업 입지에 대한 특별한 제한 없이, 민간사업자가 자발적으로 입지를 선정하고 사업계획을 수립하여 인허가를 신청하면, 국가나 지방자치단체는 법령상 허가 기준에 따라 사후적으로 허용 여부를 결정하는 체계였다. 이러한 구조는 국가 에너지 목표 달성을 위한 해상풍력 보급·확대에 장애가 되었을 뿐만 아니라, 해양공간의 합리적 관리가 이루어지지 못하는 문제를 야기하였다.

해상풍력특별법은 해상풍력 발전사업의 입지에 대해 국가의 사전적 계획 통제 체계를 도입하고 있으며, 그 체계는 다음과 같다. 기후에너지환경부장관과 해양수산부장관은 공동으로 해상풍력입지정보망을 구축하고, 해역의 풍황, 어업활동, 환경·해양환경, 해상교통, 군사작전 영향성, 전력계통 정보 등의 정보를 관리하여야 한다. 이 정보망을 활용하여 기후에너지환경부장관과 해양수산부장관은 해상풍력 발전에 적합한 풍황을 갖추고, 어업활동 및 해양 환경·생태계 영향, 군사작전 수행 지장, 해상교통 안전, 항만·어항 이용 및 운영에 미치는 영향이 적은 지역을 예비지구로 지정할 수 있다. 이후 기후에너지환경부장관은 예비지구를 대상으로 명칭·위치·면적, 시설 배치·용량, 사업 시행 방법, 전력계통 연계 방안 등의 내용을 담은 기본설계를 수립하고, 해양환경적 측면에서의 영향 조사를 실시하여 해양수산부장관과 협의를 거쳐야 하고, 공유수면 외 지역에 대해서는 환경적 측면에서의 영향조사를 실시하여야 한다. 또한, 이 기본설계안에 대해 관할 시장·군수·구청장 또는 시·도지사[23]는 어업인단체, 주민대표, 관계 전문가 등 이해관계자가 참여하는 민관협의회를 구성하여 협의를 진행해야 한다. 이러한 절차를 거친 후 산업통상자원부장관은 해상풍력 발전사업이 가능한 지역인 발전지구를 지정할 수 있게 되며, 발전지구 지정 시 풍황의 경제성, 부지·기반시설 조성 가능성, 수용성 확보, 환경친화적 조성 가능성, 산업생태계 기여 가능성, 전력계통 연계 가능성 등 추가적 기준을 검토하게 된다.

즉, 해상풍력특별법을 통해 국가는 경제성·환경성·수용성 등을 사전에 검증한 지역을 발전지구로 지정하고, 해당 지구에서만 해상풍력사업을 허용하는 체계로 전환하였다. 이러한 변화는 공물 관리의 적정성을 확보하는 계획법적 체계 도입이라는 의미가 있다. 더 나아가, 국가는 해상풍력 개발에 적합한 부지를 사전에 발굴·제공함으로써, 정책적 목표에 부합하는 지역에서 해상풍력 발전을 유도하는 방향으로 규제 방식이 전환되었다고 할 수 있다.

(2) 중앙정부 중심의 부처 간 협력 거버넌스 구축

해상풍력특별법은 기존 해상풍력 발전사업의 분산된 인허가 체계를 개선하고 국가 주도의 일원화된 입지 제공 및 사업 추진의 원활을 위하

23) 예비지구가 단일한 「지방자치법」 제2조 제1항 제2호에 따른 지방자치단체의 관할에 속하는 경우에는 해당 예비지구를 관할하는 시장·군수·구청장이, 예비지구가 동일한 「지방자치법」 제2조 제1항 제1호에 따른 지방자치단체의 관할 구역 내 두 개 이상의 같은 항 제2호에 따른 지방자치단체의 관할 해역에 걸쳐 있는 경우에는 시·도지사가 된다.

여 국무총리 소속으로 해상풍력발전위원회 설치하도록 하고 있다. 해상풍력발전위원회는 해상풍력특별법상 해상풍력 관련 중요 사항인 예비지구 및 발전지구 지정·변경·해제, 기본설계 확정, 해상풍력발전사업자 선정 및 취소 등 해상풍력 관련 주요 정책 사항을 심의·의결하게 된다. 해상풍력발전위원회를 국무총리 소속으로 설치하고 지구지정 및 사업자 선정까지 위원회 심의·의결 대상으로 한 것은, 해상풍력을 국가적 차원의 정책목표달성을 위한 중요 수단으로 인식하고 있다는 점을 보여준다.

해상풍력발전위원회는 재정경제부장관, 국방부장관, 행정안전부장관, 농림축산식품부장관, 산업통상부장관, 기후에너지환경부장관, 국토교통부장관, 해양수산부장관, 기획예산처장관, 국가유산청장을 포함한 당연직 위원들로 구성되며, 위원회 설치 취지를 고려하여 기후에너지환경부에 해상풍력발전추진단을 설치하고, 입지정보망 구축·운영, 예비지구 및 발전지구 조성·관리, 사업자 선정 및 관리 지원 등의 실무를 전담할 기관 지정 근거를 마련함으로써 실질적인 다부처 협력 행정 기반을 구축하고 있다.

지방자치단체의 역할과 관련하여, 해상풍력특별법은 시·도지사에게 예비지구 지정 신청 권한을 부여하고, 시장·군수·구청장 또는 시·도지사에게 민관협의회 구성·운영 책임을 부여하고 있다. 또한, 지방자치단체는 해상풍력특별법 제정 전부터 보유했던 개별법상 인허가권을 실시계획 승인 시에도 유지하게 되므로, 인허가 의제 협의기관으로서의 역할을 수행한다. 이처럼 지방자치단체가 해상풍력특별법상 행정기관의 일부를 구성하지만, 동법은 입지 지정 및 사업자 선정 등 주요 처분권한을 기후에너지환경부장관에게 부여하되, 지방자치단체의 역할을 함께 고려하고 있으며, 다부처가 참여하는 해상풍력발전위원회의 심의·의결을 거치도록 하여 중앙정부 주도의 체계에서 나타날 수 있는 문제를 보완하고 있다.

(3) 국가의 계획입지 발굴 및 제공에 관한 재량

해상풍력 발전사업의 계획입지제도는 국가가 먼저 입지계획을 수립하고, 해당 계획입지에서만 사업을 허용한다는 의미이다. 예비지구 및 발전지구 지정은 행정처분으로서의 성격을 가지지만, 계획입지 지정은 입지정보망을 활용한 적정 입지 탐색과 여러 요소에 대한 판단을 거쳐야 하므로 계획수립에 기반할 수밖에 없다. 이는 계획입지 관련 재량권 행사의 시점이 기존에는 사업 허가 이후 인허가 단계였다가, 앞으로는 사업 허가 이전에 이루어지는 계획입지 지정 단계로 앞당겨지게 되는 것을 의미한다.[24] 계획입지를 제공하여야 하는 국가의 책임이 어디까지인가와 관련하여, 행정계획의 입안 및 결정 문제로서 이에 대해서는 형성의 자유가 인정되고 사법심사의 범위 역시 제한적이다. 이미 「전기사업법」상 발전사업 허가나 「공유수면 관리 및 매립에 관한 법률」상 공유수면 점·사용허가 등 해상풍력 발전사업에 대한 개별법상 인허가에서도 넓은 재량이 인정되어 왔다. 해상풍력특별법에 따른 계획입지 지정은 더 다양한 항목을 검토하여야 한다는 점에서 더욱 폭넓은 재량이 인정된다고 볼 수 있다. 그러므로 계획입지의 발굴 및 제공은 국가의 재량이나, 예비지구·발전지구 지정 및 그 계획 과정에서 절차적 하자나 형량하자가 있는 경우 사법심사가 가능하다.[25]

24) Swen Kühn, Wieviel Wettbewerb ist möglich, wieviel Staat ist nötig?, in: Dana-Sophia Valentiner (Hrsg.), Klimaschutz und Städte: Herausforderungen und Potentiale des öffentlichen Rechts-Tagungsband zum JuWissDay 2022, Baden-Baden 2023, S. 140.

25) 행정계획은 특정한 행정목표를 달성하기 위하여 전문적·기술적 판단을 기초로 관련되는 행정수단을 종합·조정함으로써 장래의 일정한 시점에 일정한 질서를 실현하기 위한 활동기준으로 설정된 것으로서, 국토계획법 등 관계 법령에서 추상적인 행정목표와 절차가 규정되어 있을 뿐 행정계획의 내용에 관하여는 별다른 규정을 두고 있지 않으므로 행정주체는 구체적인 행정계획의 입안·결정에 관하여 광범위한 형성의 재량을 가진다. 다만 그러한 형성의 재량은 무제한적인 것이 아니라, 관련되는 제반 공익과 사익을 비교·형량하여야 한다는 제한이 있다. 행정주체가 행정계획을 입안·결정할 때 이러한 이익형량을 전혀 하지 않거나 이익형량의 고려 대상에 마땅히 포함시켜야 할

이와 같은 체계에서는 국가가 계획입지를 언제, 어느 정도로 제공하는지에 따라 사업자의 사업가능성이 좌우되게 된다. 다만, 해상풍력특별법은 국가의 에너지 목표 달성을 위해 계획입지를 발굴해야 할 책무를 법률에서 명확하게 하고 있으므로, 국가는 법률의 제정취지에 부합하게 계획입지 지정을 위해 적극적으로 노력하여야 한다. 한편, 해상풍력발전사업자가 국가에게 계획입지를 지정해달라고 신청하거나 다른 이해관계자가 지정된 계획입지 해제를 신청했을 때 국가가 이를 거부하는 행위의 위법이 문제될 수 있다. 해상풍력특별법은 시・도지사에게만 예비지구 신청권을 부여하고 있다.[26] 만약 사업자나 이해관계인까지 이를 다툴 수 있는 신청권을 인정하는 경우 계획입지제도를 도입한 취지에 부합하지 않는 상황에서도 신청이 이루어지게 될 것이고, 이 경우 해상풍력특별법 제정취지에 반하여 계획재량이 부당하게 제약되고 소송이 남발될 우려가 있으므로, 이러한 신청권을 인정하는 것은 적절하지 않다.[27] 다만, 법률의 취지에도 불구하고 국가가 계획입지 지정에 필요한 고려를 충분히 하지 않거나, 어느 해역도 계획입지로 지정하지 않아 사업자의 해상풍력 발전사업을 사실상 금지하는 결과가 초래된다면 이는 위법하다고 볼 소지가 있다.

사항을 누락한 경우, 또는 이익형량을 하였으나 정당성과 객관성이 결여된 경우에는 재량권을 일탈・남용한 것으로 위법하다고 보아야 한다(대법원 2020. 9. 3. 선고 2020두34346 판결 등).

26) 판례는 행정청이 국민으로부터 어떤 신청을 받고서도 그 신청에 따르는 내용의 행위를 하지 아니한 것이 항고소송의 대상이 되는 위법한 부작위가 된다고 하기 위해서는 국민이 행정청에 대하여 그 신청에 따른 행정행위를 해줄 것을 요구할 수 있는 법규상 또는 조리상의 권리가 있을 것을 요구하고 있다(대법원 1992. 10. 27. 선고 92누5867 판결 등).

27) 계획입안 및 변경 등에 관한 신청권을 인정한 판례로는 대법원 2024. 10. 31. 선고 2021두41204 판결 [재정비촉진계획변경거부처분취소]; 대법원 2017. 8. 29. 선고 2016두44186 판결 [산업단지개발계획변경신청거부처분취소]; 대법원 2015. 3. 26. 선고 2014두42742 판결 [도시계획시설결정폐지신청거부처분취소] 등.

(4) 신규 계측기 및 발전사업 허가금지의 법적 문제

해상풍력특별법은 계획입지 방식의 정착을 위해 국가가 발굴·제공한 입지 외 지역에서는 발전사업을 제한하는 규정을 두고 있다. 해상풍력특별법 제33조 제1항은 발전지구가 아닌 지역에서는 해상풍력 발전사업을 신규로 하려는 자에 대한 「전기사업법」 제7조 제1항에 따른 전기사업 허가를 금지하며, 공포 후 3년 뒤인 2028년 3월 26일부터 적용된다. 다만, 발전지구 외에서 신규로 해상풍력 발전사업 목적 풍황계측기 설치를 위한 공유수면 점·사용허가 신청은 동조 제2항에 따라 법 공포시부터 금지된다.[28] 이러한 규정은 계획입지 외에서 사업자가 종전과 같이 해상풍력 발전사업을 할 수 있도록 허용할 경우 계획입지제도를 도입한 취지를 달성할 수 없기 때문에 도입된 것으로, 해상풍력 발전사업을 위한 입지정책의 일관성을 확보하기 위한 것이다.

해상풍력특별법 제정 전 민간사업자는 자유롭게 해양공간을 활용하여 사업을 추진할 수 있었으나, 법 시행 이후 민간사업자는 국가가 지정한 발전지구 내에서만 발전사업이 가능하다. 이러한 제한이 헌법상 보장된 직업의 자유를 제한하는지가 문제된다. 헌법재판소는 직업의 자

28) 이와 관련하여, 해상풍력특별법의 공포시점부터는 신규 계측기 설치허가가 금지되게 되어 법률의 공포 이전에 점사용허가를 신청하였으나, 허가를 받지 못한 사업자가 문제될 수 있다. 「행정기본법」 및 판례(대법원 2005. 7. 29. 선고 2003두3550 판결; 대법원 1984. 5. 22. 선고 84누77 판결)에 따르면 행정법령의 적용시점은 처분당시 유효한 법령을 기준으로 하므로, 계측기 점·사용허가의 신청시점이 아니라, 허가를 발급하고자 하는 시점에 유효한 법령을 기준으로 허가가 이루어져야 하므로 계측기 점·사용허가 신청 후 허가 발급 전에 해상풍력특별법이 공포되었다면, 공포일부터는 해상풍력특별법에 따라 더 이상 허가를 받을 수 없게 된다. 다만, 행정청이 신청을 수리하고도 정당한 이유 없이 처리를 지연하여 그 사이에 법령 및 보상 기준이 변경된 경우에는 그 변경된 법령 및 보상 기준에 따라서 한 처분은 위법하고(대법원 2006. 8. 25. 선고 2004두2974 판결 등 참조), '정당한 이유 없이 처리를 지연하였는지'는 법정 처리기간이나 통상적인 처리기간을 기초로 당해 처분이 지연되게 된 구체적인 경위나 사정을 중심으로 살펴 판단하되, 개정 전 법령의 적용을 회피하려는 행정청의 동기나 의도가 있었는지, 처분지연을 쉽게 피할 가능성이 있었는지 등도 아울러 고려할 수 있다(대법원 2014. 7. 24. 선고 2012두23501 판결 참조)고 하고 있으므로, 이 경우에는 예외가 될 수 있다.

유도 본질적인 내용에 대한 침해가 아닌 한 국가안전보장·질서유지 또는 공공복리를 위하여 법률로서 제한될 수 있으며, 직업의 자유가 보장된다고 하여 그것이 반드시 특정인에게 배타적인 직업선택권이나 독점적인 직업활동의 자유를 보장하는 것은 아니라고 하고 있다.[29] 계획입지제도는 공공의 이익을 보호하기 위한 것임은 물론, 민간사업자가 해상풍력 발전사업을 할 수 있는 기회를 전면적으로 박탈하는 것이 아니라, 지정된 계획입지 내에서 사업을 할 수 있는 기회로 전환한 것이다. 더 나아가 기존 방식으로는 사업의 실질적 추진 가능성이 높지 않았던 점을 고려할 때, 계획입지제도를 통하여 침해받는 사익은 실질적으로 크지 않을 것으로 판단된다. 그러므로 계획입지제도가 갖는 공익과 제한되는 사익을 형량할 때, 헌법상 직업의 자유를 침해하는 것으로 보기는 어렵다.

Ⅲ. 해상풍력발전사업자 선정 및 사업 추진 절차의 법적 쟁점

1. 해상풍력발전사업자 선정체계의 개편

(1) 해상풍력발전사업자 선정 시 경쟁입찰방식 도입

해상풍력특별법은 계획입지에서 해상풍력 발전사업을 수행할 사업자 선정을 위해 입찰제도를 도입하고 있다. 해상풍력특별법 제24조에 따라 기후에너지환경부장관은 입찰공고를 하여야 하며, 입찰에 참여한 사업자 중 입찰 기준을 충족하는 사업자를 선정한다. 이러한 방식 개편의 주된 목적은 전력 생산비용을 절감하면서도 재생에너지 보급·확대의 효율성을 높이기 위한 경쟁체제를 도입하는 데에 있다.[30]

29) 헌법재판소 1997. 10. 30. 선고 96헌마109 전원재판부 결정.
30) 이러한 경쟁방식의 규제체계로의 개편의 목적과 배경에 관해서는 Schäfer, Das Regulierungskonzept des EEG 2017 und des Windenergie-auf-See-Gesetzes, in: GewArch 2017, 361 ff.; 독일은 2020년 해상풍력에너지법의 입찰제도를 엄격하게 개정하

앞으로 실시될 이와 같은 입찰방식은 종전 「전기사업법」에 따른 발전사업 허가와는 성격을 달리한다. 종전 「전기사업법」상 발전사업 허가는 개별 입지를 정하여 발전사업 허가를 신청하면 허가권자에게 부여된 재량범위 내에서 허가기준에 부합하는지를 판단하여 허가여부를 결정하는 방식이었다. 그러나 해상풍력특별법에 따른 새로운 입찰방식은 입찰공고에 따른 입찰과 평가를 통해 가장 적절한 사업자를 선정하는 방식이라는 점에서 허가방식과는 다르다. 이러한 변화로 인해 종전 기준으로는 허가를 발급받을 가능성이 있는 사업자의 경우에도 경쟁을 통해 낙찰되지 못하면 해상풍력 발전사업자로 선정되지 못할 수 있다. 물론, 종전 발전사업 허가제도 역시 재량행위로서 허가기준에 부합여부를 검토하여 허가 거부도 빈번하게 이루어졌던 것을 감안하면, 결과적으로 경쟁입찰방식을 통한 사업자 선정 결과에서는 큰 차이가 없을 수 있으나, 두 제도는 법적 성격은 분명한 차이가 존재한다. 해상풍력특별법은 입찰제도에 관해 하위법령에서 구체화하도록 하고 있으므로, 다양한 입찰모델을 고려하여 결정할 필요가 있다.[31]

(2) 입찰기준에 공익적 요소 반영의 정당성

해상풍력특별법에 따라 정부는 입찰공고 시 사업자가 입찰을 결정할 수 있도록 경제성 평가에 필요한 정보를 제공하여야 한다. 여기에는 입찰대상 발전지구의 위치・면적, 발전지구의 유효기간, 입찰참가를 위한 자격기준 등을 포함하여야 한다. 해상풍력특별법은 사업자 선정기준으로 발전단가 등 해상풍력발전사업의 효율적 수행능력, 재무건전성과 자금조달능력, 이익공유를 통한 이해관계자 상생 및 수용성 확보 노력, 해

였는바, 이에 대한 비판적 견해로는 Spieth/Lutz-Bachmann, Die Reform der Ausschreibungen für Offshore-Windenergie-Eine verpasste Chance?, EnWZ 2020, 243 ff.

31) 독일 재생에너지법(EEG 2017)에서 도입된 입찰제도와 전통적 조달제도와의 차이 및 시사점에 관해서는 Bahmer/Loers, Ausschreibungswettbewerb im EEG 2017: Vom Vergaberecht lernen?, GewArch 2017, 406 ff.

상풍력발전 산업경쟁력 확보 및 해상풍력산업 발전에의 기여 등을 규정하고 있다. 이러한 사업자 선정 기준들은 기존 「전기사업법」상 발전사업 허가기준과 유사한 항목들을 포함하고 있으나, '이해관계자 상생 · 수용성 확보'의 경우 민관협의회 및 주민의 이익공유가 법률에 명시되었다는 점에서 종전 법에 비해 구체적 사항이 반영된 것이며, 해상풍력특별법의 목적 중 하나인 해상풍력산업 육성 차원에서 '산업 발전 기여도'와 같은 항목은 이 법을 통해 새롭게 추가된 요소라 할 수 있다.

즉, 해상풍력특별법상의 입찰 기준은 사업수행에 대한 능력 요소외에 공익성을 담보하기 위한 사항을 담고 있다. 해상풍력 발전사업 지역이 공공성이 있는 공유수면이라는 점을 고려할 때, 국가가 이를 활용하려는 사업자 선정 시 공익적 요소를 고려하여 선정기준을 마련하는 것은 사업의 성격을 고려하면 과도한 제한으로 보기 어렵다. 특히 입찰 혹은 경매 방식에서는 더 나은 조건을 제시하는 사업자가 선정되는 것이 당연하며, 입찰제도에서 사업자는 경제성 등을 판단하여 입찰 참여 여부를 결정하게 되므로, 공익적 요소를 기준에 반영하는 것이 문제되지 않는다고 보아야 한다. 종전 발전사업 허가기준에서 포함된 공익적 성격의 기준들은 발전사업을 적절하게 수행할 수 있는 능력이나 환경이 조성되었는지 등을 판단하기 위한 것이었다면, 해상풍력특별법에 따른 입찰제도 하에서는 사업 수행능력 등의 기준 외에도 공익적 기준을 추가할 수 있다. 해상풍력특별법에서는 선정기준의 일부를 하위법령으로 정하도록 하고 있으므로, 입찰참여를 고려하는 사업자의 예측가능성을 위해 입찰 용량 및 구체적 세부 평가기준 등을 정할 필요가 있다.

(3) 해상풍력발전사업자 선정의 법적 성격

해상풍력특별법은 경쟁 입찰 방식을 통해 해상풍력발전사업자를 선정하도록 규정하고 있으므로, 입찰을 통해 낙찰된 사업자를 기후에너지환경부장관이 풍력발전사업자로 최종 선정하는 행위의 법적 성격이 문제될 수 있다. 입찰절차에서는 구체적 평가 기준에 따라 기술적·경제적 평가를 진행하여 우선협상대상자 또는 최종 사업자 후보를 결정할 것으로 예상된다. 그러나 해상풍력특별법은 입찰 결과에 따른 낙찰자 결정 단계에 대한 명시적인 근거를 두지 않고, 단지 해상풍력발전사업자 선정만을 규정하고 있다. 법문의 해석상 기후에너지환경부장관은 해상풍력발전사업자 선정 시 풍력발전위원회의 심의·의결을 거쳐야 하므로, 입찰제도를 통해 낙찰된 사업자가 곧바로 법률상의 해상풍력발전사업자로 선정되는 것은 아니다.[32] 기후에너지환경부장관은 낙찰자에 대한 내부적 검토 및 위원회의 심의·의결을 거쳐 별도로 사업자 선정행위를 하여야 한다.

해상풍력특별법은 해상풍력발전사업자로 선정된 이후, 사업자가 실시계획을 수립하고 승인을 받는 과정에서, 기존 해상풍력 발전사업자가 개별적으로 받아야 했던 「전기사업법」상 허가를 포함한 다수의 인허가에 대한 의제를 받을 수 있는 체계를 구축하고 있다. 따라서 해상풍력발전사업자 선정은, 종전의 발전사업 인허가와는 그 법적 성격이 다르다. 결국 해상풍력발전사업자 선정의 법적 성격은 별도로 검토가 요구된다. 해상풍력특별법에 따라 해상풍력발전사업자로 선정되는 경우 해당 발전지구의 입찰당시 공고에 포함되었던 지역에서 유효기간 동안 독점적으로 해상풍력 발전사업을 할 수 있는 지위가 부여된다. 사업에 관한 최종적인 권리는 실시계획 승인, 착공신고, 준공검사 등 후속 절차의 완료를 통해 완성되나, 해상풍력발전사업자 선정을 통해 후속 절차를

---

32) 독일 해상풍력법(WindSeeG)에서는 낙찰 결정에 따른 법적 효과로 입찰자에게 인정되는 권리를 규정하고 있으므로, 낙찰결정 즉, 사업자 선정을 행정처분으로 보는 것이 당연하다. 동법 제24조 제1항에 따르면 낙찰 결정이 있으면 해당 입찰자는 해당 부지에서 해상풍력발전기의 설치 및 운영을 위한 계획승인 절차를 거칠 배타적 권리, 재생에너지법의 요건 충족 시 해당 부지에서 낙찰된 입찰 용량 범위 내 해상풍력발전소로부터 발생한 전기에 대한 보조금청구권, 그리고 낙찰된 입찰 용량의 범위 내에서 에너지경제법에 따른 기간 이후 해당 부지개발계획에서 정해진 해상 그리드 연결선에 해상풍력발전시설을 연결하기 위한 청구권 및 할당된 전력망 용량에 대한 청구권을 인정하고 있다.

추진할 수 있는 법적 지위를 부여한다는 점에서 법률상 지위의 변동을 초래하므로,[33] 「행정소송법」상 행정처분에 해당한다. 그러므로 사업자 선정을 위한 입찰제도에 참여하였으나 선정되지 못한 사업자는 기후에너지환경부장관의 사업자 선정처분에 대하여 항고소송으로 다툴 수 있다.

2. 해상풍력 발전사업 추진절차 일원화 및 단축

(1) 해상풍력발전사업자의 실시계획 승인

종전과 달리 해상풍력특별법에 따라 해상풍력발전사업자로 선정된 자는 개별법상 인허가 절차를 거치는 대신, 동법에 따른 실시계획을 수립하여 기후에너지환경부장관의 승인을 받도록 규정되어 있다. 해상풍력발전사업자는 사업자 선정 전 입찰 시 제출했던 내용을 바탕으로 발전지구 내 발전사업 수행을 위한 구체적 계획을 실시계획으로 수립하여야 하며, 실시계획에는 시설 건설 일정 및 방법 등 공사계획, 사업 추진에 필요한 자금 조달 방안, 기본설계에 기초한 발전시설 배치·용량·제원 등 상세 설계, 구체적인 전력계통 연계 계획, 환경성평가 결과 보고서, 인허가 의제 신청 서류, 지역사회 상생을 위한 민관협의회 협의사항 등을 포함하여야 한다.[34]

기후에너지환경부장관은 실시계획을 승인하려는 경우 해상풍력발전

33) 이는 해상풍력특별법에서 선정된 해상풍력발전사업자가 아님에도 불구하고 사업을 한 자에 대한 벌칙을 규정하고 있지 않은 이유로도 볼 수 있다. 벌칙에서는 실시계획 승인, 착공신고, 준공검사에 대한 벌칙을 두고 있으므로, 선정된 해상풍력발전사업자가 아닌 자가 사업을 실제로 하기 위해 거쳐야 하는 단계마다 벌칙을 규정하는 것이 효과적이기 때문이다.

34) 해상풍력특별법 제25조 제1항에 따르면 해상풍력발전시설 개요, 해상풍력발전사업 구역의 위치·면적, 해상풍력발전사업 시행기간, 사업 소요 자금 및 조달, 해상풍력발전사업과 관련한 공공시설의 설치 및 비용 부담, 해양환경·생태계 보전, 민관협의회 협의 결과의 이행 사항, 어업권·양식업권의 손실보상, 해상풍력발전설비의 보안성 확보 및 재난 대비, 해상풍력발전설비와 관련한 단지 인증 이행, 해상풍력발전 산업경쟁력 확보 및 해상풍력산업 발전에의 기여에 관한 사항과, 대통령령으로 정하는 사항을 정하고 있다.

위원회의 심의·의결을 거치기 전에 미리 해당 발전지구를 관할하는 지방자치단체의 장 및 관계 행정기관의 장과 협의하여야 한다. 이때 관할 지방자치단체는 시·도지사 또는 시장·군수·구청장으로서, 이 법에 따라 민관협의회를 구성·운영하는 지방자치단체의 장을 의미한다. 해상풍력특별법 제25조 제5항은 협의를 요청받은 시·도지사 또는 시장·군수·구청장 및 관계 행정기관의 장은 요청받은 날부터 일정한 기간 내에 의견을 제출하지 않을 경우 협의가 이루어진 것으로 간주하고 있다. 의견 미제출 시 협의 간주 조항은 지방자치단체의 장 및 관계 행정기관의 장의 권한을 축소하거나 제한하는 것으로 비판의 여지가 있기도 하나, 해상풍력특별법이 계획입지 지정과 사업자 선정을 국가 주도로 개편하고 불필요한 사업 기간을 축소하기 위한 체계로 전환한 점을 고려할 때, 필요한 조항으로 보여지며, 실시계획 승인과 별개로, 후술할 인허가의제 절차에서 지방자치단체의 장은 종전 개별법에 따른 인허가권을 여전히 보유하므로, 이 조항이 지방자치단체의 장의 권한의 본질적인 부분을 침해한다고 보기는 어렵다. 그럼에도 불구하고, 구체적 협의기간을 대통령령으로 정하는 경우, 실시계획을 검토하기에 현저히 짧은 기간을 규정하는 것은 적합하지 않다고 할 수 있다.

(2) 실시계획 승인시 인허가의제

해상풍력특별법상 실시계획 승인에 따른 인허가의제는 이 법의 핵심적인 사항 중 하나이다. 해상풍력특별법 제정의 주요 목적 중 하나는 해상풍력발전사업자가 거쳐야 하는 인허가를 일괄적으로 검토하여 절차 단축을 도모하고, 해상풍력의 특성을 고려한 인허가가 동시에 진행될 수 있도록 하는 것이다. 해상풍력특별법상 인허가의제 제도는 기존 해상풍력사업 추진의 한계로 지적되었던 복잡한 인허가 절차를 통합하여 행정의 효율성을 증진하는 효과가 있다. 「행정기본법」 제24조에 따르면 인허가의제와 관련하여, 주된 인허가 행정청이 주된 인허가를 하기 전에 관련 인허가에 관해 미리 관련 인허가 행정청과 협의하여야 하며, '관련 인허가 행정청은 해당 법령을 위반하여 협의에 응해서는 아니 된다'고 명시하고 있다. 또한, 「행정기본법」 제26조는 인허가가 의제된 처분도 주된 인허가 행정청이 직접 인허가를 한 것으로 보아 관리·감독 등 필요한 조치 의무를 가지므로, 인허가의제는 기존 인허가에 비해 완화된 인허가나 인허가 생략으로 이해되어서는 안 되며, 절차 단축의 의미로 파악해야 한다. 해상풍력특별법은 계획입지를 지정하는 과정에서 추후 인허가 거부가 이루어질 수 있는 지역을 사전에 배제하고 있으며, 이후에 거쳐야 하는 인허가에 대해서는 의제제도를 활용하여 해상풍력사업을 하는 데 필요한 시간을 단축하고 있다.

해상풍력특별법 제27조 제3항은 기후에너지환경부장관이 실시계획을 승인하거나 변경승인하려는 경우, 해상풍력발전위원회의 심의·의결을 거치는 것은 물론, 미리 관계 행정기관의 장과 협의하도록 규정하고 있다. 이때 인허가의제 대상이 되는 처분의 인허가 권한을 지닌 지방자치단체의 장도 포함된다. 이는 사업 추진 과정에서 지역의 의견을 반영하여 사업의 수용성을 높이기 위한 중요한 절차적 장치이며, 인허가의제 대상 인허가의 상당수가 지방자치단체의 장에게 인허가권이 있다는 점에서 실질적인 협의를 담보하는 의미로 해석될 수 있다.[35] 다만, 해상풍력특별법은 협의를 요청받은 관계 행정기관의 장은 요청받은 날부터 30일 이내에 의견을 제출하지 않으면 협의를 간주하는 규정을 두고 있고,[36] 이 조항이 지방자치단체의 인허가권을 과도하게 제한하는 것인지가

35) 인·허가 의제 제도는 목적사업의 원활한 수행을 위해 창구를 단일화하여 행정절차를 간소화하는 데 그 입법취지가 있고 목적사업이 관계법령상 인·허가의 실체적 요건을 충족하였는지에 관한 심사를 배제하려는 취지는 아닌 점 등을 아울러 고려하면, 실시계획의 승인권자가 관계 행정청과 미리 협의한 사항에 한하여 그 승인처분을 할 때에 인·허가 등이 의제된다고 보아야 한다(대법원 2009. 2. 12. 선고 2007두4773 판결; 대법원 2012. 2. 29. 선고 2009두16305 판결 등 참조).

36) 「행정기본법」 제24조는 협의 간주 기간을 20일 이내로 규정하고 있으나, 해상풍력특별법은 30일로 규정하여 협의의견 제출기한을 「행정기본법」보다 길게 규정하고 있다. 「행

문제될 수 있으나, 지방자치단체는 인허가처분이 불가하다고 판단하는 경우 30일 이내에 부동의 의견을 제출하고 법령상 근거를 제시하고 협의하지 않을 수 있다는 점에서 과도한 제한으로 단정하기는 어렵다.[37)]

(3) 환경영향평가 및 해양이용영향평가에 관한 특례

해상풍력특별법 제26조는 그동안 해상풍력 발전사업을 하려는 사업자에게 요구되던 「환경영향평가법」 제22조 및 「해양이용영향평가법」 제13조의 특례를 두어, 종전의 평가 대신 두 제도를 통합하여 환경성평가를 실시함으로써 해상풍력 발전사업을 위한 환경성 평가를 실질화하면서도 일원화하고자 하고 있다. 해상풍력특별법은 환경에 대한 평가를 2단계로 구분하여 규정하고 있다. 첫 번째는 기후에너지환경부가 입지에 대한 기본설계를 하는 과정에서 환경 및 해양환경에 대한 영향조사를 직접 실시하고 해양수산부와 협의한 후, 발전지구를 지정하도록 하고 있다. 두 번째는 발전지구에서 선정된 해상풍력발전사업자가 실시계획을 수립하여 기후에너지환경부장관의 승인을 받기 전에 구체적 사업에 관한 환경성평가를 거치게 된다. 이러한 2단계 체계는 기존 방식에 비해, 이미 환경영향조사를 거쳐 지정된 발전지구 내에서 다시 실시계획을 수립하는 과정에서 환경성 평가가 이루어진다는 점에서 협의 가능성을 높일 것으로 예상된다. 다만, 지구 지정 당시 검토 대상 항목이나 방식을 어떻게 설정했는지에 따라 후속 절차에서의 실질적 심사 범위가

정기본법」상 20일과 해상풍력특별법의 30일 간의 관계가 문제될 수 있으나, 「행정기본법」 제5조 제1항의 해석상 해상풍력특별법에 따라 30일이 적용된다.

37) 최근 판례 중에서는 처리기간과 관계없이 인허가를 받은 효과가 인정되는 것이 아니라고 본 판례도 있다(대법원 2021. 3. 11. 선고 2020두42569 판결). 이에 따르면 "관련 인허가 사항에 관한 사전 협의가 이루어지지 않은 채 중소기업창업법 제33조 제3항에서 정한 20일의 처리기간이 지난날의 다음 날에 사업계획승인처분이 이루어진 것으로 의제된다고 하더라도, 창업자는 중소기업창업법에 따른 사업계획승인처분을 받은 지위를 가지게 될 뿐이고 관련 인허가까지 받은 지위를 가지는 것은 아니다. 따라서 창업자는 공장을 설립하기 위해 필요한 관련 인허가를 관계 행정청에 별도로 신청하는 절차를 거쳐야" 한다고 하고 있다.

달라질 수 있으며, 지구 지정과 구체적 사업계획을 수립하는 관점의 상이한 정도에 따라서도 협의가능성은 달라질 수 있다.[38] 이를 감안하여 2단계의 환경성 검토를 위한 기준을 효과적으로 하위법령에서 명확하게 설정할 필요가 있다.

해상풍력특별법은 환경성평가 절차를 실시계획 승인 절차와 연계하여, 해상풍력발전사업자가 환경영향평가를 실시한 후 기후에너지환경부장관에게 제출하면, 기후에너지환경부장관이 해양수산부장관과 협의를 하는 절차로 규정하고 있다. 이와 같은 절차는 실시계획 승인을 위한 필수적인 선행 요건으로 환경성평가를 위치시키는 것이므로, 실시계획 승인권자인 기후에너지환경부장관은 실시계획 승인 전 환경성평가서에 대해 직접 검토하거나 해양수산부장관과 협의를 거쳐야 한다. 환경성평가는 환경 규제 절차를 효율화하면서도 환경 보호를 위한 조치이므로, 이때의 협의는 단순한 자문형태의 협의로 보기는 어렵다.[39] 환경성평가서가 협의되지 못하는 경우 실시계획 승인 지연으로 이어질 수 있으므로 하위법령에서는 협의의견의 구속력과 협의 방식을 명확하게 정할 필요가 있다. 한편, 해상풍력특별법 제26조 제3항은 기후에너지환경부장관의 협의요청에 대해 해양수산부장관이 의견을 제출하면 해양이용영향

38) 지구지정단계에서 검토한 전문가 및 사전 조사의 구속력과 관련하여, 예비조사는 "명백히 부적합한 지역을 입찰에서 제외"하기 위한 대략적인 적합성 테스트로 본다면, 향후 후속심사의 용이성은 있을 것이나 법적으로 포괄적인 보호가 보장되는 것은 아니라고 보고 있는 점을 참고할 필요가 있다. 이와 관련하여 Wolfgang Durner, Planung, Finanzierung und Zulassung von Offshore-Windenergie-Grundfragen des maritimen Infrastrukturrechts, in: ZUR 2022, S. 7 f.

39) 환경영향평가 협의제도에 대한 논문으로는 김홍균, '사전환경성검토 협의제도의 효율성 제고', 환경법연구 제25권 제2호, 2003. 12.; 김홍균, '환경영향평가(環境影響評價)와 사법심사(司法審査)', 법조 제53권 제6호, 2003. 12.; 류철호, '법령상 협의규정에 관한 검토', 월간법제 2005권 5호, 2005; 이순자, '환경영향평가법상 협의에 대한 고찰', 환경법연구 제34권 제3호, 2012. 12; 김윤승, '환경영향평가제도상 협의의 독립쟁송-인허가 의제되는 협의의 경우와의 비교-', 행정법연구 제58호, 2019. 8; 박효근, '「해양환경관리법」상 환경성 검토제도의 문제점 및 개선방안', 법과 정책연구 제20권 제1호, 2020. 3; 최승필, '도시개발과 환경, 재해 및 교통영향평가제도에 대한 법적검토', 토지공법연구 제89집, 2020. 참고.

평가의 협의가 완료된 것으로 보고 있으나, 제출한 의견을 충실히 반영하지 않는 경우를 대비한 환류체계에 대한 규정은 없으므로 하위법령 제정 시 이에 대한 보완도 필요하다.

3. 사업자 선정 취소 및 실시계획 승인 취소의 구분

해상풍력특별법에 따라 해상풍력 발전사업을 하려는 자는 입찰을 통하여 해상풍력발전사업자로 선정되고, 이후 다시 실시계획을 수립하여 기후에너지환경부장관의 승인을 받아야 한다. 기후에너지환경부장관의 사업자 선정이나 실시계획 승인 모두 행정처분으로서, 해상풍력특별법은 사업자 선정취소와 실시계획 승인취소의 근거를 동시에 두고 있다.

해상풍력특별법은 해상풍력발전사업자의 선정을 취소하거나 취소할 수 있는 경우를 열거하고 있으며, 사업자 선정 취소 외에 필요한 조치도 할 수 있도록 하고 있다. 이러한 제재사유를 보면 사업자는 실시계획과 연계하여 세 가지 의무가 있다. 사업자는 사업자로 선정된 이후 2년 이내에 실시계획 승인 신청을, 실시계획 승인 이후 3년 내 착공을 하여야 하며, 승인받은 대로 실시계획을 이행하여야 한다. 이는 실시계획과 관련하여 이러한 의무를 불이행하는 사업자에 대해서는 해상풍력발전사업의 실질적 수행을 강조하기 위하여 실시계획의 승인취소가 아니라, 사업자 선정 취소를 한 후 다시 사업 수행 의지가 있는 사업자를 재선정할 수 있는 법적 체계를 마련하기 위한 것이라 할 수 있다. 해상풍력특별법 제24조 제4항은 사업자 선정이 취소된 경우 지체 없이 다시 새로운 사업자를 입찰제도를 통하여 재선정할 수 있도록 하면서, 사업자 선정이 취소된 사업자가 이미 실시계획 승인을 받았다면, 이 절차를 반복하게 하는 것은 실시계획을 이유로 사업자 선정취소를 한 취지에 부합하지 않으므로, 동조 제5항에 따라 선정이 취소된 사업자가 종전 해상풍력발전사업자의 실시계획 승인에 관한 지위를 승계할 수 있는 근거를 두고 있다. 이와 관련하여 새로 선정된 사업자가 실시계획 승인을 승계받은 경우 기존사업자의 비용회수가 문제될 수 있다. 기존사업자의 그동안의 투입한 비용이 막대할 것이므로, 사업자 선정취소로 그동안 소요된 비용을 모두 매몰되도록 하는 경우 사업자 선정취소 처분이 과도할 수 있어 오히려 사업자 선정취소를 하지 못하는 문제도 있을 수 있으므로, 기존사업자와 신규사업자 간 비용정산 방향이나 기존사업자의 투입비용을 인정하는 공법적 체계 신설방안 등을 제도적으로 모색할 필요도 있다고 보인다.

이와 구분하여 해상풍력특별법은 거짓 또는 그 밖의 부정한 방법으로 실시계획의 승인을 받은 경우는 실시계획 승인을 필요적으로 취소하도록 규정하면서, 실시계획 승인일부터 정당한 사유 없이 3년 이내에 발전지구 개발사업에 착수하지 않거나, 천재지변・사업시행자의 파산 또는 기타 사유로 발전지구 개발사업의 목적을 달성하기 어렵다고 인정되는 경우에는 실시계획의 승인 취소가 아니라, 발전지구 개발사업을 중심으로 관련 명령이나 처분의 취소・변경, 공사중지 등의 명령, 그 밖에 필요한 조치명령을 할 수 있도록 정하고 있다. 이는 사업자 지위를 유지하면서도 개발사업 단위로 각종 조치를 행사할 수 있도록 하여 해상풍력 발전사업의 추진을 효과적으로 도모하기 위한 제도로 해상풍력발전사업자 선정취소와는 그 목적이 다르다고 할 수 있다. 해상풍력특별법은 이와 같은 조치를 할 수 있는 사유를 대통령령으로 위임하고 있는 바, 법률에서 양자를 구분하는 취지를 고려하여 하위법령을 제정할 필요가 있다.

Ⅳ. 해상풍력특별법 제정에 따른 기존사업자 처우의 법적 쟁점

1. 기존사업자 보호 필요성 및 논의 배경

해상풍력특별법 제정을 위한 초기 입법과정에서는 기존사업자를 어디까지로 할 것인가와 기존사업자에 대해 사업자 선정 시 어떠한 우대를 할 것인가가 주된 쟁점이 되었다. 독일에서는 제정된 해상풍력법이 기존사업자에 대한 충분한 보호를 위한 조치를 규정하고 있지 않았음을 이유로 헌법불합치 결정이 있었는바, 이에 따라 해상풍력 발전사업을 둘러싼 패러다임 전환을 가져오게 될 해상풍력특별법 제정과정에서 기존사업자 우대 논의는 가장 중요한 문제 중 하나였다고 할 수 있다. 해상풍력특별법 입법과정에서 우대 대상의 범위는 크게 두 가지 안으로 나뉘었다.[40] 「전기사업법」상 발전사업 허가를 이미 취득한 자로 한정할 것인지, 발전사업 허가까지는 받지 않았으나 「공유수면 관리 및 매립 등에 관한 법률」에 따라 풍황계측기 점사용 허가를 받아 풍황 조사를

40) 제21대 국회에서 발의된 해상풍력특별법안에 대한 합의사항을 반영하여 제22대 국회에 가장 먼저 발의된 해상풍력 계획입지 및 산업육성에 관한 특별법안(김소희의원 대표발의)에서는 다음과 같은 형태의 내용이 규정되어 있었다.

제11조(예비지구의 지정 등) ① 산업통상자원부장관과 해양수산부장관은 제10조에 따른 해상풍력입지정보망을 활용하여 다음 각 호의 요건을 모두 충족하는 지역을 위원회의 심의·의결을 거쳐 예비지구로 지정할 수 있다. 이 경우 「전기사업법」 제25조에 따른 전력수급기본계획상의 풍력발전설비계획을 고려하여야 한다.

② 산업통상자원부장관과 해양수산부장관은 「전기사업법」 제7조 제1항에 따라 해상풍력발전사업 허가를 받은 자의 신청이 있는 경우 허가를 받은 해상풍력발전사업지역(이하 "허가지역"이라 한다)을 위원회의 심의·의결을 거쳐 예비지구로 지정할 수 있다. 이 경우 해당 허가지역은 제1항 각 호의 요건을 모두 충족하여야 한다.

⑥ 산업통상자원부장관은 예비지구 지정을 위하여 필요한 경우 소유자와 협의하여 풍황계측기를 매수할 수 있다. 이 경우 그 가격의 산정시기·방법 및 기준에 관하여는 「공익사업을 위한 토지 등의 취득 및 보상에 관한 법률」 제67조 제1항 및 제75조를 준용한다.

제19조(해상풍력발전사업자의 선정 등) ① 산업통상자원부장관은 다음 각 호의 사항을 고려하여 대통령령으로 정하는 입찰방식에 따라 위원회의 심의·의결을 거쳐 해상풍력발전사업자를 선정할 수 있다. 이 경우 산업통상자원부장관은 제11조 제2항에 따라 허가지역이 예비지구로 지정된 허가사업자, 같은 조 제6항에 따라 풍황계측기 매수협의가 이루어진 풍황계측기 소유자, 그 밖에 대통령령으로 정하는 자에 대하여 대통령령으로 정하는 바에 따라 입찰 시 우대하여야 한다.

1. 발전단가 등 해상풍력발전사업의 효율적 수행능력
2. 재무 건전성과 자금 조달능력
3. 이익공유 등 이해관계자 상생 및 수용성 확보 노력
4. 그 밖에 해상풍력발전사업의 원활한 시행을 위하여 대통령령으로 정하는 사항

진행 중인 자까지 포함할 것인지 문제되었다. 또한 우대 대상 기존사업자에 대해서는 사업자 선정을 위한 입찰시 우대제도를 두는 방안과 곧바로 해상풍력특별법에 따른 사업자로 간주하는 방안이 논의되었다.41)

그러나 우리나라 해상풍력 발전사업 추진체계상 「공유수면 관리 및 매립에 관한 법률」에 따른 점사용허가를 받아 풍황계측기를 설치하여 풍황조사를 한 것은 물론이고, 「전기사업법」상 발전사업 허가를 받았다고 하더라도 앞서 서술한 바와 같이 발전사업 수행을 보장하는 체계는 아니다. 그러므로 논의된 기존사업자를 해상풍력특별법에 따른 사업자로서의 지위를 곧바로 부여하는 데 있어 정당한 권리가 있다고 보기 어려운 측면이 제기된 것은 물론이고, 기존사업자를 새로운 체계로 편입시키고 약간의 우대를 제공하려고 하더라도 각 사업자의 사업 추진 현황이 매우 상이하여 입찰제도 내에서 합리적인 우대 방식이나 그 정도를 설정하기 어렵다는 현실적인 난관이 있었다. 그 과정에서 기존사업자에 대한 과도한 보호는 새로운 패러다임 변화를 목적하는 해상풍력특별법의 도입취지에 부합하지 않는다는 문제가 지적되면서, 공포된 해상풍력특별법에서는 기존사업자 우대 방식을 도입하는 것을 포기하고, 기존사업자의 사업권을 종전대로 유지하기 위한 체계를 마련하였다.

공포된 해상풍력특별법에서는 기존사업자에 대해 종전법에 따른 사업을 할 수 있도록 규정함에 따라 기존사업자에 대한 처우가 법적 문제가 될 소지는 사전에 예방할 수 있게 되었다. 다만, 사업자가 편입을 원하는 경우에만 편입을 위한 심사를 할 수 있도록 하되, 그 기준을 해양수산부장관과 기후에너지환경부장관이 공동고시하도록 규정하고 있다. 우리의 경우 독일과 같은 문제는 예상되지 않으나, 향후 공동고시를 제정하는 과정에서 편입기준의 한계를 정하는 경우의 시사점으로 삼을 수

41) 이와 관련한 사항을 다루고 있는 논문으로는 이준범, '해상풍력발전법상 발전사업허가를 받은 사업자 경과조치에 관한 연구－정의로운 전환과 조화 관점에서', 환경법과 정책 제33권 제1호, 2025. 2. 참고.

있을 것이므로, 독일 연방헌법재판소의 결정에 대해 후술한다.

2. 기존 해상풍력발전사업자 처우에 대한 독일 연방헌법재판소 결정례 시사점

독일 연방헌법재판소는 2016년 10월 13일 제정되어 2017년 1월 1일부터 시행된 독일 해상풍력에너지 개발 및 촉진에 관한 법률(WindSeeG)이 종전법에 따라 시작되고 법시행으로 종료된 사업프로젝트의 개발자가 투입한 계획 및 조사 비용에 대한 보상을 규정하지 않았다는 이유로 헌법불합치 결정을 한 바 있다.[42] 해상풍력에너지 개발 및 촉진에 관한 법률 시행으로 인해 기존 법률인 해상시설조례(Seeanlagenverordnung-SeeAnlV)하에서 상당한 투자를 하며 진행 중이던 해상풍력발전 프로젝트 허가 절차가 중단되고, 투자 비용 회수가 불투명해진 상황에 대해 기본권 침해를 주장하며 이의를 제기했다.

핵심 쟁점은 법시행으로 해상풍력 허가체계가 근본적으로 변경되면서,[43] 기존 개별적 허가방식에서 국가 주도의 중앙 계획 및 경쟁 입찰

42) 독일연방헌법재판소 결정(BVerfG, Beschl. v. 30. 06. 2020-1 BvR 1679/17, 1 BvR 2190/17). 이 결정이 배타적 경제수역이 아닌 영해의 해상풍력에 미치는 영향에 대해서는 다음의 평석 참고(BVerfG, Hat der aktuelle Beschluss zum WindSeeG Auswirkungen auf Wind-Offshoreprojekte im Küstenmeer?, in: EnWZ 2020, 460).

43) 독일도 해상풍력법 발효 이전에는 배타적 경제수역 내에서 풍력발전소의 설치 및 운영 허가는 해양임무법(SeeAufgG) 제9조 제1항 제4호a, 제1조 제10호a의 위임에 근거하여 해양시설조례(SeeAnlV)에 따라 규제되었다. 해상풍력발전소에 대한 당국의 허가결정은 국가의 부지계획을 기반으로 하지 않았고, 시설물은 공간적으로나 시간적으로 개별 투자자의 결정에 따라 계획되고 생겼다. 선택된 부지에 대한 소유권이나 기타 사용 권리를 얻기 위해 허가 절차 등은 필요하지 않았다. 각 부지에서의 허가 결정은 시간적으로 우선순위에 따라 이루어져, 허가를 받은 것은 허가 절차를 가장 먼저 완료할 수 있었던 프로젝트가 되었다. 따라서 특정 부지에 대한 프로젝트가 언제 허가 및 설치 가능 상태가 될지는 국가적으로 조절되지 않았으며, 사업계획주체들은 해상풍력발전소 운영을 위하여 필요한 허가절차의 기간과 계통연결이 실제 가능할 것인지는 예측할 수 없었다. 운영자들의 입장에서는, 허가 절차는 본질적으로 그들이 계획한 부지에 대한 추후 발생할 수 있는 경쟁에서 주로 우선순위 규칙에 의해 보호되었다. 2012년 이후에는 이전에 사실상 존재하던 우선순위 위치를 법적으로도 보장받을 수 있었다. 다만, 허가는 정부가 정한 기간 내에 시설을 설치하거나 운영하지 않으면 소멸한다고 해제조건으로 구성되었다.

방식으로의 전환이 기존 법률을 신뢰하고 상당한 투자를 집행한 사업자들의 기본권을 침해하는지였다. 헌법재판소는 기존 절차를 법률로 종료시키면서 사업자들이 이미 지출한 계획 및 조사 비용에 대한 보상 규정을 마련하지 않은 것의 합헌성을 중요한 문제로 다루면서, 재산권, 직업의 자유, 평등권, 신뢰보호원칙에 대한 판단을 하였다. 연방헌법재판소는 해상풍력에너지 개발 및 촉진에 관한 법률은 청구인들과 같이 기존 법률 하에서 진행된 프로젝트의 계획 및 조사 비용 중 국가가 활용 가능한 부분에 대한 보상 규정(Ausgleichsregelung)을 두지 않은 범위 내에서 독일 기본법 제2조 제1항 및 제20조 제3항(신뢰 보호 원칙)에 위배되어 위헌으로 판단하면서, 입법부에게 2021년 6월 30일까지 해당 보상 규정을 마련하도록 헌법불합치 결정을 하였다.[44] 그러나 그 외의 기본권에 대한 헌법소원 부분은 기각되었다.

연방헌법재판소는 재산권과 관련하여서는 해양시설조례에 따른 허가나 절차상의 지위는 특정 활동을 허용하는 처분일 뿐,[45] 헌법상 보호되

이렇게 기간을 제한하는 목적은 주로 허가결정의 보유(Vorratshaltung)를 피하고 해상풍력발전소의 신속한 건설을 보장하기 위한 것이었다(BVerfG, Beschl. v. 30.06.2020-1 BvR 1679/17, 1 BvR 2190/17-WindSeeG).

44) 연방헌법재판소는 "해상풍력법 제9조 이하에 따른 해당 부지의 예비조사를 위한 자료 및 조사 결과가 계속 활용될 수 있음에도 불구하고 해상풍력법의 시행으로 인해 종료된 프로젝트 사업자들에 대한 계획 및 조사 비용에 대한 보상을 제공하지 않기 때문에 해상풍력법은 기본법 제20조 제3항과 관련하여 제2조 제1항에 충돌한다. 헌법을 근거로 해상풍력법 제10조 제1항에 해당하는 조사 및 자료에 필수적인 비용에 대한 보상이 제공되어야 한다."고 판시하였다. 다만, "확인된 헌법 위반은 기후 및 환경보호를 위해 해상풍력 에너지의 사용을 보다 효과적인 허가규정으로 확장하려는 해상풍력법의 주요 목표를 근본적으로 해치지 않는다. 해당 허가규정은 기본적으로 그 자체로 기본법과 일치하며, 특히 기본법 제12조 제1항에 의해 보호되는 직업의 자유와 또한 일치한다. 헌법적으로 문제가 있는 결함은 전체 규정에 비추어 볼 때 본질적 영역에 해당하지 않으므로, 해상풍력법의 무효화를 통해 전체 규정을 무력화시키는 것은 정당화될 수 없다"고 하였다.

45) 독일 연방헌법재판소는 본 결정에서 다음과 같이 판단하였다. "해양시설 규정에 따라 부여된 승인 및 계획확정결정 또한 계획된 시설의 법적 적합성을 확인함으로써 예방적으로 금지된 승인제한을 극복하는데 목적이 있으나, 소유권을 창출하는 것은 아니다. 해상풍력발전소의 운영은 동식물, 해양환경 전반 그리고 해상 교통에 위험을 초래할 수 있다. 따라서 이러한 풍력발전소에 대한 허가절차의 주요 기능은 이러한 위험이 사업에

는 재산권은 아니라고 하면서, 투자비용도 사업을 위한 지출로 보아 재산권으로 인정하지 않았다.[46] 무엇보다도 배타적 경제수역 내에서는 소유권을 취득할 수 없다는 것 역시, 재산권으로 인정하기 어렵다고 보아, 육상에서의 발전사업자와 달리 해양시설조례(SeeAnlV)에 따라 허가를 받는 사업자는 재산권 판단에 있어 구분된다는 점을 판시하고 있다.

연방헌법재판소는 사업자의 직업의 자유 침해를 부정하면서, 해상풍력발전사업자의 직업활동에 대한 침해여부와 해상풍력발전단지를 개발하기 위한 직업활동에 대한 침해로 구분하여 판단하였다. 법률은 사업 자체를 금지하는 것이 아니라 새로운 규제 체계하에서 운영하도록 하는 직업 수행 방식을 변경한 것이고, 이는 기후 및 환경 보호, 효율성 제고라는 정당한 공익 목적을 위한 것으로서 과잉금지원칙을 위반하지 않는다고 보았으며, 원칙적으로 법적으로 전력망 연결 문제와 그로 인한 지연 때문에 허가의 지속적인 존립이 상당한 불확실성에 직면하고 있었으므로 미래 사업을 기대하고 이루어진 투자에 대한 신뢰 보호는 인정되지 않는다고 하였다. 한편, 발전단지를 개발할 수 있는 사업자의 직업의 자유와 관련하여, 이미 개발자로서 활동하고 있는 청구인의 권리에 개입하는지 여부는 불확실할 수 있으나, 설사 그러한 개입이 있다 하더라도 개발 프로젝트의 실현이 불투명한 상황에서 이와 같은 제한은 헌법

장애가 되는지 여부를 검토하는 것이었다. 이 경우 해상풍력발전소가 원자력 발전소보다 더 적은 위험을 초래한다는 사실은 중요하지 않다. 탈원전 판결에서 위험한 시설의 운영에 대한 승인이라는 점을 확인하면서(참조: BVerfGE 143, 246 <328 Rn. 231>), 공법에 따른 시설 허가의 기능이 강조되었는데, 이는 사업운영으로 인해 위험에 처한 법익을 보호하기 위한 규정들과의 호환성, 즉 허가를 위한 전제조건의 존재를 확인하는 것이었다. 해당 기능이 해양시설조례(SeeAnlV)에 따른 허가결정에도 적용되었다."라고 하여, 해양시설조례에 따른 허가를 예방적 금지에 대한 허용을 의미하는 것으로 보았다.

46) 연방헌법재판소는 허가를 받은 경우 양도가능성(Veräußerungsfähigkeit)이 있다는 것이 그 자체로 소유권의 성격을 인정하는 기준은 아니며, 시장에서 어떤 가치가 부여되는 것을 기본법에 따른 소유권이 인정되는 것으로 볼 수는 없다고 하였다. 또한 이러한 허가등을 받기 위하여 초기투자에 대한 지출이 있었다고 하더라도 법적 의미의 소유권을 뒷받침하는 기준이 될 수는 없으며, 심지어 상당한 투자 후에 부여된 승인도 그것만으로는 승인 소유자의 소유물이 되지 않는다고 한 바 있다(BVerfGE 143, 246 <329 Rn. 232>).

적으로 정당화될 수 있다고 하였다.

신뢰보호원칙과 관련하여서는 연방헌법재판소는 현행법이 미래에도 변함없이 계속될 것이라 일반적인 기대는 특별한 헌법적 보호를 받지 않는다고 하면서도 일부는 위헌으로 판단하였다. 해상풍력법은 부진정 소급효이기는 하지만, 기존사업자의 신뢰 이익과 공익을 비교형량할 필요는 있다고 하면서, 청구인들이 수행한 계획 및 조사 결과 중 지반 조사와 같은 일부 조사는 국가 주도의 사전 조사에 활용될 수 있음에도 불구하고 보상 규정을 두지 않은 것은 청구인들의 신뢰 이익을 과도하게 침해한 것이므로 비례원칙 위반으로 보았다. 이에 따라 입법자는 해당 부지에 대해서는 2030년 12월 31일까지 낙찰이 이루어지는 경우, 국가가 활용 가능한 범위의 자료에 대해서는 보상 규정을 마련해야 한다. 연방헌법재판소는 새로운 법률에 따른 보상필요성이 있는 것은 청구인들의 모든 투자 손실이 아니라, 새로운 법체계하에서 여전히 국가가 활용가능한 조사결과 등으로 제한한 것이다. 이는 국가가 민간 비용으로 이루어진 구체적인 결과물을 부당하게 얻는 것을 방지하려는 것이며, 이득을 얻는 것을 방지하려는 데 초점을 맞춘 것이라 할 수 있다. 평등원칙과 관련하여서도 종전 해상풍력 사업 위치에 따라 경과조치 차별은 효율성 등을 고려한 합리적인 차별로서, 입법 형성의 자유 범위 내에 있는 것으로 보았다.

연방헌법재판소는 해상풍력법(WindSeeG) 도입이라는 에너지 정책의 근본적 전환 자체는 합헌으로 인정하면서도, 그 과정에서 기존 법률을 신뢰하고 상당한 투자를 한 사업자들의 신뢰 이익을 보호해야 할 필요성을 확인했다. 그러나 그 보호 범위를 국가가 실질적으로 활용 가능한 계획 및 조사 결과에 대한 금전적 보상으로 한정하고 있다.

3. 해상풍력특별법 부칙의 기존사업자에 대한 경과조치

(1) 기존사업자에 대한 종전 규정 적용 원칙 천명

제정된 해상풍력특별법은 기존사업자에 대한 보호 문제를 명확하게 해결하기 위한 차원에서 부칙 제2조 제1항에서 해상풍력특별법의 시행 이전에 「전기사업법」에 따른 발전사업허가를 받았거나, 법 시행 이후 2년까지 발전사업허가를 받은 자의 경우에는 기존 법령에 따라 계속하여 사업을 추진할 수 있도록 규정하는 방식을 취하였다.[47] 다만, 해상풍력특별법 제33조에 따라 법 공포와 동시에 발전사업을 위한 풍황계측기 신규 설치 목적의 점·사용허가는 금지되므로, 기존 법령에 따라 계속하여 사업을 할 수 있는 사업자는 적어도 법 공포 이전에 풍황계측기 설치 허가를 받았어야 함은 물론이다.

이러한 규정은 최소한 기존사업자가 「전기사업법」에 따라 발전사업 허가를 받은 부지의 경우, 해당 허가가 유지되는 동안은 예비지구나 발전지구를 지정할 수 없다는 것을 의미한다. 다만, 기존사업자가 「전기사업법」에 따른 사업을 계속 추진하도록 규정하더라도, 동법은 발전사업 허가 시 준비기간을 부여하여 사업을 기간 내 개시하도록 하고 있으므로, 허가를 받은 자가 허가 당시 부여한 준비기간까지 사업을 개시하지 못하는 경우 발전사업 허가를 취소할 수 있다. 이와 같이 기존사업자가 발전사업을 실제 실시하지 못하게 되는 경우 해당 부지에 대한 발전사

---

47) 판례에 따르면 "법령의 개정에 있어서 구 법령의 존속에 대한 당사자의 신뢰가 합리적이고도 정당하며, 법령의 개정으로 야기되는 당사자의 손해가 극심하여 새로운 법령으로 달성하고자 하는 공익적 목적이 그러한 신뢰의 파괴를 정당화할 수 없다면, 입법자는 경과규정을 두는 등 당사자의 신뢰를 보호할 적절한 조치를 하여야 하며, 이와 같은 적절한 조치 없이 새 법령을 그대로 시행하거나 적용하는 것은 허용될 수 없는바, 이는 헌법의 기본원리인 법치주의 원리에서 도출되는 신뢰보호의 원칙에 위배되기 때문"이라고 하고 있으므로(대법원 2006. 11. 16. 선고 2003두12899 전원합의체 판결), 해상풍력특별법은 기존사업자에 대한 종전 법령의 존속에 대한 신뢰를 보장하는 차원에서 종전 규정의 적용을 명시하고 있다.

업 허가가 취소될 수 있으므로, 그 이후에 국가는 예비지구 및 발전지구 지정을 할 수 있다. 다만, 기존사업자가 해당 지역에서 사업을 추진하지 못한 이유가 입지에서 비롯된 것이라면, 해당 부지는 계획입지로 활용하는 것이 적합하지 않은 지역일 가능성이 높으므로 계획입지로의 활용이 적절하지 않을 수는 있을 것이다. 이와 같은 사정으로 기존사업자가 사업을 하지 못한 것은 해상풍력특별법의 제정과 관계없이, 종전에 가지고 있었던 사업리스크에 해당한다는 점에서 보호의 대상으로 삼을 필요는 없다.

(2) 기존사업자 편입제도의 취지 및 기준 설정의 한계

해상풍력특별법 부칙 제2조 제2항에서는 해상풍력특별법의 시행 후 2년 이전에 「전기사업법」상 발전사업 허가를 받은 사업자는 특별법에 따른 사업자로 편입할 수 있는 추가적 경과조치를 마련하고 있다. 다만, 「신에너지 및 재생에너지 개발·이용·보급 촉진법」 제27조 제1항 제2호에 따른 집적화단지 내에 포함된 사업자는 제외하고 있는데, 이는 부칙 제3조에서 집적화단지에 대해 별도의 경과조치를 두고 있기 때문이다. 해상풍력특별법 부칙 제2조 제1항에서 기존사업자는 종전법에 따라 계속 사업을 할 수 있다는 규정을 두었음에도 불구하고, 별도로 기존사업자의 편입 신청을 규정한 기본적 목적은 기존사업자 중에서도 계획입지제도의 취지에 부합하는 사업자에 대해서는 사업자의 선택에 따라 해상풍력특별법상의 절차, 그 중에서도 인허가의제 및 환경성평가 특례조항을 활용하여 사업을 신속하게 추진할 수 있도록 하기 위한 것이다. 즉, 해상풍력특별법상 기존사업자의 편입 조항의 취지는 기존사업자에 대한 우대나 보상 차원이라기보다는, 해상풍력특별법의 제정목적 중 하나인 인허가의 통합심사라는 절차적 이익을 누릴 수 있는 기회를 제공하기 위한 것으로 이해할 수 있다.

해상풍력특별법 부칙 제2조에 따르면 기존사업자로서 해상풍력특별법에 따른 해상풍력발전사업자로 선정되려는 자는 기후에너지환경부장관에게 해상풍력발전사업자로 선정하여 줄 것을 신청할 수 있고, 기후에너지환경부장관은 그 신청에 대해 입지기준과 사업자 선정기준을 검토하여 해상풍력발전사업자로 선정할 수 있다. 이 경우 사업자의 편입검토 시 이미 입지검토가 이루어진 것과 동일하므로 편입된 사업자의 종전 사업부지는 해상풍력특별법에 따른 발전지구로 간주된다. 이는 기존사업자를 해상풍력특별법에 따른 사업자로 편입하는 단계를 일원화하면서도 해상풍력특별법에 따라 선정된 사업자와의 형평성을 고려한 것이라 할 수 있다. 즉, 해양수산부장관과 기후에너지환경부장관이 공동으로 고시하게 될 검토항목을 기반으로 심사를 거쳐 기존사업자를 해상풍력특별법에 따른 사업자로 편입하는 방식인 것이다.

해상풍력특별법에서는 기존사업자가 편입을 신청하는 절차, 신청 기한, 선정 기준 등에 대해 기후에너지환경부장관과 해양수산부장관이 공동으로 정하도록 위임하고 있다. 편입신청의 기한과 관련하여서는 제도전환기임을 고려하여 정책적으로 결정할 문제이기는 하나, 원칙적으로는 기존사업자가 종전 법률에 따를 때 사업개시를 위하여 완료하여야 하는 기한을 초과하지 않는 범위 내로 하는 것이 기존 법체계와의 정합성 차원에서 적절하다. 이는 사업자 편입신청을 통해 당초 부여받은 사업개시 기간보다 현저히 긴 기간을 확보하게 하는 것은 기존사업자가 허가당시와 달리 기한의 이익을 누릴 수 있게 될 여지가 있기 때문이다. 한편, 기존사업자 편입을 위한 기준을 정하는 경우 법 제정목적을 고려하면 원칙적으로 해상풍력특별법에 따른 계획입지 지정기준이나 사업자 선정기준을 고려하여 수준을 정할 필요가 있다. 앞서 설명한 바와 같이 기존사업자에 대해서는 종전 법률에 따른 후속절차 이행이 가능하다는 것을 명확하게 하였으므로 해상풍력특별법의 제정으로 인한 권리제한이 이루어진 것이 아니고, 기존사업자의 선택에 따라 해상풍력특별법상의 인허가 통합절차를 활용할 수 있도록 기회를 부여하는 취지라는 점에서 그러하다. 사업자는 종전의 법률에 따를지, 해상풍력특별법 기준에 따른 사업자 편입을 신청할 것인지 선택할 수 있다는 점에서, 하위 법령에서 기존사업자의 편입을 위한 기준을 마련하는 경우 원칙적으로 해상풍력특별법상 계획입지 및 사업자 선정제도의 취지에 어긋나는 범위까지 허용하는 것은 법 제정취지에 부합하지 않는다고 볼 수 있다. 해상풍력특별법에 따른 지구 지정 및 사업자 선정 제도의 구상이 선행된 후, 편입 기준은 이와 유기적으로 연계되어야 하므로, 그 기준 마련에 있어 신중을 기할 필요가 있다.

(3) 집적화단지 내 기존사업자의 편입 방식 및 기준

해상풍력특별법 부칙 제3조는 기존사업자 편입제도와 별도로 집적화단지 편입에 대한 근거를 마련하고 있다.[48] 이는 「신에너지 및 재생에너지 개발・이용・보급 촉진법」 제27조 제1항 제2호에 따라 지정된 집적화단지가 국가의 정책적 유인을 강하게 받았다는 점 때문이다. 정부가 지방자치단체에 대한 재정 지원을 통해 집적화단지 유치를 유도하여 발전량 보급 확대를 목표하였다는 점에서, 집적화단지 내 사업자는 정부의 지원 하에 해상풍력 발전사업을 추진한 것이다. 또한, 집적화단지를 조성하는 과정에서 지방자치단체가 지역의 수용성을 확보하는 과정을 거치게 되므로 해상풍력 발전사업의 추진가능성에 대해 일반적 부지에서보다 상대적으로 강한 신뢰를 기존사업자에게 형성했을 수 있다. 이러한 의미에서 해상풍력특별법은 집적화단지에 대해서도 특별하게 편

---

48) 부칙 제3조(집적화단지에 대한 경과조치) ① 이 법 시행 전에 「신에너지 및 재생에너지 개발・이용・보급 촉진법」 제27조 제1항 제2호에 따라 지정된 집적화단지(이하 '집적화단지'라 한다)를 관할하는 지방자치단체의 장은 해당 집적화단지의 전부 또는 일부를 제19조에 따른 발전지구로 지정하여 줄 것을 기후에너지환경부장관에게 신청할 수 있다. ② 기후에너지환경부장관은 제1항에 따른 신청이 기후에너지환경부장관이 정하여 고시하는 신청기한 및 기준 등을 충족하는 경우 위원회의 심의・의결을 거쳐 해당 집적화단지를 제19조에 따른 발전지구로 지정할 수 있다. 이 경우 종전에 해당 집적화단지에 포함된 사업자는 제24조에 따른 해상풍력발전사업자로 선정된 것으로 본다.

입을 위한 근거를 마련한 것이라고 할 수 있다. 그러므로 일반 부지에서의 기존사업자와 집적화단지 내 기존사업자를 일률적으로 법적으로 동일한 지위를 부여하는 것은 적절하지 않은 측면이 존재한다. 법률 부칙에서 '기존사업자의 편입'과 '집적화단지 편입을 통한 집적화단지 내 사업자의 편입'을 구분하고 있는 것도 이와 같은 취지라 할 수 있다. 그러므로 기후에너지환경부장관이 고시하는 집적화단지의 선정기준은 집적화단지의 입지적정성 등에 대한 판단은 물론, 기존사업자의 역할이나 신뢰정도 등 기존사업자와의 형평을 과도하게 침해하지 않는 범위 내에서 마련할 필요가 있다.

한편, 해상풍력특별법의 공포 이후에도 지방자치단체는 집적화단지의 지정신청을 통해 지정을 받을 수 있으나, 법률의 제정으로 지방자치단체는 새로운 법률에 따라 예비지구 지정신청과 이에 대한 민관협의회 구성·운영을 통한 정부의 지원을 받을 수 있는 구조로 개편되는 것이 명확해졌다. 이와 같은 관점에서 본다면 정부는 해상풍력특별법 제정 이후에는 계획입지제도로의 전환이 정부가 유인하는 방향이라는 점에서, 해상풍력특별법 제정 전에 비해 지방자치단체나 집적화단지 내 사업자의 신뢰 보호의 이익이 크지 않다고 볼 수 있다. 이러한 논의를 반영하여 부칙에서의 집적화단지 편입기준을 정할 필요가 있다.

V. 마치며

본 논문은 해상풍력특별법의 주요 내용 중 계획입지제도 도입과 사업자 선정 방식 변화의 공법적 의미를 평가하고, 향후 입법 취지를 고려하여 하위법령이 제정되어야 하는 사항들을 제시하였다. 해상풍력특별법은 공법적으로 여러 가지 중요한 의미가 있다. 우선, 계획고권의 활용을 통하여 해상풍력 발전사업을 둘러싼 법적 안정성을 강화함으로써 예측가능하고 통일된 해상풍력 개발 환경이 조성되도록 하는 것은 물론, 종전 민간의 결정에 좌우되는 수동적 규제모델에서 국가주도의 규제모델로 전환하는 의미도 있다. 특히, 공공자원의 활용이 전제되는 해상풍력 발전사업자의 수가 증가하는 상황에서, 공공자원의 최적 배분을 위해 허가제에서 시장 기반의 경쟁입찰제로 전환하였다는 점 역시 큰 의미를 부여할 수 있다.

논문에서는 해상풍력 계획입지제도의 운영에 있어 국민의 기본권을 제한하지 않도록 하는 방향성, 계획입지 지정 과정에서 이해관계자 참여의 실질을 보장하기 위한 절차적 정당성 확보가 필수적이라는 점을 설명하였다. 또한, 해상풍력 발전사업자 선정 시 공익적 요소를 반영하는 입찰 기준의 정당성은 인정되지만, 세부적 입찰기준을 어디까지로 정할 수 있을지에 대한 추가적 검토도 포함하였다. 해상풍력특별법을 둘러싼 기존사업자의 법적 지위 및 기득권 보호 문제는 여전히 가장 중요한 쟁점으로 논의되고 있으나, 해상풍력특별법은 법적 안정성 및 신뢰 보호 원칙의 관점에서 원칙적으로 기존사업자의 사업 지속 가능성을 보장하고 있으므로, 하위법령에서의 기존사업자 편입기준은 해상풍력특별법의 제정취지를 감안하여 설정하여야 한다는 법적 한계를 제시하였다.

결론적으로, 해상풍력특별법은 해상풍력 발전사업의 체계적이고 효율적인 추진을 위한 공법적 기반을 마련하였다는 점에서 긍정적으로 평가할 수 있다. 그러나 해상풍력특별법의 실효성을 확보하고 앞으로 법적 안정성을 유지하기 위해서는 하위법령 제정 과정에서 계획입지제도의 운영을 위한 세부기준, 사업자 선정 기준의 객관성 및 투명성 확보, 기존사업자 편입에 대한 구체적인 기준 등에 대한 본격적 논의를 통하여 명확하게 규율해야 할 필요가 있다. 향후 해상풍력특별법의 성공적인 시행을 통해 에너지 전환 목표 달성과 해상풍력 산업 육성에 기여할 수 있기를 기대한다.

〈참고문헌〉

[국내 문헌]

이종영, 에너지법학, 박영사, 2024. 9.

강금석 · 전인성 · 곽지영, '해상풍력단지 공존이용 가능성과 방향', 풍력에너지 저널 제1권 제1호, 2020.

길준규, '독일의 해양공간관리계획에 관한 법적 고찰', 토지공법연구 제65호, 2014.

김윤승, '환경영향평가제도 상 협의의 독립쟁송 –인허가 의제되는 협의의 경우와의 비교', 행정법연구 제58호, 2019. 8.

김지영, '프랑스의 해양공간계획에 대한 법적 고찰', 토지공법연구 제72호, 2015.

김현귀, '해양공간계획 및 관리의 구조와 한계 –해양공간계획법을 중심으로–', 법학연구 제33권 제1호, 2023.

김홍균, '사전환경성검토 협의제도의 효율성 제고', 환경법연구 제25권 제2호, 2003. 12.

______, '환경영향평가(環境影響評價)와 사법심사(司法審査)', 법조 제53권 제6호, 2003. 12.

류철호, '법령상 협의규정에 관한 검토', 월간법제 2005권 5호, 2005.

박효근, '「해양환경관리법」상 환경성 검토제도의 문제점 및 개선방안', 법과 정책연구 제20권 제1호, 2020. 3.

백옥선, '인공지능과 에너지법 –데이터센터 확대에 따른 법적 과제를 중심으로–', 공법연구 제53권 제3호, 2025. 2.

이순자, '육상 풍력발전시설 개발에 있어서 공공성 강화 방안 –제주특별법상 풍력자원의 공공적 관리제도 검토를 중심으로–', 강원법학 제42권, 2014. 6.

______, '환경영향평가법상 협의에 대한 고찰', 환경법연구 제34권 제3호, 2012. 12.

이유봉, '기후변화시대의 해상풍력발전 추진을 위한 외국에서의 새로운 입법동향과 시사점', 환경법과 정책 제15권, 2015. 9.

이준범, '해상풍력발전법상 발전사업허가를 받은 사업자 경과조치에 관한 연구 -정의로운 전환과 조화 관점에서', 환경법과 정책 제33권 제1호, 2025. 2.

임현지 외, '해상풍력 발전사업의 원만한 이해관계자 협의를 위한 절차적 개선 방향', 환경법과 정책 제27권, 2021. 9.

정남철, '전기사업법상 사업허가의 법적 쟁점 -특히 사업허가의 재산권성과 전기사업의 임의적 종료가능성 문제를 중심으로-', 저스티스 제200호, 2024. 2.

______, 'EU 해양공간계획법제의 최근 동향과 특징', 글로벌법제전략 GLOBAL LEGAL ISSUES 제7호, 한국법제연구원, 2022. 8. 5.

최승필, '도시개발과 환경, 재해 및 교통영향평가제도에 대한 법적검토', 토지공법연구 제89집, 2020. 2.

[해외 문헌]

BTDrucks 18/8860.

Bahmer, Larissa/Loers, Sophia: Ausschreibungswettbewerb im Erneuerbare-Energien-Gesetz (EEG) 2017: Vom Vergaberecht lernen?, in: Gewerbearchiv (GewArch), Heft 11/2017, S. 406-413.

BVerfG, Beschl. v. 30.06.2020-1 BvR 1679/17, 1 BvR 2190/17.

BVerfG: Hat der aktuelle Beschluss zum WindSeeG Auswirkungen auf Wind-Offshoreprojekte im Küstenmeer?, in: EnWZ-Zeitschrift für das gesamte Recht der Energiewirtschaft, 2020, S. 460-465.

Durner, Wolfgang: Planung, Finanzierung und Zulassung von Offshore-Windenergie-Grundfragen des maritimen Infrastrukturrechts, in: Zeitschrift für Umweltrecht (ZUR), 2022, S. 3-9.

Germelmann, Claas Friedrich: Der Ausbau der Offshore-Windenergie als Herausforderung für das Instrumentarium des staatlichen Konfliktausgleichs, in: EnWZ 2013, S. 488-495.

Grzeszick, Bernd: Rückwirkung und Vertrauensschutz im Recht der Energiewende. Tübingen: Mohr Siebeck, 2018.

Kühn, Swen: Wieviel Wettbewerb ist möglich, wieviel Staat ist nötig? In: Valentiner, Dana-Sophia (Hrsg.): Klimaschutz und Städte: Herausforderungen und Potentiale des öffentlichen Rechts-Tagungsband zum JuWissDay 2022. Baden-Baden: Nomos, 2023, S. 127-146.

Schäfer, Michael: Das Regulierungskonzept des EEG 2017 und des Windenergie-auf-See-Gesetzes, in: Gewerbearchiv (GewArch), 2017, S. 361-368.

Spieth, Wolf Friedrich/Lutz-Bachmann, Sebastian: Die Reform der Ausschreibungen für Offshore-Windenergie-Eine verpasste Chance?, in: Zeitschrift für das gesamte Recht der Energiewirtschaft (EnWZ), 2020, Heft 7, S. 243-246.

04

국가기간 전력망 확충을 위한 법제 개선

이 동 일*

Ⅰ. 들어가는 말

1887년 경복궁 내 건천궁에 우리나라 최초로 전기가 공급되었다.

* 법무법인 에너지 대표변호사

1964년 말 기준 농어촌 지역의 전기 공급율은 12%에 불과하였다. 1965년 제정된 농어촌전화촉진법은 농어촌의 전기시설에 소요되는 자금을 정부가 재정적으로 뒷받침하게 됨에 따라 농어촌에 전기를 공급하는 전화(電化)사업은 활기를 띄게 되었다. 1969년 말 기준 전국 가구 수의 59%에는 전력의 공급이 되지 아니하여 전력공급을 위한 노력은 계속되었다. 이 시기에는 전기 공급을 위한 송배전 시설이 생길 때 주민들은 전기가 공급될 사실에 기대 반 설레임반으로 송전시설의 건선을 환영하였다. 1970년대 중화학공업화 및 국민생활의 향상으로 계속적인 전력 수요의 증가가 예상되므로 이에 대처하기 위해서는 전원설비의 계속적인 확충과 신속한 건설이 요망되나 건설입지 확보상의 많은 제약과 번잡한 인·허가절차 및 막대한 자금 소요로 원활한 전원개발 추진이 곤란하므로 이를 효율적으로 추진하기 위하여 1979년 「전원개발에관한특례법」이 제정되었다. 1987년 전국의 대부분 지역에 전기가 공급되어 우리나라에 전기가 최초 공급된 이후 100년 만에 전기의 보편적 공급이 이루어졌다. 이후 우리나라는 세계적으로 값싸고 품질 좋은 전기를 안정적으로 공급하였고, 이를 통해 철강, 조선, 자동차, 반도체, 석유화학 등 에너지 다소비 산업을 중심으로 발전을 이뤄왔다. 2008년 7월 밀양 주민들이 송전선로 백지화 요구를 하면서 밀양주민과 한국전력 사이의 갈등에서 시작되었다. 이 과정에서 주민들은 전자파로 인한 건강 문제와 환경 파괴를 우려하며 강하게 반대했으며, 한국전력공사와 지역 주민 간의 갈등이 심화되었다. 송전설비 건설로 인한 갈등을 제도적으로 해결하기 위하여 2014년 전력공급에 필수적인 시설인 송·변전설비 주변지역의 보상 및 지원에 관한 사항을 법률에 명시하여 지역주민의 재산권을 보장하고 전력수급의 안정을 도모함으로써 국민경제와 지역사회의 발전에 기여하려는 목적으로 「송·변전설비 주변지역의 보상 및 지원에 관한 법률을 제정하였다. 그러나 이러한 제도적 정비에도 불구하고 신가평 변환소 갈등, 북당진~신탕전 송전선로 갈등, 군산변전소~

새만금변전소 송전선로 갈등, 동해안~신가평 송전선로 갈등 등 송전선로 건설갈등은 전국에서 이어지고 있다. 2025년 전력망설비 건설의 지연으로 인한 문제를 더 이상 미룰 수 없어 전력망 건설이 지연되는 원인을 분석하고 이를 해소하기 위한 다양한 행정수단을 주 내용으로 하는 「국가기간전력망 확충을 위한 특별법」(약칭: 국가기간전력망법)이 제정되어 2025년 9월 26일부터 시행되었다. 이 글에서는 국가기간전력망법의 입법배경 및 주요내용을 소개한다.

Ⅱ. 국가기간 전력망 확충의 개요

1. 신규 송전망 건설의 필요성

(1) 전력수요 증가에 따른 신규 발전소의 증가에 따른 신규 송전망의 필요

우리나라의 전력수요는 꾸준히 증가하고, 그에 상응하는 신규 발전소의 증설 필요성이 필요하다. 특히 국내 산업은 자동차, 반도체, 조선, 석유화학, 철강 등 에너지 다소비 업종을 축으로 성장해 왔으며, 최근에는 반도체, 2차 전지, 데이터센터 등 에너지다소비 산업의 급격히 확대되었다. 반도체 및 2차 전지 공정은 24시간 안정적 전력공급이 전제되어야 하며, 데이터센터는 상시 가동과 냉각 부하로 인해 연중 높은 전력수요를 유지한다. 수송부분에서는 이산화탄소 배출을 줄이기 위해 전기차의 보급이 빠르게 확산되고, 가정 및 상업부분은 냉·난방과 ICT 기기의 보급, 에너지 다소비형 대형 빌딩이 증가하고 있다. 특히 전기차 충전 인프라가 촘촘히 확충될수록 특정 시간대에 충전이 집중되어 대규모 전력 피크 수요가 형성될 가능성이 높고, 이는 단순한 연료 전환을 넘어 전력계통의 실시간 균형과 예비력 운영 등 계통 안정성 측면에서 큰 과제로 부각되고 있다. 결과적으로 수요의 절대규모 증대와 시간대별 변동성 증가는 공급능력의 충분성과 계통운영의 신뢰도를 동시에 강화할 것을 요구하고, 그 핵심 수단이 신규 발전소 및 계통의 단계적 확충이다. 한국전력공사의 제11차 장기 송변전계획(2024~2038)에 따르면 2023년 대비 2038년 송전선로는 1.72배, 변전소는 1.43배의 증가가 필요하고, 2038년까지 약 72.8조의 막대한 망 투자가 예정되어 있다. 이에, 발전설비의 신규 확충도 동일한 시간 지평에서 종합적으로 추진되어야 한다. 요컨대, 산업 · 수송 · 가정 및 상업 전 부문에서 누적되는 수요 증가는 신규 발전소의 체계적 증가를 요구하고, 이는 전원믹스의 균형, 지역별 공급능력 확충, 계통 안정성 제고를 아우르는 방향으로 추진되어야 한다. 이상의 맥락에서 신규 발전소 확대는 선택이 아니라 필수이며, 전력수요의 구조적 증가와 피크 리스크를 선제적으로 흡수하기 위한 국가적 기반투자 또한 체계적으로 이루어져야 한다.

(2) 우리나라 전력의 수요처와 공급처의 불일치에 따른 송전망의 필요

우리나라 전력계통은 전력 수요가 수도권과 대도시권에 고도로 집중된 반면, 공급원은 역사적 · 지리적 요인에 따라 남부 · 서남부 연안을 중심으로 분포되어 있다. 전국 전력 사용량의 절반 이상이 수도권에서 소비되는 반면, 석탄 · 원자력 발전소는 동남부 및 서남부 연안에, 최근 확대되는 해상풍력과 태양광 단지는 전라 · 경남 · 제주 등 상대적으로 원거리 지역에 위치한다. 이로 인해 남부에서 북부로의 장거리 이송이 구조적으로 불가피하며, 특정 축에서의 전력 흐름이 상시적 병목을 유발한다. 이러한 수요 · 공급의 공간적 불일치는 송전계통의 포화와 병목을 초래한다. 계통 운영 측면에서는 예비전송능력이 축소되고, 또한, 남부권 발전원을 북부 수요처로 이송하는 과정에서 기존 송전망의 포화가 발생하고 있으며, 일부 구간에서는 이미 송전 제약으로 발전출력이 제한되는 사례가 발생하고 있다. 이는 전력공급의 효율성 저하와 전원 이용률 하락, 결과적으로 사회적 비용 증가로 이어지므로, 전력 수급의 균형 확보를 위해 신규 송전망이 필수적이다.

(3) 재생에너지 공급의 증가

기업의 생존과 경쟁력 확보를 위해 RE100의 실천 및 ESG 경영의 중요성이 더욱 커짐에 따라 재생에너지에 대한 수요가 급증하고 있다. 우리나라는 2050 탄소중립 달성과 2030 국가온실가스감축목표(NDC)를 위해 재생에너지 발전 비중을 확대하는 정책을 적극적으로 추진하고 있다. 태양광과 풍력을 중심으로 한 재생에너지 발전설비는 빠르게 증가하고 있다. 현행 송전망은 화력・원자력 중심의 발전체계에 맞추어 구축되어 왔기 때문에, 재생에너지 발전의 특성을 충분히 반영하지 못하고 있다. 일부 송전구간은 이미 포화 상태에 도달했으며, 신재생 단지의 계통 연결이 지연되는 사례가 다수 발생하고 있다. 예컨대 일부 태양광 단지는 전력망 부족으로 출력 제한(curtailement) 조치를 받는 등 발전한 전력을 송전하지 못하는 상황이 나타나고 있다. 2025년 해상풍력특별법이 통과되어 향후 대규모 해상풍력발전단지와 같은 원거리 발전원이 본격적으로 계통에 연계되고 있다. 그러나 이러한 재생에너지 확대는 기존 전력망, 특히 송전망의 한계를 드러내고 있다. 서남해안 해상풍력, 제주 태양광 등 원거리 발전원의 수용은 신규 송전망 없이는 불가능하다. 장기적으로 안정적인 계통 운영과 재생에너지 수용을 위해서는 신규 송전망의 건설이 불가피하다.

(4) 국가첨단전략산업단지에 적기 전력공급

국가첨단전략산업단지는 반도체, 2차전지, 미래차, 바이오 등 국가경쟁력을 좌우할 핵심 산업을 집중 육성하기 위해 정부가 지정・개발하는 대규모 산업단지이다. 이러한 산업단지는 단순한 공장 집적지가 아니라 글로벌 공급망 재편 속에서 국가 경제 안보의 거점이자 미래 세대를 위한 전략적 인프라라 할 수 있다. 그러나 이러한 산업단지의 성공적 조성과 운영을 위해 반드시 전제되어야 하는 요소가 바로 안정적이고 적시적인 전력 공급이다. 첨단산업은 전력 의존도가 매우 높고 전력 수급의 변동에 민감하기 때문에, 단 한순간의 전력 부족이나 지연도 생산 차질과 국가적 손실로 이어질 수 있다. 따라서 국가첨단전략산업단지 건설과 병행하여 신규 송전망 확충과 전력 공급 인프라의 적기 마련이 절실히 요구된다.

(5) 전력망 건설 지연으로 인한 발전제약 문제 발생

최근 강릉, 삼척 일대에서 대규모 신규 석탄·LNG 화력발전소가 연이어 가동을 시작하였다. 한편 강원도는 전국 평균 대비 높은 발전설비 밀집도를 기록하고 있으며, 생산된 전력 대부분이 외부로 송전되어야 하는 구조이다. 그러나 수도권·충청권 등 주요 전력 수요처와의 지리적 거리, 그리고 기존 송전망의 한계로 인해 신규 화력발전소조차 충분히 가동하지 못하는 상황이 발생하고 있다. 실제로 일부 발전소는 계통 포화로 인해 발전량이 제한되는 제약발전(curtailement) 조치를 받고 있으며, 이는 경제적 손실과 정책 신뢰도 저하로 이어지고 있다. 따라서 강원도 신규 화력발전소의 제약발전 문제를 근본적으로 해결하기 위해서는 신규 송전망 건설이 불가피하다. 강원도 신규 화력발전소의 제약발전 문제는 단순히 발전사의 손실 차원이 아니라, 국가 전력계획과 에너지 안보에 직결되는 중대한 사안이다. 이미 건설된 대규모 발전소의 전력을 충분히 활용하지 못한다면, 막대한 사회적·경제적 비용이 발생할 뿐 아니라 국가 전력정책의 신뢰도마저 손상될 것이다. 따라서 신규 송전망 건설은 선택이 아닌 필수이며, 정부는 이를 국가적 전략 과제로 규정하고 조속한 추진에 나서야 한다.

2. 국가기간 전력망 확충을 위한 특별법 제정의 필요성

(1) 주민반대로 인한 전력망 건설 지연 문제의 해결

철도나 도로의 신규 건설은 지역개발, 경기활성화 및 재산가치 상승 등 경제적 기대효과뿐만 아니라 설비 확충으로 인한 이동편의상 상승으로 지역 주민으로부터 환영을 받는다. 이에 반하여 송전선로 경과지 주민들은 전자파 유해성, 재산 가치 하락, 자연경관 훼손 등을 우려하며 사업에 강력히 반대하고 있다. 전력망 건설 사업은 장기간에 걸쳐 막대한 비용이 투입됨에도 불구하고, 입지선정 단계부터 건설에 이르기까지 극심한 사회적 갈등을 유발하고 이로 인해 장기 지연되는 사례가 다수 발생하고 있다. 주민 갈등의 원인은 전력 사용의 편익은 전 국민이 누리지만 피해는 특정 지역 주민에게 집중된다는 인식에서 비롯된다.

현재 사업 초기의 주민 수용성 확보를 위한 지원은 법적 근거가 불명확하고 비공개적으로 운영되는 보상 체계가 주민 간의 불신과 갈등을 증폭시키고 있다. 따라서 지금까지의 비공식적・시혜적 보상 방식에서 벗어나, 투명하고 예측 가능한 법제화된 보상 및 지원 체계를 마련하여 갈등의 소지를 근원적으로 해소할 필요성이 크다.

(2) 국민 눈높이에 맞는 보상제도의 마련

밀양사태 발생이후 주민수용성 확보를 위하여 2014년 「송・변전설비 주변지역의 보상 및 지원에 관한 법률」이 제정되었으나, 보상 수준이 주민들의 재산상・정신적 피해 인식을 충족시키지 못하여 갈등 해결에 역부족이라는 평가가 지배적이다. 국민의 재산권, 환경권, 건강권 등 권리의식은 향상되고 있는 반면, 전력망 건설과 관련된 보상제도는 수십 년 간 제자리이다. 한편 법적근거 없이 사안에 따른 차별화된 보상은 지역별 차등, 송전사업회사 주주의 배임문제 제기등 여러 가지 부차적 문제까지 발생하고 있어 합리성을 갖추고 법적근거를 둔 보상제도를 마련할 필요가 있다.

(3) 지방자치단체의 소극적 태도로 인한 전력 망 건설 지연 문제의 해결

전력망 건설 지연의 근본 원인은 전력 설비가 대표적인 님비 시설로 인식되어 재산 가치 하락, 전자파, 경관 훼손 등에 대한 지역 주민의 우려와 반발이 크다. 지방자치단체의장은 선거 등을 통해 주민의 표를 의식하여 이러한 민원에 편승하거나 소극적으로 대응함으로써 사업 지연을 가중시키는 경향이 있다. 지방자치단체의 소극적 행정은 주로 입지 선정위원회 구성·운영 비협조, 주민 열람·공고 및 설명회 거부, 개발행위허가 등 관련 인허가 반려 또는 지연, 부대공사 중지명령 등의 형태로 나타나고 있다. 지방지치단체의 장은 주민선거로 선출되므로 지역 주민의 눈치를 볼 수밖에 없는 현실을 인정하고, 지방자치단체가 주민을 설득할 수 있도록 전력망 건설에 협조하는 지방자치단체에 대한 지원을 대폭 늘려 지방자치단체가 주민에 대한 지원 확대를 명분을 부여할 필요가 있다. 즉 지방자치단체의 협조 수준에 따라 지방자치단체에 대한 지원을 차등하는 인센티브 제도를 적극적으로 활용하여, 지방자치단체가 소극적 태도로 일관하는 경우 오히려 주민에게 지원할 재원이 축소되어 협조를 장려하는 제도적 환경을 구축하는 것이 전력망 건설 지연 문제를 해결하는데 기여할 것으로 보인다.

(4) 기존 법제도의 한계

송전망건설을 위한 기존 법제도는 「전원개발촉진법」이 있다. 전원을 전기공급시스템으로 이해할 경우 강학상 전원개발은 발전소의 건설, 송전망과 배전망의 설치와 관련된 법제라고 할 수 있다.[1] 송전망과 배전망의 구축 없이는 발전소에서 생산한 전기를 사용할 수 없다. 송전망과

---

1) 이종영, 에너지법학, 제2판, 박영사, 2024, 118면.

배전망의 설치는 이러한 의미에서 전원개발에서 중요한 위상을 가지고 있다. 송전망과 배전망이 설치되는 지역주민은 직접적으로 발생하는 법률상 이익이나 권리의 침해에 대해 「공익사업을 위한 토지등의 취득 및 보상에 관한 법률」에 따라 정당한 보상을 받고 있다. 그러나 송전망과 배전망이 설치되는 지역주민은 법률상 이익이나 권리는 아니지만 사실상의 불이익을 받고 있어, 이러한 불이익을 정당하게 보전하여 송전망이나 배전망의 설치를 촉진할 목적으로 「송·배전설비 주변지역의 보상 및 지원에 관한 법률」이 제정되어 운영되고 있다.[2] 그러나 오늘날 위 법률만으로는 국가전력망의 적기건설에 어려움이 있어 추가적인 제도정비가 필요한 것이 현실이다.

(5) 거버넌스의 변화의 법적근거 마련

현행 「전원개발촉진법」은 사업 실시계획 승인에 초점을 맞추고 있어, 복잡·다양해진 이해관계자 간의 갈등을 조정하는 정부 차원의 거버넌스 기능이 존재하지 아니하다. 국무총리를 위원장으로 하는 '국가기간 전력망 확충 위원회'를 신설하여, 전력망 확충 기본계획 수립, 부처 간 갈등 조정, 실시계획 승인 등 핵심 사항을 심의·의결한다. 이는 사업 추진의 동력을 확보하고 지자체의 비협조 문제를 중앙정부 차원에서 관리·감독하기 위함이다.

3. 해외제도

해외 주요국의 전력망 관련 제도 개선 사례는 공통적으로 ① 특별법 제정을 통한 인허가 절차 간소화 및 신속화, ② 사업 초기 단계부터의 이해관계자 참여 및 투명성 강화, ③ 금전적 인센티브를 통한 신속한 보상 합의 유도, ④ 사회적 수용성을 고려한 조건부 또는 원칙적 지중화,

2) 이종영, 에너지법학, 제2판, 박영사, 2024, 119면.

⑤ 토지 이용 효율화를 위한 기반시설 공동건설 등의 특징을 보인다. 이러한 사례들은 국내 전력망 확충 사업이 직면한 사회적 수용성 문제, 보상 갈등, 인허가 지연 등의 난제를 해결하기 위한 중요한 법적·정책적 시사점을 제공한다. 특히, 절차의 신속성과 절차적 정당성을 균형 있게 확보하려는 독일의 입법례와 토지 이용 효율을 극대화하는 미국·프랑스의 공동건설 사례는 향후 국내 관련 법제 개선 논의 시 심도 있게 검토할 가치가 있을 것으로 판단된다.[3)]

(1) 전력망 건설 인허가 절차 간소화를 위한 특별법 제정

국가적 필요성이 인정되는 전력망 사업의 신속한 추진을 위해, 복잡한 인허가 절차를 간소화하고 분쟁 해결 절차를 단축하는 특별법을 제정·운영하는 사례가 확인된다. 독일은 2009년 「송전망 건설 촉진법(EnLAG)」을 제정하여 국가 필수 전력망 사업을 명시하고, 해당 사업에 대한 인허가 절차를 최소화하며 관련 분쟁 절차를 간소화하는 법적 근거를 마련했습다. 이후 2011년에는 「연방 전력망 계획법(NABEG)」을 통해 주(州) 단위로 분산되어 있던 송전망 건설 관련 법제를 연방법으로 통일하여 절차의 일관성과 효율성을 제고하고, 토지보상 체계를 강화하는 등 제도를 보완하였다. 미국은 2021년 제정된 「인프라 투자 및 일자리법(Infrastructure Investment and Jobs Act)」을 통해 전력망 현대화 및 확충을 국가적 과제로 설정하였다. 동법에 따라 에너지부(DOE)가 국가적으로 중요한 전력망 사업을 선정할 수 있는 권한을 가지며, 연방에너지규제위원회(FERC)는 주(State)의 반대에도 불구하고 사업을 강제 승인할 수 있는 기준을 개선하여 연방 차원의 사업 추진 동력을 확보하였다.

---

3) 이동일, 전력망확충특별법 하위법령 제정 연구용역, 법무법인 에너지, 2025, 14~31면 참조.

(2) 이해관계자 참여 보장 및 절차적 투명성 확보

전력망 사업 추진 과정에서 발생하는 사회적 갈등을 예방하고 수용성을 높이기 위해, 사업 초기 단계부터 이해관계자의 참여를 제도적으로 보장하고 전 과정을 투명하게 공개하는 정책이 강조되고 있다. 이는 국가와 지방자치단체가 적극적인 정보 공개를 통해 국민의 이해도를 높여야 한다는 취지에 부합한다.

독일은 「연방 전력망 계획법(NABEG)」에 따라 송전망 계획 수립 초기 단계부터 사업 관련 정보를 투명하게 공개하고, 지역 주민을 포함한 다양한 이해관계자의 의견을 수렴하는 절차를 의무화하고 있다. 이를 통해 절차적 정당성을 확보하고 잠재적 갈등 요소를 사전에 조정하는 효과를 도모한다. 미국 역시 송전망 계획 및 승인 과정에서 이해관계자의 참여를 보장하고, 사업 진행 과정을 대중에게 공개함으로써 절차의 투명성을 확보하는 데 중점을 두고 있다.

(3) 신속한 토지보상을 위한 보상체계 강화

토지보상 협의 지연은 전력망 사업 지연의 주요 원인 중 하나로, 이를 해결하기 위해 조속한 보상 합의를 유도하는 인센티브 제도를 운영하는 사례가 있다.

독일은 토지 소유주가 8주 이내에 토지보상에 합의할 경우, 기존 보상금의 75%에 해당하는 금액을 '간소화 보상금'으로 추가 지급하는 제도를 통해 신속한 협의를 유도하고 있다. 네덜란드 또한 6주 이내에 토지보상에 합의하는 토지 소유주에게 기존 보상금의 20%를 추가로 지급하는 간소화 보상금 제도를 운영하여 사업 기간 단축을 꾀하고 있다.

(4) 송전망 지중화(Undergrounding) 관련 제도

경관 훼손 및 전자파 우려 등 지상 송전선로에 대한 주민 반발을 고려하여, 특정 요건하에 지중화를 의무화하거나 적극적으로 추진하는 정책이 확인된다.

독일은 국가 필수 송전망 사업이라 하더라도 주거지와의 근접성 등 법률로 정한 특정 요건을 충족하는 경우에는 지중화를 우선적으로 검토하도록 규정하고 있다. 덴마크는 한 걸음 더 나아가, 기존 송전망을 점진적으로 지중화하고 신규 송전망은 원칙적으로 지중화 하도록 하는 내용의 가이드라인을 제정하여 보다 적극적인 지중화 정책을 펼치고 있다.

(5) 기반시설 공동건설(Joint Construction) 사례

토지 이용의 효율성을 극대화하고 중복 투자를 방지하기 위해, 전력망을 고속도로, 철도 등 다른 선형(線型) 기반시설과 함께 건설하는 사례가 주목받고 있다.

미국의 NextGen 사업은 미네소타주의 고속도로 및 통신망 경로를 활용하여 고압직류송전(HVDC)망을 공동으로 연계·건설한 사례이다. SOO Green HVDC 사업은 아이오와주와 일리노이주를 잇는 철도 노선을 따라 HVDC망을 연계하여 건설한 사례이다. 프랑스의 Piedmont-Savoy HVDC 사업은 프랑스와 이탈리아를 연결하는 고속도로 경로를 활용하여 HVDC망을 공동으로 건설한 사례이다.

Ⅲ. 국가기간 전력망 확충을 위한 거버넌스의 변화

전력망 거버넌스란 국가 전력계통의 구축, 운영, 관리에 관여하는 다양한 주체들 간의 협력과 조정 체계를 의미한다. 이는 정부, 공기업, 민간기업, 지역사회 등 다층적 이해관계자들이 참여하는 복합적 의사결정 구조이다.

1. 전통적 전력망 거버넌스

전통적으로 전력수급기본계획은 기후에너지환경부장관이 수립하며, 전력수급의 기본방향, 장기전망, 발전설비계획 및 주요 송전·변전설비계획 등을 포함한다(전기사업법 제25조 제6항). 한국전력공사가 송전, 배전을 모두 담당하는 하고 있으며, 전력망 확충의 주요 의사결정이 한국전력공사를 중심으로 이루어졌다. 전통적 거버넌스에서는 정부와 한국전력공사를 중심으로 한 제한적 참여 구조였으며, 지역사회나 민간부문의 참여는 매우 제한적이었다. 전기사업법상 송전사업자인 한국전력 중심의 전원개발계획은 주민수용성 확보 및 지방자치단체의 관련 인허가 지연에 취약한 구조를 가지고 있었다. 이로 인하여 송전망 구축에 평균 10년 이상 소요되며, 지자체·주민 반대로 송전망 구축 사업이 지연되고 있는 상황이다. 국가기간 전력망의 적기 확충을 위해서는 송전사업자와 주무부처인 기후에너지환경부의 노력만으로는 달성하기 어려운 것이 현실이며, 기후에너지환경부뿐만 아니라 환경부, 국토부, 국방부, 해수부 등 국가기간 전력망 확충과 직간접적으로 관여되는 중앙정부처 및 지방자치단체가 참여하는 거버넌스의 변화가 필요한 상황이다.

2. 전력망 거버넌스의 변화

국가기간 전력망 확충 특별법 제8조에 따라 국가기간 전력망 설비 확충에 대한 중요사항을 심의·의결하기 위하여 국무총리 소속으로 국가기간 전력망확충위원회(이하 '전력망위원회'라 한다)를 설치하였다(국가기간 전력망 확충 특별법 제8조 제1항). 국가기간 전력망 개발사업은 기후에너지환경부뿐만 아니라 국토교통부, 행정안전부, 환경부 등 여러 중앙부처는 물론 설비가 위치하는 지방자치단체와도 관련이 있으므로 관계부처 및 이해관계자의 의견을 조율하여 의사결정을 할 수 있는 합의제 기관인 위원회를 설치할 필요가 있으며, 여러 부처의 협조가 필요하다는 특성이 있어 특정 부처보다는 각 부를 통할하는 국무총리 소속으로 위원회를 두는 것이다.

3. 거버넌스 변화의 의의

국가기간전력망법을 통한 거버넌스 변화로 국가기간 전력망 확충 사업의 신속하고 효율적인 추진이 가능해질 것으로 기대된다.

(1) 범부처 협력체계 구축

기존의 산업통상자원부 중심의 전력망 정책에서 국무총리 소속의 위원회를 통해 관계부처 간 협력을 강화하고 정책 조정 기능을 제고하였다.

(2) 지방자치단체 참여 확대

광역지방자치단체의 장이 당연직 위원으로 참여함으로써 중앙정부와 지방정부 간의 협력을 강화하고 지역의 의견을 정책에 반영할 수 있는 체계를 마련하였다.

(3) 전문성과 민주성의 조화

위촉위원을 통해 전문성을 확보하고, 국회 추천 위원을 통해 민주적 정당성을 확보하는 균형잡힌 거버넌스 체계를 구축하였다.

(4) 갈등 조정 기능 강화

전력망위원회가 갈등·분쟁 조정 및 중재 기능을 수행함으로써 기존의 사업자 중심 접근에서 벗어나 국가 차원의 조정 기능을 강화하였다.

Ⅳ. 국가기간 전력망 신속 확충을 위한 절차 특례

1. 국가기간전력망 입지선정위원회의 심의·의결 기간의 단축

「전원개발촉진법」에 의하면 입지선정위원회는 "입지선정위원회의 첫 회의 개최일부터 1년까지의 기간" 내에 심의·의결을 완료해야 한다(전원개발촉진법시행령 제18조의7 제3항). 입지선정위원회의 위원장이 입지선정을 위하여 필요하다고 인정하는 경우 1년의 범위에서 그 기간을 한 차례 연장할 수 있다(전원개발촉진법시행령 제18조의7 제3항).

국가기간 전력망 확충 특별법은 「전원개발촉진법」의 규정에도 불구하고 입지선정위원회의 심의·의결 기간을 6개월 범위에서 한 차례 연장할 수 있도록 하여 입지선정 최대기간을 24개월에서 6개월 단축하여 18개월로 축소하였다(국가기간 전력망 확충 특별법 제14조 제1항, 동법 시행령 제21조).

2. 실시계획승인 인허가 의제 확대

인허가의제는 1970년대 산업화시대에 절차간소화를 위해 도입된 제도이다.[4] 「전원개발촉진법」상 실시계획승인의 의제는 전원개발사업자가 실시계획의 승인을 받았을 때 다른 법률에서 요구하는 각종 허가·인가·면허 등을 별도로 받지 않아도 이를 받은 것으로 간주하는 제도이다(전원개발촉진법 제6조 제1항). 이 제도는 전원개발사업을 효율적으로 추진하기 위해 복잡한 인·허가 절차를 간소화하고 사업추진의 신속성을 도모하는 데 목적이 있다. 전원개발사업자가 실시계획의 승인을 받았을 때에는 관련 법령상의 허가·인가·면허·결정·지정·승인·해제·협의 또는 처분 등을 받은 것으로 의제되고 전원개발사업에 필요한

4) 정남철, '행정기본법상 인허가의제 제도의 법적 쟁점과 개선방안', 행정법학 제21호, 2021. 9, 103면.

토지등을 수용하거나 사용할 수도 있게 된다.[5] 「전원개발촉진법」상 실시계획 승인의 의제 대상 인・허가등은 법률은 16개 법률에 따른 인・허가 등을 의제의 대상으로 삼고 있다. 한편 국가기간 전력망 확충 특별법에는 「건축법」, 「자연재해대책법」, 「항로표지법」, 「해상교통안전법」 등 총 19개 법률에 따른 인・허가 등이 추가되어 총 35개 법률상의 인・허가 등의 의제로 특례의 범위가 확대되었다(국가기간 전력망 확충 특별법 제13조 제1항).

3. 환경, 재해 영향평가 특례

(1) 환경영향평가 특례

「전원개발촉진법」 제5조 제3항 제6호는 실시계획에 "국토자연환경보전에 관한 사항"을 포함하도록 규정하고 있으며, 동법 시행령 제15조 제2항에서는 이를 구체화하여 「환경영향평가법」에 따라 환경영향평가를 하여야 하는 사업의 경우에는 「환경영향평가법」 제27조에 따른 환경영향평가서를(전원개발촉진법 시행령 제15조 제2항 제1호) 「환경영향평가법」에 따라 전략환경영향평가 및 소규모 환경영향평가를 하여야 하는 경우에는 「환경영향평가법」 제16조에 따른 전략환경영향평가서 및 동법 제44조에 따른 소규모 환경영향평가서를 첨부하여야 하며(전원개발촉진법 시행령 제15조 제2항 제2호), 그 밖의 사업의 경우에는 환경에 관한 검토서를 첨부하여야 한다(전원개발촉진법 시행령 제15조 제2항 제3호). 전원개발사업의 환경영향평가에서 공고・공람의 주체는 "환경영향평가 대상사업의 사업지역을 관할하는 시장・군수・구청장"이다(환경영향평가법 제25조 제2항). 주관 시장・군수・구청장은 천재지변 등 특별한 사유가 없으면 환경영향평가서 초안이 접수된 날부터 10일 이내에 공고하고, 20일 이상 60일 이내의 범위에서 주민 등이 공람할 수 있게 하여야 한다(환

5) 조용호, 헌법재판의 길, 박영사, 2020년, 776면.

경영향평가법 시행령 제36조 제1항). 그러나 지방자치단체가 전원개발사업에 대한 지역 주민의 반대 여론을 의식하거나, 선거 등 정치적 일정을 고려하여 민감한 사안의 공고·공람을 미루는 경우 의도적으로 공고·공람 절차를 지연시키는 경우가 있었다. 이에 국가기간 전력망 확충 특별법은 공고·공람을 사업시행자가 시행하도록 하였다(국가기간 전력망 확충 특별법 시행령 제22조 제1항). 「전원개발촉진법」 제5조 제6항에서는 기후에너지환경부장관이 관계 중앙행정기관의 장과 협의를 요청한 경우, 협의를 요청받은 기관의 장은 30일 이내에 의견을 회신하여야 한다고 규정하고 있다. 다만, 부득이한 사유가 있는 경우에는 회신기간을 한 차례 연장할 수 있다(전원개발촉진법 제5조 제6항). 국가기간 전력망 확충 특별법은 환경영향평가서의 협의를 요청받은 행정기관의 장은 환경영향평가서를 접수한 날부터 45일 이내에 기후에너지환경부장관에게 협의 내용을 통보하여야 하며 이 기간 이내에 통보가 이루어지지 아니할 경우 협의가 완료된 것으로 본다. 본 협의 기간을 15일 단축하였으며 환경조사를 연2회 이하로 완화하였고, 환경영향평가서의 보완 횟수를 2회에서 1회로 완화하였으며 협의 간주제를 도입하였다(국가기간 전력망 확충 특별법 제15조).

(2) 재해영향평가 특례

「자연재해대책법」 시행령에 따르면, 행정안전부장관은 재해영향평가 협의를 요청받은 날부터 30일 이내에 관계행정기관의 장에게 협의 결과를 통보하여야 한다. 다만, 부득이한 사정이 있을 때에는 그 기간을 15일의 범위 내에서 연장할 수 있어 최대 45일까지 협의기간이 소요될 수 있다(자연재해대책법 시행령 제7조의2 제1항). 국가기간 전력망 확충 특별법은 행정안전부장관은 협의를 요청 받은 날부터 20일 이내에 협의 결과를 통보하여야 하며, 이 기간 내에 통보가 이루어지지 아니한 경우에는 재해평가 협의가 완료된 것으로 본다고 규정하여 재해영향평가의 협의

기간을 25일 단축하였고, 보완회수를 2회에서 1회로 완화하였다(국가기간 전력망 확충 특별법 제16조).

4. 부대공사 인허가 신속처리 특례

부대공사인허가등의 신속처리 특례란 일정한 행정 목적 달성하기 위해 관련 인허가의 필요 여부나 처리 기간 단축을 위해 관계기관에 신속한 처리를 요청하는 제도이다. 인허가 처리 기간을 단축하여 신속한 사업화를 지원하는 기능을 수행한다. 국가기간전력망 건설을 위해서는 임시작업장, 진입도로 확보 등 부대공사가 수반될 수밖에 없다. 지방자치단체가 전원개발사업에 대한 지역 주민의 반대 여론을 의식하거나, 선거 등 정치적 일정을 고려하여 전력망 건설시 지방자치단체의 장은 부대공사에 대한 법적 근거 없이 인허가를 지연하거나 위법한 거부처분을 하여 전력망 건설이 장기 지체되는 문제가 있었다. 이에 국가기간 전력망 확충 특별법에서는 「국가첨단전력산업법」의 인허가에 대한 신속처리 특례와 유사한 부대공사에 대한 인허가 신속처리 특례 규정을 두고 인허가 신속처리 신청을 한 경우 일정한 기간 내에 처리 결과를 통보 하지 아니한 경우 인허가등의 처리가 승인된 것으로 하는 규정을 두고 있다(국가기간 전력망 확충 특별법 제17조).

5. 규제개선 신청 특례

규제개선 신청 특례는 일정한 행정 목적을 달성하기 위해 기존 규제를 완화하거나 새로운 기준을 적용하여 행정 목적을 원활히 추진될 수 있도록 하는 제도이다. 신규 규제로 인해 사업이 지연이 우려되는 경우 규제 개선을 신청할 수 있다. 사업시행자는 실시계획의 승인을 신청한 후 개발사업과 관련하여 기후에너지환경부장관에게 필요한 규제개선을 신청할 수 있다(국가기간 전력망 확충 특별법 제18조).

Ⅴ. 국가기간 전력망 확충을 위한 주민수용성 확보

1. 조기협의 장려금을 통한 토지보상 확대

조기협의장려금은 수용 대상인 토지·물건 또는 권리, 어업권, 양식업권 에 대하여 국가기간 전력망 확충 특별법에 따라 개발사업 과정에서 사업시행자와 토지등의 소유자 간에 토지 등을 취득 또는 사용하는 협의가 최초 보상 안내문을 발송한 날로부터 3개월 이내에 이루어지는 경우 지급되는 보상액의 일정 비율에 해당하는 금전을 말한다(국가기간 전력망 확충 특별법 제21조 제1항). 이는 사업기간 단축과 협의 촉진을 위한 유인장치로서 기능하며, 신속한 토지 보상 협의에 대한 인센티브를 제공하여 국가기간 전력망 사업의 원활하고 신속한 추진을 도모한다. 보상액이 1억 원 이하인 경우에는 2개월 이내 협의 시 보상액의 75%, 2개월 초과 3개월 내 협의 시 50%의 금액을 가산하여 지급하며, 보상액이 1억 원을 초과하는 경우에는, 그 초과분에 대한 지급률은 2개월 이내 협의 시 보상액의 45%, 2개월 초과 3개월 이내 협의 시 30%로 적용한다.

2. 차별화된 보상·지원체계 도입으로 수용성 확보

사업시행자가 개발사업구역 내의 토지를 협의에 의하여 취득하거나 사용하는 경우, 사업시행자는 토지소유자에게 그에 따른 보상금을 토지소유자의 선택에 따라 일시 또는 분할 지급의 방법으로 지급할 수 있다(국가기간 전력망 확충 특별법 시행령 제21조 제2항). 분할 지급을 신청하는 경우 그 지급액은 「공익사업을 위한 토지 등의 취득 및 보상에 관한 법률」 제68조에 따라 산정된 금액을 기준으로 하되, 해당 토지소유자가 조기협의장려금의 지급 대상인 경우에는 조기협의장려금을 가산한 금액을 기준으로, 10년 이내의 범위에서 1년 단위로 선택하여 신청한 분할 지급 기간과 그 기간 중의 이자율 및 지가상승률 등을 종합적으로 고려하여 기후에너지환경부장관이 정하여 고시하는 세부기준에 따라 산정된 금액으로 한다(국가기간 전력망 확충 특별법 시행규칙 제13조 제2항 제2호).

3. 선하지 토지 매수청구권

지상 공간에 송전선로를 설치하기 위하여 개발사업구역에 편입되는 토지의 소유자는 사업시행자에게 해당 토지의 매수를 청구할 수 있는 권리이다(국가기간 전력망 확충 특별법 제21조 제3항). 「국가기간 전력망 토지보상금 분할지급 기준」에 따르면 선하지 토지 매수청구권에 따라 보상금을 지급받는 경우에도 보상금의 분할지급을 신청할 수 있다.

4. 송주법보다 지원범위 및 지원내용의 확대

(1) 주택매수청구 대상의 확대

국가기간 전력망 개발사업에 대하여는 「송·변전설비 주변지역의 보상 및 지원에 관한 법률」(이하 '송전설비주변법'이라 한다)에도 불구하고 사업시행자는 주택소유자, 토지소유자 및 주변지역 지역주민에게 대통령령으로 정하는 바에 따라 특별한 보상 또는 지원을 할 수 있다(국가기간 전력망 확충 특별법 제22조). 현행 송전설비주변법은 지상 76만5천·50만·34만5천 볼트 송전선로 건설로 인하여 주거상·경관상의 영향을 받는 각각 180·100·60미터 이내의 지역에 위치한 주택을 "주택매수 등 청구지역"으로 정의하고(송전설비주변법 제2조 제4호), 주택소유자가 소유한 주택이 해당 지역에 속한 경우 사업자에게 주택 및 그 대지의 매수 또는 주거환경개선비용의 지원을 청구할 수 있다고 정하고 있다(송전설비주변법 제5조 제1항). 한편, 국가기간전력망법은 위 송전설비주변법상 주택매수 등 청구지역의 특례로 76만5천·50만·34만5천 볼트 옥외변전소의 주변 지역을 주택매수 등 청구지역에 포함시키고, 해당 지역에 있는 주택의 소유자는 사업시행자에게 주택의 매수 또는 해당 주택에 대한 주거환경개선비용의 지원을 청구할 수 있다고 정하였다. 국가기간 전력망 설비 건설로 인한 주민 수용성 제고와 재산권 보호를 위해 기존 송전설비주변법보다 확대된 보상 체계를 마련하였다.

(2) 주거환경개선비 지원의 확대

상기한 바와 같이, 주택매수 등 청구지역의 범위를 확대함과 동시에, 주거환경개선비용 지원 금액의 상한선을 상향하였다. 송전설비주변법 시행령 제11조의2 제1항에서는 주거환경개선비용의 지원액은 「부동산 가격공시에 관한 법률」 제17조 제1항에 따른 개별주택가격 또는 같은 법 제18조 제1항에 따른 공동주택가격(이하 '개별주택가격등'이라 한다)에 기후에너지환경부령으로 정하는 비율을 곱하여 산정하는 금액으로 하되, 이 경우 그 금액이 1천2백만 원 미만인 경우에는 1천2백만 원으로 하고, 2천4백만 원을 초과하는 경우에는 2천4백만 원으로 한다고 정하고 있다. 그러나 국가기간 전력망 확충 특별법에서는 위 산정방법을 따르되, 2천4백만 원의 상한액은 준용하지 않고, 1천2백만 원의 하한액만을 준용하였다(국가기간 전력망 확충 특별법 시행령 제27조 제2항).

(3) 주민지원사업의 증가

현행 송변전설비주변법에서는 주민지원사업은 지역별 지원금 총액의 100분의 50 범위에서 시행하여야 하며, 주민 전체가 합의한 경우에만 달리 정할 수 있다고 정하고 있다(송변전설비주변법 제8조 제2항). 국가기간 전력망 확충 특별법 시행령에서는 이에 대한 특례로, 사업시행자는 「송·변전설비 주변지역의 보상 및 지원에 관한 법률」 제8조 제2항에도 불구하고 국가기간 전력망 설비 주변지역에 대해서는 지역별 지원금 전액을 주민지원사업으로 시행할 수 있다고 정하고 있다(국가기간 전력망 확충 특별법 시행령 제28조 제1항). 한편, 전액을 주민지원사업으로 시행하게 되며 감소하게 된 타 사업비의 확보를 위하여 사업시행자는 지역별 지원금 총액의 100분의 50에 해당하는 금액을 국가기간 전력망 설비 주변지역을 관할하는 시 · 군 · 구에 추가 지원의 특례도 정하고 있다(국가기간 전력망 확충 특별법 시행령 제28조 제2항).

(4) 근접 · 밀집지역의 지원확대

송변전설비주변법은 그 지원 대상인 "송전선로 주변지역"을 각각 전압별로 송전선로 양측 가장 바깥 선으로부터 1,000미터 · 800미터 · 700미터 이내의 지역으로, "변전소 주변지역"을 각각 전압별로 외곽경계로부터 사방 850미터 · 800미터 · 600미터 이내의 지역으로 규정하고 있다(송변전설비주변법 제2조 제2호 가목 · 나목). 국가기간 전력망 확충 특별법은 위 송전 · 변전설비 주변지역을 300미터 이내의 지역인 "송전 · 변전설비 근접지역"과, 송전 · 변전설비가 2개 이상인 "송전 · 변전설비 밀집지역"의 해당 여부와 근접 · 밀집지역의 중첩 여부 등을 종합적으로 고려하요 지역별 지원금의 최대 3.5배를 한도로 가산금액을 지급할 수 있도록 특례를 규정하고 있다(국가기간 전력망 확충 특별법 시행령 제29조 제1항 · 제2항). 한편, 사업시행자는 이 중 송전 · 변전설비 밀집지역이 속하는 시 · 군 · 구에 대하여는 「산업입지 및 개발에 관한 법률」 제2조 제8호에 따른 산업단지가 조성되는 경우에는 해당 산업단지의 원활한 조성을 위하여 필요한 전기공급시설이 우선 설치될 수 있도록 노력해야 한다고 특례를 규정하고 있다(국가기간 전력망 확충 특별법 시행령 제29조 제4항).

5. 재생에너지사업지원

국가기간 전력망 사업시행자는 개발사업구역에 편입된 토지등의 소유자와 개발사업구역 주변지역에 거주하는 주민이 19세 이상의 개발사업구역 주변지역에 거주하는 「주민등록법」에 따른 세대주인 주민(이하 '소유자등')이 실시계획 승인을 이후 「협동조합 기본법」 제2조 제1호에 따른 협동조합(읍·면·동 별 1개 이하)을 설립하고, 해당 읍·면·동 소유자등 총수의 100분의 50이상이 조합원으로 참여하여 10메가와트 미만의 재생에너지 발전사업을 시행하는 경우에 그 사업을 지원할 수 있다(국가기간 전력망 확충 특별법 제23조 제1항, 동법 시행령 제30조 제2항). 재생에너지 사업 주민참여를 통해 에너지 전환의 주체로 참여할 수 있고, 지역 공동체 활성화 및 지역경제 발전에 기여하며, 재생에너지 사업 확대로 탄소중립 달성에 기여할 뿐만 아니라 국가기간 전력망 설비에 대한 주민들의 인식전환으로 국가기간 전력망 확충이 효율적으로 추진되도록 하는 것이다. 사업시행자가 위 협동조합에 대하여 할 수 있는 지원은 협동조합의 설립에 필요한 행정 지원, 재생에너지 발전사업에 소요되는 전력계통 연계비용 등 자금의 지원, 재생에너지 발전사업 시행을 위해 필요한 인가·허가·등록 등에 관한 기술적·절차적 지원, 사업시행자가 매수한 선하지 토지의 장기 임대, 전담 지원센터의 설치·운영, 그 밖의 지원 등이 있다(국가기간 전력망 확충 특별법 시행령 제30조 제3항·제4항).

Ⅵ. 국가기간 전력망 확충을 위한 지방자치단체의 협조

1. 필요성

국가기간 전력망 설비는 전국적인 전력 공급 안정성과 국가 경제 발전에 기여하지만, 설비가 설치되는 경과지역과 전력 수혜를 받는 지역이 일치하지 않는 구조적 문제가 있다. 경과지역의 부담은 첫째 환경적 부담으로 전자파 발생, 경관 훼손 등의 우려의 문제가 있고, 둘째 토지 이용 제약의 문제로 송전선로 경과로 인한 토지 활용도 저하되며, 셋째 지역 발전 저해의 문제로 설비 설치로 인한 지역 개발 제약의 부담이 발생한다.

송전망은 지역사회의 수용성이 매우 낮아 주민과의 협의 절차가 빈번하게 지연되고 있어, 이를 보완하고 주민수용성을 제고하기 위한 실질적 지원이 필요하다. 송전망이 경과하는 지방자치단체는 지역사회의 반발로 송전망 건설에 필요한 인허가를 적시에 하지 않아 사업 지연이 발생하고 있어, 지자체의 적극적 협조를 유도하기 위한 인센티브가 필요하다.

2. 경과지역지자체 재정지원

국가기간 전력망 확충 특별법 제24조에 따라 국가 또는 사업시행자는 국가기간 전력망 설비가 지상 공간에 설치되는 지역의 관할 지방자치단체에 대해 재정적 지원을 할 수 있다(국가기간 전력망 확충 특별법 제24조). 국가기간 전력망 설비 건설로 인한 경과지역 지방자치단체의 부담을 완화하고, 에너지 복지를 위한 재정적 지원을 통해 전력설비에 대한 주민 수용성을 확보하여 국가기간 전력망 건설을 신속히 추진하기 위함이다. 지원금은 실시계획 승인된 가공전선로의 길이(km)에 20억 원을 곱한 금액으로 산정된다. 가공전선로 주변지역에 두 개 이상의 경과지방자치단체가 포함되는 경우에는 주변지역에 속하는 경과지역의 면적의 비율에 따라 산출된 지원금을 배분하여 지급한다.

국가기간 전력망 설비의 입지가 경과지방자치단체의 협조로 입지선정위원회 운영 기간 동안에 심의·의결로 확정된 경우와 경과지방자치단체가 모든 부대공사 인허가등을 적기에 승인한 경우에는 지원금을 가산할 수 있다. 반대로 경과지방자치단체가 입지선정위원회 운영 기간을 초과하여 입지를 확정한 경우, 부대공사 인허가등을 지연 승인한 경우 기본 지원금을 감액할 수 있다.

Ⅶ. 나오는 말

정부조직법 개정으로 2025년 10월 1일 기후, 에너지, 환경 정책을 총괄하는 기후에너지환경부가 출범하였다. 기후에너지환경부의 출범은 기후 위기 대응을 위한 강력한 컨트롤타워를 구축하여 에너지 정책의 새로운 전환점이 될 것으로 보인다. 한편 무탄소전원인 신재생에너지와 원자력을 통하여 발전된 전기의 송전에 필요한 국가기간전력망을 적기에 건설하기 위한 국가기간전력망법이 2025년 9월 26일부터 시행되었다. 그동안 전력망 건설과정에서 많은 갈등이 발생하였다. 과거의 갈등으로 인해 훼손된 지역사회와의 신뢰를 회복하는 것은 법률 시행만으로 단기간에 이루어지기 어렵다. 전력망 건설 사업 추진 전 과정에서 투명한 정보공개와 진정성 있는 소통을 통해 주민들의 의견을 경청하고, 단순한 보상을 넘어 지역사회와 상생하는 동반자 관계를 구축하려는 노력이 지속되어야 한다. 이를 통하여 과거의 송전망 건설과 관련한 갈등의 고리를 끊고, 신속한 절차와 정당한 보상, 그리고 지역사회와의 상생이라는 새로운 원칙을 제시하여 송전망 건설의 지연 문제를 해소하고 적기건설을 위한 중요한 역할을 할 것이다. 이 법의 시행으로 입지선정에 소요되는 기간은 평균 59개월에서 29개월로, 환경영향평가는 24개월에서 18개월, 부지매수는 45개월에서 24개월, 실시계획은 15개월에서 10개월, 인·허가 시공은 62개월에서 50개월로 각 단축되어 그동안 평균 13년 소요되었던 전력망 건설 기간이 평균 9년으로 전력망 건설 기간을 획기적으로 단축하고, 예측 가능한 사업 추진을 가능하게 할 것이다.[6] 향후 법령의 작동과 그 효과에 대한 모니터링 및 문제점 개선을 통해 실효성 있는 제도 운영을 통해 본 법이 국가 경제의 혈맥인 전력망을 튼튼히 하고, 국민 모두가 그 혜택을 누리는 지속가능한 에너지 미래를 여는 핵심적인 역할을 수행할 것으로 기대한다.

6) 한국전력공사, '국가기간 전력망 확충 특별법 최종성과보고회 자료', 2025, 20면.

〈참고문헌〉

[국내문헌]

이동일, '전력망 확충 특별법 하위법령 제정 연구용역', 법무법인 에너지, 2025.

이종영, 에너지법학, 제2판, 박영사, 2024.

정남철, '행정기본법상 인허가의제 제도의 법적 쟁점과 개선방안', 행정법학 제21호, 2021. 9.

조용호, 헌법재판의 길, 박영사, 2020.

한국전력공사, '국가기간 전력망 확충 특별법 최종성과보고회 자료', 2025.

05

이산화탄소저장활용법의 법적 쟁점과 개선과제*

박 기 선**

Ⅰ. 서 설

에너지는 현대 사회의 발전을 이끈 가장 큰 원동력에 해당한다. 에너지 사용은 산업화 과정에서 급속한 경제성장을 견인해 왔고, 이를 통해 국민의 삶의 질 향상에도 기여해 왔기 때문이다.[1] 그러나 화석연료 중

* 본고는 한국법제연구원－한국에너지법학회 공동학술대회(2025. 7. 29)에서 발표한 후 한국법제연구원의 ‘에너지안보 및 탄소중립 실현을 위한 에너지법제 정비방안 연구(2025. 10)’에 수록된 내용의 일부를 수정·보완한 것입니다.

** 한국법제연구원 연구위원, 법학박사.

1) 인간의 모든 활동이 에너지를 기반으로 이루어지기 때문에 에너지 문제는 지구의 지속 가능성과 우리 사회의 지속 가능성에 긴밀히 연동되어 있으며, 에너지체제의 지속 가능성은 에너지체제가 경제적·환경적·사회적 지속 가능성을 두루 만족시킬 때 실현될

심의 에너지 사용은 온실가스 배출과 이로 인한 대기오염, 기후변화 등의 문제를 야기한다는 점에서 국제사회는 1992년 6월 유엔기후변화협약(UNFCCC)을 채택한 이래로 대기 중 온실가스 농도를 줄이기 위한 논의를 지속적으로 펼쳐왔다.[2] 특히 2015년 채택된 파리협정(Paris Agreement)에서는 지구 평균기온 상승을 산업화 이전 대비 2℃보다 상당히 낮은 수준으로 유지하고, 1.5℃로 제한하기 위해 노력한다는 전 지구적 장기목표를 설정하고, 모든 국가가 2020년부터 기후행동에 참여하며, 모든 국가가 자발적으로 결정한 온실가스 감축목표를 5년 단위로 제출하고 이에 대한 이행점검을 통해 노력을 강화하도록 하였다.

우리나라도 온실가스 감축이라는 전 지구적 과제에 적극적으로 동참하기 위하여 2015년에는 '2030년 온실가스 배출전망(BAU) 대비 37% 감축' 목표를 포함한 국가별 기여방안(INDC)을 유엔에 제출하였고, 2016년에는 파리협정의 국내 비준을 완료하였으며, 2021년에는 2030년까지 2018년 대비 40%를 감축하는 2030 NDC 상향안을 제출하였다.[3] 이와 더불어 「기후위기 대응을 위한 탄소중립・녹색성장 기본법」(이하 "탄소중립기본법"이라 한다) 제8조 제1항 및 동법 시행령 제3조 제1항은 "국가 온실가스 배출량을 2030년까지 2018년의 국가 온실가스 배출량 대비 40% 감축하는 것을 중장기 국가 온실가스 감축 목표"로 설정하였다.[4]

수 있다(윤순진, '한국의 에너지체제와 지속 가능성－지속 불가능성의 지속에 대한 분석을 중심으로－', 경제와 사회 통권 제28호, 2008, 13～14면).

2) 기후변화 국제규범의 변화에 관하여는 박시원, '파리협정과 Post-2020 신기후체제의 서막－유엔기후변화협약 파리총회의 주요 쟁점과 합의 결과를 중심으로－', 환경법과 정책 제16권, 2016. 2, 287면 이하 참조.

3) 우리나라의 기후변화 대응 정책 현황에 관하여는 외교부 홈페이지(외교정책－기후변화협상) https://www.mofa.go.kr/www/wpge/m_20150/contents.do 참조 (2025. 9. 27. 확인).

4) 헌법재판소는 탄소중립기본법 제8조 제1항에 대해 2031년부터 2049년까지의 감축목표에 대해 어떠한 정량적 기준도 제시하고 있지 않아 과소보호금지 원칙 및 법률유보원칙에 위배되어 청구인들의 환경권을 침해하나, 위 조항의 효력을 상실시킬 경우 2030년까지의 중간 목표마저 사라지게 되어 더욱 위헌적인 상황이 발생하게 된다는 점 등을 고려하여 헌법불합치 결정을 내렸으며, 해당 조항은 2026. 2. 28.을 시한으로 개정될

온실가스 배출을 줄이기 위해 가장 중요한 것은 재생에너지의 지속적인 확대를 통해 화석연료의 사용을 줄이는 것이나, 다른 보완적인 방법도 함께 고려할 필요성이 있으며, 대기 중 이산화탄소를 감축시키는데 기여할 수 있는 대안이 이산화탄소 포집·활용·저장(Carbon Capture, Utilization & Storage: CCUS)이라 할 수 있다.[5] CCUS의 경제성·사회적 수용성 등의 한계도 있으나, 그 자체가 탄소중립을 실현하는데 기여하는 기술이라는 점은 부인할 수 없다. 때문에 미국, 영국, 호주, 독일, 노르웨이, 일본 등 다수 국가는 CCUS 활성화를 위한 법제도 정비를 지속적으로 추진해 왔으며, 우리나라도 CCUS를 새로운 산업으로 인식하고 이를 육성하고 지원하기 위한 단일법으로 「이산화탄소 포집·수송·저장 및 활용에 관한 법률」(이하 "이산화탄소저장활용법"이라 한다)을 2024년 2월 제정하였다.

우리나라의 산업 구조적 여건과 에너지 전환을 위한 과도기적 상황을 고려하면 CCUS는 '2050 탄소중립' 이행에 기여하는 바가 상당하며, 이산화탄소저장활용법도 중요한 의미를 가지고 있다. 본고에서는 먼저 탄소중립 실현에 있어 CCUS의 중요성을 바탕으로 CCUS 관련 종전 법제가 가진 한계를 살펴보고 단일법의 제정 필요성을 제시하였다. 또한 이산화탄소저장활용법의 제정 배경과 주요 내용을 검토하였다. 마지막으로 이산화탄소저장활용법이 시행된 지 얼마 되지 않았으나, CCUS 활성화의 관점에서 향후 보완이 필요한 과제를 도출하고 그 개선방안을 제시하였다.[6]

때까지 계속 적용되기 때문에 그 전에 법령 개정이 필요하다(헌법재판소 2024. 8. 29. 자 2020헌마389, 2021헌마1264(병합), 2022헌마854(병합), 2023헌마846(병합) 전원재판부 결정).

5) Salomo Ortega Sawal, EU-Zertifizierungsrahmen für Tätigkeiten zur CO_2-Neutralisierung-Regulatorischer Rahmen, Ausblick und Potenziale, EnWZ 2025, 214.

6) 다만, 본고는 지면상 제약으로 모든 쟁점을 다루지는 못했으나 실증사업의 특례, 국경이전 CCS 관련 근거, 배출권거래제와의 연계, 사회적 수용성 확보 등 향후 보완이 필요한 부분이 다수 존재한다.

Ⅱ. 이산화탄소 포집·수송·저장 및 활용(CCUS)의 법적 의의

1. CCUS의 개념과 중요성

(1) CCUS의 개념

CCUS는 화석연료의 연소와 특정 공정 과정에서 발생되는 이산화탄소를 포집하여 저장 및 활용하는 것을 말한다.[7] 유엔 기후변화에 관한 정부간 패널(IPCC)이 2005년 발간한 보고서에 따르면, 이산화탄소 포집·저장(CCS)은 화석연료의 연소나 화석연료의 정제·전처리 과정에서 발생하는 이산화탄소를 다른 기체와 분리하여 수송을 통해 대기와 격리된 상태로 장기간 저장하는 것을 말한다.[8] CCS는 유엔기후변화협약(UNFCCC)에서 인간의 활동에 의한 이산화탄소 배출을 줄이기 위한 기술적 수단의 하나로 논의되면서 세계적으로 관심을 가지게 되었다. 그러나 CCS는 누출 가능성, 장기 책임, 사회적 수용성 등 다양한 문제점도 직면하고 있다는 점에서 부분적 대안으로서 이산화탄소를 물리적, 화학적, 기술적, 생물학적 기술을 통해 다른 제품 등으로 전환하는 이산화탄소 활용(CCU)이 주목받기 시작하였고 CCS는 CCUS의 개념으로 변화되었다.[9]

2024년 제정된 이산화탄소저장활용법은 CCUS 단계별 가치사슬을 고려하여 각각의 개념에 대한 용어 정의 규정을 마련하였다. 포집은 "산업활동 등 온실가스 배출원에서 배출되거나 대기 중에 있는 이산화탄소

---

7) 김경택·안지석·이유아·최지영, CCUS 심층 투자 분석 보고서, Quarterly Report 2021-1(2021), 한국에너지기술연구원, 1면. CCUS 기술의 개념과 이산화탄소의 특성에 관하여는 김정민·손상훈, '이산화탄소 포집·수송·저장 및 활용(CCUS) 법정책의 기술적 고려사항에 관한 연구', 환경법연구 제46권 2호, 2024. 8, 109~115면.

8) IPCC, Carbon Dioxide Capture and Storage, 2005, p.54.

9) 이산화탄소 포집·활용(CCU)의 정당성에 관하여는 Peter Styring, Daan Jansen, Heleen de Coninick, Hans Reith, Katy Armstrong, Carbon Capture and Utilisation in the Green Economy: Using CO2 to Manufacture Fuel, Chemicals and Materials, Centre for Low Carbon Futures, 2011, pp.4-5.

를 국내외에서 저장 또는 활용하기 위하여 용기나 시설에 모으는 것"을 말한다(법 제2조 제1호). 수송은 "포집한 이산화탄소를 국내외에서 저장 또는 활용하기 위하여 대통령령으로 정하는 수단을 이용하여 저장소 또는 활용사업 시설에 도달하도록 하는 행위"를 말한다(법 제2조 제2호). 저장은 "포집한 이산화탄소가 대기 중으로 누출되지 아니하도록 국내외 육상 또는 해양 지중에 주입하여 대기와 영구적으로 격리하는 것"을 말한다(법 제2조 제3호). 활용은 "포집한 이산화탄소를 인간 생활이나 경제활동에 유용한 물질로 전환하여 자원으로서 산업에 이용하거나 이산화탄소를 포함하는 배출가스를 직접 이용하는 것"을 말한다(법 제2조 제4호).

(2) 탄소중립 실현에 있어 CCUS의 중요성

탄소중립은 "대기 중에 배출·방출 또는 누출되는 온실가스의 양에서 온실가스 흡수의 양을 상쇄한 순배출량이 0이 되는 상태를 말하는 것"으로 넷제로(Net-Zero)라 명명하기도 한다. 탄소중립은 기후위기 대응을 위한 전 지구적 과제로 우리나라를 포함한 국제사회가 이를 실현하기 위한 다양한 노력을 기울이고 있다. 2015년 파리협정의 채택으로 선진국과 개발도상국 모두가 참여하는 포괄적인 신기후체제의 기반이 마련되면서 국제사회는 온실가스 감축을 위한 노력에 박차를 가하고 있다.[10)]

우리나라도 2020년 10월 '2050 탄소중립'을 선언한 후 같은 해 12월 '2050 탄소중립 추진전략'을 확정·발표하고, 2021년 9월 탄소중립기본법을 제정한 후 같은 해 10월에는 2050 탄소중립 시나리오를 발표하였

---

10) 파리협정 제2조 및 제4조는 공동의 장기목표로 온도목표(산업화 이전 수준 대비 지구의 기온 상승을 2℃보다 훨씬 아래로(well below) 제한하고, 상승폭을 1.5℃ 이하로 제한하기 위해 노력할 것)를 제시하고 온실가스 배출 정점 관련 기준을 제시(21세기 중반까지 온실가스 배출은 최고 정점에 이르러야 하며, 21세기 후반부에는 온실가스의 배출과 흡수가 균형을 이루는 상태에 이르러야 함)하였다(박덕영, '파리협정의 주요 내용과 우리의 대응', 국제법평론 통권 제57호, 2020. 10, 33~34면).

다. CCUS는 온실가스 배출량 감축과 관련하여 우리나라가 국제사회에 제출한 2030 국가 온실가스 감축목표(NDC)를 이행하기 위한 중요한 수단 중 하나이다. 특히, 화석연료 기반의 에너지 공급 체계와 시멘트, 철강, 화학 등 온실가스 다배출 중심의 산업구조를 가진 우리나라에서 CCUS는 배출된 이산화탄소의 제거를 통해 탄소중립을 실현할 수 있는 징검다리 기술에 해당하기 때문이다.[11] 국제에너지기구(IEA)도 CCUS는 2050 순배출제로 시나리오(NZE)에서 2050년까지 누적 배출 감축의 8%를 담당하고 있으며, 기술적·경제적으로 활용 가능한 감축 방법이 없는 분야에서 활용할 수 있고, 직간접적으로 대기에서 이산화탄소를 포집하여 영구 격리하는 유일한 기술 기반의 탄소 제거 방안으로 설명하고 있다.[12] 물론 화석연료 기반의 CCUS가 경제적·정치적·기술적 요인으로 인해 확대에 한계가 있기 때문에 탄소중립 실현에 기여하는 바가 크지 않다는 의견도 있다.[13] 그러나 국내 산업 구조상 화석연료를 대체할 수 없는 최소한의 영역이 남아 있을 수밖에 없으며, 청정한 에너지로의 전환 시 과도기가 있음을 고려하면 CCUS가 이산화탄소를 제거하는 효과적인 수단이라는 점을 부인할 수 없다. 따라서 우리나라는 탄소중립 실현에 있어 CCUS 활성화를 위한 법제도적 수단을 지속적으로 강구해야 한다.

2. CCUS 관련 종전 법제의 한계 및 단일법의 제정 필요성

(1) CCUS 관련 종전 법제

CCUS가 탄소중립 실현을 위한 주요 정책 수단의 하나로 주목을 받

11) CCUS는 이미 배출된 탄소를 포집하는 기술로 대규모 공정 전환이 요구되지 않는다는 점에서 국내 주요 산업 활동을 일정 수준 유지하면서도 저탄소 전환을 가능하게 하는 대안이다(중소기업기술정보진흥원, 탄소중립 이행: CCUS, 중소기업 전략기술로드맵 2024~2026, 2024, 7면).

12) IEA, CCUS Policies and Business Models Building a commercial market, 2023, p.10.

13) CCUS의 적용 확대 관련 문제점에 관하여는 윤세종·오동재, '탄소포집, 이용 및 저장기술(CCUS) 현황 및 문제점', SFOC ISSUE BRIEF Vol.03 참조.

았으나, 기술적 · 산업적 관점에서 초기 단계에 머물러 있음에 따라 국내에서 관련 법적 기반은 미비하였다. 현행 법체계하에서 CCUS 개념이 처음으로 고려된 것은 2010년 제정된 (구)「저탄소 녹색성장 기본법」이라 할 수 있다. 동법 제9조는 정부가 수립 · 시행하는 저탄소 녹색성장 국가전략에 녹색기술 · 녹색산업에 관한 사항을 포함하도록 했고, 제40조는 기후변화대응 기본계획에 국내외 기후변화 경향과 기후변화대응 연구개발에 관한 사항 등을 포함하도록 했기 때문이다.[14] 법률에서 CCUS를 직접적으로 명시하지 않았으나, 법률에 따른 정책적 대상으로 CCUS를 고려하기 시작했다는 점에서 의미가 있었다.

이후 CCUS 관련 기술 개발에 대한 정책적 지원이 확대되면서 실제 이를 현장에 적용하는 단계에서 개별법 적용에 관한 문제가 대두되었다. CCUS를 규율하는 단일 법률이 없는 상태에서는 개별 법률을 중심으로 충분한 법적 대응이 가능한지 검토가 필요했으며, 이산화탄소의 포집 · 수송 · 저장의 과정에 있어 기존 법률의 적용 여부가 불명확한 부분도 다수 존재했다.[15] 다만, 이산화탄소저장활용법의 제정 이전에 CCUS 관련 사항을 명시적으로 규정하고 있는 개별 법률로 한정하면 다음과 같다.

이산화탄소는 「대기환경보전법」 제2조 제3호에 따른 온실가스의 하나로 「대기환경보전법」 제2조 제13호에 따른 대기오염물질에 해당한다. 다만, 이산화탄소는 분자상태의 형상을 의미한다는 점에서 CCUS의 사업

---

14) 정책 초기 단계에는 CCUS가 아닌 CCS를 중심으로 논의되었으며, 정부는 효율적 온실가스 감축을 위한 추진전략으로 CCS 기술개발 투자 및 재정 지원 확대와 기후변화대응 신산업으로 CCUS 육성에 관한 정책 방향을 밝힌 바 있다(녹색성장위원회, 녹색성장 국가전략, 2009. 7, 63면; 관계부처 합동, '제1차 기후변화대응 기본계획', 2016. 12, 39면).

15) 이산화탄소의 포집 · 수송 · 저장 단계별로 현행법의 적용 여부에 관한 법적 문제를 다룬 선행연구로는 이종영, '이산화탄소의 포집 · 저장(CCS)에 관한 법적 문제', 법제연구 제42호, 2012, 339～352면; 이순자, '이산화탄소 포집과 저장에 관한 법적 쟁점', 환경법연구 제37권 1호, 2015. 4, 259～270면; 김경석, 'CCS 실증 및 CCUS 상용화를 위한 법적 기반과 개선점', 기업과혁신연구 제44권 제2호, 2021, 100～103면.

성 관점에서 이산화탄소 그 자체보다는 이산화탄소의 연속성을 의미하는 '이산화탄소 스트림'[16]에 대한 법적 규율에 초점을 맞춰 검토하였다.

첫째, 이산화탄소의 폐기물성에 관한 부분이다. 「폐기물관리법」 제2조의2 및 동법 시행규칙 제4조의2에 따른 [별표 4]는 폐가스포집물에 해당하는 이산화탄소 스트림 및 이산화탄소 전환 탄산화물을 사업장일반폐기물로 분류하고 있다. 이는 2010년 10월 동법 시행규칙 개정을 통해 처음 규정되었다. 다만, 적용 범위를 규정하고 있는 제3조 제2항에서 폐기물의 해역 배출은 「해양폐기물 및 해양오염퇴적물 관리법」(이하 "해양폐기물관리법"이라 한다)으로 정하는 바에 따르도록 하고 있기 때문에 이산화탄소 스트림을 해양지중저장하는 경우에는 「폐기물관리법」의 적용대상에 해당하지 않는다.

둘째, 이산화탄소 스트림의 수송에 관한 부분이다. 이산화탄소 스트림은 고압으로 액화된 가스에 해당하는데, 상용의 온도에서 압력이 0.2메가파스칼 이상이 되는 액화가스는 「고압가스 안전관리법」(이하 "고압가스법"이라 한다) 제2조 및 동법 시행령 제2조에 따른 고압가스에 해당하여 동법에 따른 안전관리의 대상에 포함된다. 결국 이산화탄소 스트림을 수송하기 위해서는 수송수단에 따라 상이하겠지만 제4조에 따른 고압가스의 제조허가, 제5조의4에 따른 고압가스 운반자의 등록, 제11조에 따른 안전관리규정 등 다수의 수송 사업 규제와 관련한 규율을 받게 된다. 또한 선박이나 철도를 활용한 수송의 경우 「선박안전법」, 「해운법」, 「철도사업법」, 「철도안전법」 등 수송 수단별 사업 규제의 적용을 받게 된다.

셋째, 이산화탄소의 저장에 관한 부분이다. 해양폐기물관리법 제10조는 일정한 요건을 충족하는 이산화탄소 스트림[17]에 대해 해양수산부장

---

16) 이산화탄소 스트림은 '이산화탄소가 대량으로 발생되는 시설 등으로부터 포집(捕執)과정을 거쳐 고압으로 액화된 이산화탄소'를 말한다(해양폐기물관리법 제10조 제1항).

17) 해양폐기물관리법 시행령 제7조에 따라 이산화탄소 스트림은 「폐기물 및 그 밖의 물질

관의 허가를 받아 해저퇴적층에 저장할 수 있도록 해양지중저장에 관한 법적 근거를 마련하고 있다. 2019년 12월 3일 동법의 제정 이전에는 이산화탄소 스트림을 (구)「해양환경관리법」 제23조에 따라 육상에서 발생한 폐기물을 예외적으로 해양에 배출할 수 있는 대상으로 규율하고 있었다.[18] 또한 현행 「해양환경관리법」 제19조는 해양폐기물관리법 제10조 제1항에 따라 이산화탄소 스트림을 해양지중저장하는 행위가 해양환경 및 해양생태계에 현저한 영향을 미친다는 점에서 해양환경개선부담금의 부과·징수의 대상으로 규정하고 있다.

(2) 종전 법제의 한계와 단일법의 제정 필요성

이산화탄소저장활용법의 제정 이전의 종전 법제하에서 CCUS에 관한 사항은 개별 법률을 통해 일부 규율하고 있었으나, CCUS의 활성화를 위한 법적 기반으로 삼기에는 입법적 공백에 놓여 있는 부분이 상당하였다. (구)「저탄소 녹색성장 기본법」을 폐지하고 2021년 제정된 탄소중립기본법 제34조는 탄소포집·이용·저장기술의 육성에 관한 사항으로, 국가가 CCUS 기술의 개발과 발전을 지원하기 위한 시책을 마련하고, 해당 기술의 실증을 위한 규제특례 등에 관한 사항은 따로 법률로 정하도록 규정하였다. 이를 통해 탄소중립 사회로의 이행을 위한 수단으로 CCUS 시책 마련에 관한 직접적인 근거가 마련되었으나, 이를 통해 CCUS 산업을 활성화하는 데는 여전히 한계가 있었다. 때문에 기후위기 대응의 관점에서 탄소중립기본법상 CCUS 시책을 보다 구체화하기 위한

의 투기에 의한 해양오염방지에 관한 1972년 협약에 대한 1996년 의정서」에 따라 ① 이산화탄소 스트림 중 이산화탄소가 산업 공정에서 사용된 원료물질과 이산화탄소의 포집(捕執)·격리 과정에서 발생하는 부산물에 비해 압도적으로 높은 구성비를 차지할 것과 ② 폐기물이나 그 밖의 물질이 처분(「폐기물관리법」 제2조 제6호에 따른 최종처분을 말한다)의 목적으로 추가되지 않을 것의 요건을 모두 충족하여야 한다.

18) 2010년 9월 6일 「해양환경관리법 시행규칙」 시행규칙 별표 6의 개정으로 이산화탄소 포집공정으로부터 발생한 이산화탄소 스트림을 해저지질구조 내 고립격리 방법에 의하여 배출해야 하는 폐기물로 규율하기 시작하였다.

법제도적 기반의 필요성이 제기되기도 하였다.[19)]

특히 국제사회에서는 CCS 실행에 필요한 법적 기반을 마련하기 위하여 오래전부터 입법적 조치를 취해 왔다. EU는 2009년 이산화탄소 지중저장에 관한 지침(EU directive 2009/31/EC on the geological storage of carbon dioxide)을 마련하여, 이산화탄소의 지질학적 저장에 있어 환경규제와 책임소재 등에 관한 사항을 규정하였다.[20)] 호주는 2006년 「해양석유 및 온실가스 저장에 관한 법률」(Offshore Petroleum and Greenhouse Gas Storage Act 2006)을 통해 세계 최초로 CCS 관련 법제도를 체계화하였으며,[21)] 독일은 2012년 「이산화탄소 포집, 수송 및 영구적 저장을 위한 기술의 실증 및 적용에 관한 법률」(Gesetz zur Demonstration und Anwendung von Technologien zur Abscheidung, zur Transport und zur dauerhaften Speierung von Kohlendioxid)을 제정하여 CCS를 규율하기 위한 단일 법체계를 마련하였다.[22)] 그 밖에 미국, 노르웨이 등 다수 국가가 CCS 관련 법제를 정비하고 있는 상황이었다.

우리나라는 탄소중립 실현을 위한 징검다리 기술로서 CCUS의 중요성을 인식하고 관련 시책을 펼쳐왔으나, 법제도 정비는 크게 이루어지지 못하였다. 종전 법제는 다수 부처와 개별 법률에 CCUS에 관한 사항이 산발적으로 규정되어 있거나 입법적 공백 상태로 놓여 있는 부분이 많아 CCUS 활성화를 위한 법적 기반으로 한계가 있었다.[23)] CCUS는 이

19) 김민철・류지웅・박철호・김두수, '기후위기시대 탄소중립을 위한 우리나라의 탄소 포집・이용・저장에 관한 법률 제정 방안 연구', 법학연구 통권 제67집, 2021. 12, 전북대학교 법학연구소, 277면.

20) CCUS는 기후위기 대응을 위해 논의가 시작되었다는 점에서 국제사회를 중심으로 규제 필요성이 먼저 논의되었다. CCS 관련 국제적 규제 논의에 관하여는 이순자, '그린뉴딜로서 CCUS 규제의 과거와 현재 및 미래', 환경법과 정책 제32권 2호, 2024. 6, 239면 이하 참조.

21) 호주의 CCS 규제 현황에 관하여는 장혜원, '런던의정서와 CCS 기술의 규제: 호주, 인도네시아 및 우리나라의 법적 프레임워크 분석', 원광법학 제40권 제4호, 2024. 12, 269~272면.

22) 독일 CCS법의 제정배경 및 주요 내용에 관하여는 이종영・박기선, '독일의 이산화탄소 포집・저장에 관한 법률', 유럽헌법연구 제16호, 2014. 12, 339면 이하 참조.

산화탄소를 배출하는 배출원 등에서의 포집부터 포집된 이산화탄소를 활용 또는 저장하기 위한 수송과 최종적으로 활용 또는 저장까지 전주기적 관점에서 체계적으로 관리함으로써 안전을 확보하고 효율적 활용이 가능하도록 하는 입법 체계가 필요한데, 이러한 관점에서 CCUS를 독자적으로 규율하는 단일법의 제정 필요성이 인정된다.[24)]

Ⅲ. 이산화탄소저장활용법의 제정과 주요 내용

1. 이산화탄소저장활용법의 제정 배경

우리나라는 CCS 기술의 중요성을 인식하고 2009년 CCS 총괄협의체 구성,[25)] 2010년 국가 CCS 종합 추진계획 수립,[26)] 2021년 이산화탄소 포집활용(CCU) 기술혁신 로드맵 수립[27)] 및 K-CCUS 추진단 발족 등 범국가 차원의 CCUS 기술개발 사업의 추진과 함께 민관합동으로 CCUS 확산을 위한 노력을 해왔다. 그럼에도 불구하고 선진국과의 기술격차는 심화되었고,[28)] 정부 차원의 추진체계가 미흡한 상황에서 지원 정책에

---

23) 우리나라의 CCUS 입법의 문제에 관하여는 김동련, '우리나라의 CCUS 관련 입법 현황과 개선방안', 법학연구 제22권 제4호, 2022, 한국법학회, 58면.

24) CCUS 사업의 효율적인 추진을 위해 단일 법률의 제정이 필요하다는 선행연구로는 이종영, '이산화탄소의 포집・저장(CCS)에 관한 법적 문제', 법제연구 제42호, 2012, 354~356면; 고문현, '온실가스 감축을 위한 CCS 법 제정의 필요성과 주요내용', 토지공법연구 제74집, 2016. 5, 333~334면; 김광수, '이산화탄소 저감을 위한 CCS 법의 구성과 재구성', 행정법연구 제55호, 2018. 11, 115~116면.

25) CCS 총괄협의체는 부처 간 독립적 기술개발에 대한 중복투자와 연구역량 분산을 막고 CCS 기술개발을 가속화하기 위한 목적으로 구성되었으며, 2010년부터 2019년까지 20년간 약 2조 3천억 규모의 투자가 이루어질 수 있도록 하였다. 녹색성장위원회는 각 부처 간의 역할을 총괄하고, 기획재정부는 CCS R&D 예산배분과 조세 및 금융지원, 교육과학기술부는 기술개발 및 검증, 지식경제부는 상용화 및 산업육성, 국토해양부와 환경부는 각각 해양과 육상의 환경관리를 맡았으나, 상호 협력체계나 유연성이 부족했다는 평가가 있었다(채선영・권석재, '이산화탄소 포집 및 저장 실용화를 위한 국내 정책 연구', 해양환경안전학회지 Vol.18, No.6, 2012. 12, 618~622면).

26) 관계부처 합동, 국가 CCS 종합 추진계획(안), 2010. 7. 13.

27) 관계부처 합동, 이산화탄소 포집・활용(CCU) 기술혁신 로드맵(안), 2021. 6. 15.

28) 국내 기술수준은 세계 최고(미국) 대비 80%, 기술격차는 5년으로 평가되었다(민간기

관한 법적 근거도 미흡하여 CCUS 관련 핵심기술의 확보 및 상용화에 있어 한계에 부딪히게 되었다. 반면, 유럽연합, 독일, 미국, 호주 등 국제사회를 중심으로 이산화탄소 포집・저장 및 활용을 새로운 산업으로 인식하면서, CCUS 산업에 대한 주도권과 경쟁력을 확보하기 위한 법제도적 기반을 마련하고 있었다.[29]

우리나라는 CCUS에 관한 통합적인 규율이 없어 개별법에 따른 비효율적인 사업 추진, 당시 산업통상자원부, 과학기술정보통신부 및 해양수산부 등 다수 부처가 CCUS 정책에 관련되어 있어 정책의 일관성을 확보하는 데도 어려움을 겪을 수밖에 없었다. 이러한 한계를 인식하고 CCUS 산업을 기후위기 대응과 탄소중립 실현을 위한 새로운 산업으로 인식하고 이를 육성하고 지원하기 위한 단일법의 제정 필요성에 대한 사회적 공감대가 형성되었다. 이에 제21대 국회에서 2건의 법률안이 발의되었으며,[30] 2023년 11월 산업통상자원중소벤처기업위원회에 상정된 대안은 2024년 2월 6일 이산화탄소저장활용법으로 제정되었다.[31] 동법은 공포 후 1년이 경과한 2025년 2월 7일부터 시행 중이며, 총 9장 54개 조문으로 구성되어 있다.

업・출연연 합동, 기업・출연연 참여 CCUS 산업・기술혁신 추진(안) – 탄소중립 기술의 신산업화를 위한 도전과 과제 –, 2023. 4. 10, 5면).

29) 국회 산업통상자원중소벤처기업위원회, '이산화탄소 포집・수송・저장 및 활용에 관한 법률안(이철규의원 대표발의) 검토보고서', 2023. 4, 1～2면.

30) 2023년 2월 발의된 "이산화탄소 포집・수송・저장 및 활용에 관한 법률안(이철규의원 등 25인)"과 같은 해 9월 발의된 "이산화탄소 포집・수송・저장 및 활용에 관한 법률안(김한정의원 등 10인)"은 CCUS 산업 육성과 지원을 위한 법제적 기반을 마련하고 있다는 점에서 세부적인 규정의 내용은 대동소이하다.

31) 동법 제4조는 "포집한 이산화탄소와 이를 활용하여 생산한 물질 또는 물건(활용 과정에서 생겨난 부산물로서 해당 사업활동에 필요하지 아니하게 된 것은 제외)은 「폐기물관리법」 제2조 제1호에 따른 폐기물에 해당하지 아니하며, 포집한 이산화탄소에 폐기물을 혼합한 경우에는 「폐기물관리법」의 해당 조항을 적용한다."고 규정하여 동법과 「폐기물관리법」 간의 관계를 명확히 밝히고 있다. 다른 법률과의 관계에 관한 규정은 입법자가 규범의 구조나 내용 또는 규범의 근거가 되는 원칙면에서 상호 배치되거나 모순되는 사항이 없도록 하기 위한 목적의 규정이다(박영도, 입법학 입문, 법령정보관리원, 2014, 531면).

2. 이산화탄소저장활용법의 주요 내용

(1) 이산화탄소 포집등 정책 추진 기반 마련

CCS 기술 개발을 중심으로 한 정책 추진은 약 20년 전부터 시작되었으나, 이산화탄소저장활용법의 제정으로 이산화탄소 포집·수송·저장 및 활용(이하 '포집등'이라 한다)을 포괄하는 정책 추진 기반의 법적 근거가 마련되었다. 법률에 근거한 계획 수립은 해당 분야의 정책에 관한 방향성을 제시하고 효율적인 추진 기반을 마련함으로써 정책 목표를 달성하기 위한 데 그 목적이 있다. 정부는 이산화탄소 포집등을 효율적으로 추진하기 위하여 2050 탄소중립녹색성장위원회의 심의를 거쳐 5년 단위의 기본계획을 수립하고(법 제5조 제1항 및 제3항), 관계 중앙행정기관의 장은 이를 구체화하는 시행계획을 매년 수립해야 한다(법 제6조 제1항). 포집등에 관한 시행계획의 추진을 독려하기 위하여 관계 중앙행정기관의 장으로 하여금 시행계획의 수립 시 전년도 시행계획의 추진 실적을 2050 탄소중립녹색성장위원회에 제출하도록 하였다(법 제6조 제2항). 다만, 포집등 시행계획의 추진 실적에 관한 제출 의무만 있을 뿐 이를 평가하여 그 결과를 반영하도록 하는 환류체계는 별도로 마련되어 있지 않다.

(2) 이산화탄소 포집·수송 시설 등의 설치

이산화탄소저장활용법은 CCUS 기술의 전주기적 측면에서 사업화에 관한 사항을 고려하고 있다. 이산화탄소 포집사업은 포집시설을 설치·운영하려는 자에게 포집시설 설치·운영계획을 작성하여 기후에너지환경부장관에게 신고함으로써 해당 사업을 영위할 수 있다(법 제7조 제1항). 포집시설 설치·운영계획에는 포집시설을 설치·운영하려는 자의 성명 또는 명칭, 포집시설의 위치·면적 등 설치 부지 및 포집시설의 용량·

포집방식 등 설비, 포집시설의 공사 설계도서, 공정일정표 및 안전대책, 연간 유지·관리계획 등이 포함되어야 한다(법 제7조 제2항 및 제8조 제2항). 이때 포집시설을 설치·운영하려는 자의 신고는 「행정절차법」 제40조에 따른 '자체완성적 신고'에 해당하기 때문에 신고서가 접수기관에 도달된 때에 신고 의무가 이행된 것으로 볼 수 있다.[32] 이는 「행정기본법」 제34조에 '수리를 요하는 신고'[33]에 관한 근거를 마련하고 있기 때문에 법률에 수리가 필요하다고 명시되어 있지 않다면 자체완성적 신고로 판단해야 하기 때문이다.[34] 따라서 이산화탄소 포집사업과 관련하여 동법은 사업자에게 포집시설 설치·운영계획의 신고(중요사항에 관한 변경신고 포함)의무만 부과하고 있을 뿐 포집시설에 대한 직접적인 안전관리 규제에 관한 사항을 규정하고 있지 않다.

포집한 이산화탄소를 수송하려는 사업은 일정한 시설과 서류를 구비하여 기후에너지환경부장관에게 승인을 받아야 하는데, 그중 「해운법」 제2조 제3호의 해상화물운송사업에 해당하는 수송사업을 하려는 자는 같은 법 제24조에 따라 해양수산부장관에게 미리 등록하여야 한다(법 제8조 제1항). 이는 이산화탄소 수송사업이 어떤 수송수단을 사용하더라도 수송과정에 국민의 생활영역과 중첩될 가능성이 있기 때문에 국민의 안전에 직접적인 영향을 미칠 수 있는 사업에 대해서는 행정청이 그 적절성을 충분하게 심사하는 것이 필요하다는 점을 고려한 것이다.[35] 이

32) 「행정절차법」 제40조 제3항은 신고서의 기재사항에 흠이 있거나, 필요한 구비서류가 첨부되어 있는 않는 등 요건을 갖추지 못한 신고서가 제출된 경우에는 신고인에게 보완을 요구하도록 규정하고 있다.

33) 「행정기본법」 제34조(수리 여부에 따른 신고의 효력) 법령등으로 정하는 바에 따라 행정청에 일정한 사항을 통지하여야 하는 신고로서 법률에 신고의 수리가 필요하다고 명시되어 있는 경우(행정기관의 내부 업무 처리 절차로서 수리를 규정한 경우는 제외한다)에는 행정청이 수리하여야 효력이 발생한다.

34) 행정기본법의 '수리를 요하는 신고'와 행정절차법의 '자체완성적 신고'의 구별기준에 관하여는 이효진, "행정기본법의 '수리를 요하는 신고'에 대한 고찰－인허가의제를 수반하는 건축신고를 중심으로－", 법제 통권 제699호, 2022, 169면.

35) 국회 산업통상자원중소벤처기업위원회, '이산화탄소 포집·수송·저장 및 활용에 관한 법률안(이철규의원 대표발의) 검토보고서', 2023. 4, 27면.

산화탄소 수송사업은 수송관, 선박, 화물자동차 및 철도차량을 수송수단으로 이용할 수 있으며, 수송수단별 사업자가 구비해야 하는 시설 및 서류의 범위는 대통령령에서 구체화하고 있다(동법 시행령 제10조). 수송사업 승인제도는 사업자의 사업 수행 능력에 대한 심사를 통해 행정청이 승인 여부를 결정할 수 있는 제도이다. 다만, 이산화탄소수송관을 이용한 수송의 경우에 시설의 안전성을 확보하기 위한 시설기준 및 기술기준에 관한 근거와 해당 시설의 준공 후 안전성을 확인하는 제도 등이 법률에 마련되어 있지 않은 상황에서, 사업자가 막대한 비용을 투입하여 수송관을 설치한 후 수송사업 승인을 신청한다면 승인 여부를 어떤 기준으로 판단할 것인가에 대한 상세기준 등의 마련도 고려할 필요성이 있다.

(3) 이산화탄소 저장후보지의 탐사·선정·폐쇄 등

이산화탄소 저장을 위해서는 저장후보지의 발굴이 선행되어야 하는데, 육상 또는 해양 지중에 저장소를 발굴하기 위하여 탐사를 하려는 자는 기후에너지환경부장관의 승인을 받아야 하며, 이때 「해저광물자원 개발법」 제12조에 따라 탐사권이 설정된 지역을 포함하여 탐사승인을 신청할 수 있다(법 제13조 제1항). 기후에너지환경부장관은 탐사업무 수행에 필요한 기술능력 및 재정능력을 갖추고, 탐사 구역에서 「해저광물자원 개발법」 제12조에 따른 탐사권 등 타인의 권리 행사를 현저하게 방해하지 않은 경우에 탐사승인을 할 수 있다(법 제13조 제3항 및 동법 시행령 제17조 제1항). 탐사권자는 원칙적으로 탐사승인을 받은 날부터 3년 이내에 탐사실적을 제출해야 하여야 한다. 다만, 탐사권자가 저장소 탐사를 하는 과정에서 광물을 발견한 경우에는 그 권리의 인정 여부와 관련하여 불분명한 부분이 있다는 점에서 「광업법」 및 「해저광물자원 개발법」과의 관계 정립에 관한 추가적인 검토도 필요하다.

이산화탄소 저장후보지의 선정 권한은 기후에너지환경부장관과 해양수산부장관에게 부여되어 있다. 저장후보지는 ① 탐사실적을 제출한 탐사권자가 저장후보지를 신청한 장소, ②「광업법」 제12조에 따른 광업권의 존속기간이 끝나는 등 광업권이 소멸한 광구, ③「해저광물자원 개발법」 제19조 제2항에 따라 천연가스 해저조광권이 소멸된 해저조광구 및 ④ 저장소 발굴에 관한 연구사업의 수행성과에 따라 저장후보지로 적합성을 인정받은 장소 중에서 신청을 받아 선정한다(법 제14조 제1항).

저장용량 포화, 천재지변 등 저장소 폐쇄가 필요한 사유가 발생한 경우에 기후에너지환경부장관은 저장소의 폐쇄명령을 할 수 있다(법 제17조 제1항). 저장사업자는 저장소의 폐쇄가 완료되면 즉시 저장사업을 위해 설치한 시설 등을 원상복구해야 하는데, 폐쇄 사유가 저장사업자와 무관한 경우에는 원상복구에 소요되는 비용을 지원할 수 있도록 하여 사업자의 부담을 경감시켜주고 있다(법 제17조 제4항 및 동법 시행령 제25조 제6항). 또한 저장소의 원상복구와 관련하여 저장사업자의 원상복구 계획서의 제출(필요시 보완 요구 가능) → 원상복구 → 기후에너지환경부장관의 원상복구 완료 확인 → 저장사업자의 원상복구 완료 승인신청서 제출 → 승인의 단계별 절차적 규정을 마련하고 있다.

(4) 이산화탄소 저장사업의 허가

이산화탄소 저장사업을 하려는 자는 기후에너지환경부장관의 허가를 받아야 하는데, 특히 이산화탄소 스트림을 해양지중저장하려는 자는 해양폐기물관리법 제10조 제1항 및 제2항에 따라 미리 해양수산부장관의 허가를 받아야 한다(법 제18조 제1항). 이는 해양폐기물관리법이 이산화탄소 스트림의 저장행위에 대한 허가를 규정한 것이고, 이산화탄소저장활용법은 저장사업에 대한 허가라는 점에서 양자의 성격이 다르다는 점을 고려한 것이다. 탐사권자는 탐사한 저장소에 대하여 저장사업의 허가를 신청하는 경우에 우선권을 갖는데(법 제18조 제2항), 현행 이산화탄소저장활용법 하위법령은 우선권의 부여 절차나 우선권의 인정 기간 등에 대한 구체적인 고려가 되어 있지 않다는 점에서 법령의 개정 혹은 고시를 통해 절차적 사항을 명확하게 규정할 필요성이 있다.

저장사업자는 저장사업의 운영과 관련하여 이산화탄소저장활용법령에 따른 각종 의무를 부담하게 된다. 저장후보지로 선정된 지역에 대한 저장소 사용신고(법 제18조 제5항), 저장사업 개시 신고 및 휴·폐업 허가(법 제22조 제1항), 사업 승계 신고(법 제20조), 저장소 모니터링계획의 승인(법 제25조), 저장소의 운영에 관한 위해 방지 및 재해 예방 조치, 누출 통보, 저장소의 정기 및 수시검사(법 제28조) 등이 저장사업자가 부담해야 하는 대표적인 의무사항에 해당한다. 다만, 저장소의 모니터링은 저장사업자가 실시하는 자체 모니터링 이외에 이산화탄소저장활용법 제45조에 따라 관계 중앙행정기관의 장이 저장 부문을 포함한 포집등에 관한 공공 모니터링을 별도로 할 수 있는 체계를 마련하고 있다.

(5) 이산화탄소 포집등 산업 육성

이산화탄소저장활용법은 CCUS를 활성화가 필요한 새로운 산업으로 인식함으로써 그 육성에 관한 법적 기반에 관한 사항을 규정하고 있다. 먼저 동법의 특성을 고려하여 포집사업자가 이산화탄소 활용을 위한 연구, 실험, 실증화 시설 및 사업장에 이산화탄소를 공급할 수 있으며, 이 경우 해당 포집사업자가 탄소중립기본법 제27조에 따른 관리업체 또는 「온실가스 배출권의 할당 및 거래에 관한 법률」 제8조에 따른 할당대상업체인 경우에는 공급량을 감안하여 배출량을 산정할 수 있도록 이산화탄소 공급 특례 등의 근거를 마련하였다(법 제33조). 이산화탄소 활용의 촉진을 위하여 포집한 이산화탄소를 활용한 기술 및 제품에 대한 인증제도(법 제34조)와 이산화탄소 활용 전문기업 확인제도(법 제35조)를 신설하였다. 그 외에도 포집등 관련 기술을 활용한 실증사업 지원과 특례 마련(법 제37조), 포집등 산업 육성을 위한 비용의 보조·융자(법 제39조) 등을 포함하여 국제협력, 기술의 표준화, 전문인력 양성 등 산업 육성에 필요한 사항을 포괄적으로 규정하고 있다.

Ⅳ. 이산화탄소저장활용법의 법적 쟁점과 개선과제

1. 이산화탄소 수송 안전관리 규정의 충돌 해소

(1) 이산화탄소 수송사업 규제 현황

이산화탄소저장활용법의 제정으로 포집한 이산화탄소를 국내외에서 저장 또는 활용하기 위하여 일정 수단을 사용하여 저장소 또는 활용사업 시설까지 도달하도록 하는 수송사업에 관한 법적 근거가 마련되었다. 이산화탄소 수송사업은 동법 제8조 제1항 본문에 따라 수송수단별로 기후에너지환경부장관의 승인을 받아야 하는데, 이산화탄소수송관, 선박, 화물자동차 및 철도차량이 수송수단의 범위에 포함된다(동법 시행령 제2조 제2항). 다만, 수송사업과 관련하여 수송 수단별로 이미 개별 법률이 마련되어 있음을 고려하여 동법 제8조 제2항에서는 "수송사업에 관하여 이 법에 규정된 것을 제외하고는 고압가스법, 「선박안전법」, 「선박평형수(船舶平衡水) 관리법」, 「해운법」, 「자동차관리법」, 「철도사업법」, 「철도안전법」 등 다른 법률에서 정하는 바에 따른다."고 규정하고 있다. 즉, 이산화탄소 수송사업과 관련하여 동법에서 규율하지 않은 사항에 대해서는 기존 법체계에 따른 규율을 적용받겠다는 의미인 것이다.

이산화탄소저장활용법은 수송사업에 대한 승인 외에 안전관리에 관한 사항도 포함하고 있는데, 수송수단 중 이산화탄소수송관을 이용한 수송의 경우에만 안전관리에 관한 제9조부터 제11조까지의 규정이 적용된다. 이는 이산화탄소 수송수단 중 수송관의 활용이 현실적으로 가장 크다는 점 등을 고려한 것이다. 이산화탄소 수송사업의 승인을 받은 자로서 이산화탄소수송관을 설치 및 운영하려는 자는 사전에 이산화탄소수송관의 안전을 확보하기 위한 안전관리규정을 정하여 기후에너지환경부장관으로 하여금 승인을 받아야 하며, 그 준수 여부에 대해 주기적으로 점검을 받아야 하는 의무를 부담하게 된다(법 제9조). 수송관설치운영자는 사업 개시 또는 사용 전에 안전관리자를 선임하고 신고해야 하는데, 안전관리자는 안전관리책임자(1명)와 안전관리원(2명 이상)의 2단계로 구성되어 있다(법 제10조 및 동법 시행령 [별표 1]). 또한 수송관설치운영자는 이산화탄소수송관의 안전관리를 위하여 기후에너지환경부장관이 실시하는 정기·수시검사를 받아야 한다(법 제11조). 수송관 수송의 안전관리에 관한 규정을 동법에 별도로 규정한 취지는 이산화탄소 수송 사업의 활성화를 위하여 기존 안전관리에 관한 규제보다 완화된 규제를 하기 위한 것으로 볼 수 있다. 특히, 안전관리자의 선임 대상별 자격과 인원에 관한 사항은 이러한 취지가 명확하게 반영된 결과라 할 수 있다.[36]

(2) 고압가스법상 안전관리 규정과의 충돌

이산화탄소저장활용법은 수송의 대상이 되는 포집한 이산화탄소의 범위를 ① 이산화탄소 스트림, ② 발전시설, 제조 공정 및 그 밖의 산업 활동에서 발생하는 이산화탄소, ③ 이산화탄소의 포집·수송·저장·활용 과정에서 발생하는 이산화탄소, ④ 대기 중에 있는 이산화탄소로 규정하고 있다(법 제2조 제2호 및 동법 시행령 제2조 제1항). 이산화탄소 스트림은 고압으로 액화된 이산화탄소를 말하는데, 이는 고압가스법 제2조 및 동법 시행령 제2조에 따른 고압가스의 범위에 포함된다. 이산화탄소 스트림이 아니더라도 포집한 이산화탄소가 액화가스로서 0.2메가파스칼 이상인 경우에는 고압가스법의 적용 범위에 포함된다. 액화된 이산화탄

36) 수송관을 이용한 유사 사업 분야의 안전관리자 선임과 관련하여 「액화석유가스의 안전관리 및 사업법 시행령」 제15조는 5단계(안전관리 총괄자－부총괄자－책임자－안전관리원－안전점검원), 고압가스법 시행령 제12조는 4단계(안전관리 총괄자－부총괄자－책임자－안전관리원), 「송유관 안전관리법 시행령」 제4조는 3단계(안전관리 총괄자－책임자－안전관리원) 체계로 이루어져 있다.

소의 증기압은 0°C에서 약 3.4MPa로 고압가스의 종류 및 범위 중 “상용의 온도에서 압력이 0.2메가파스칼 이상이 되는 액화가스로서 실제로 그 압력이 0.2메가파스칼 이상이 되는 것”에 해당하기 때문이다.

이산화탄소저장활용법은 고압가스법과의 관계를 규정함에 있어 동법 제8조 제2항에서 이산화탄소 수송사업의 경우에만 이 법에 규정된 것을 제외하고 고압가스법을 적용하도록 규정하고 있다. 양 법률 간의 관계를 놓고 볼 때 적어도 이산화탄소 수송사업의 경우에는 법 적용과 관련하여 충돌이 발생하지 않는 것으로 보일 수 있으나, 이는 CCUS 사업이 포집부터 저장까지 일련의 연계성을 가진 사업임을 충분하게 고려하지 못한 것이라 할 수 있다.

이산화탄소저장활용법 제7조는 이산화탄소 포집사업과 관련하여 사업자에게 포집시설 설치·운영계획의 신고의무만 부과하고 있다. 이는 포집시설의 경우 현시점에서는 화력발전소나 산업시설에 설치되는 것이 일반적이기 때문에 상대적으로 시설 규모가 크지 않고 국민의 생활에 미치는 위험도 제한적이라는 측면에서 이산화탄소 포집시설의 빠른 확산을 위한 행정절차 간소화를 고려한 것이다.[37] 그러나 실제 이산화탄소 포집시설을 설치하는 과정에서는 다른 법률과의 관계 조문이 명확하지 않아 기존의 개별 법률의 적용을 그대로 받을 수밖에 없다. 포집사업자는 고압가스법 제4조 제1항에 따라 특별자치시장·특별자치도지사·시장·군수 또는 구청장에게 고압가스 제조허가(용기 또는 차량에 고정된 탱크에 충전하는 것을 포함)를 받아야 하는데, 같은 조 제6항에 따른 고압가스 제조에 필요한 시설기준과 기술기준을 충족해야 한다. 또한

37) 국회 산업통상자원중소벤처기업위원회, ‘이산화탄소 포집·수송·저장 및 활용에 관한 법률안(이철규의원 대표발의) 검토보고서’, 2023. 4, 27면. 이산화탄소 스트림도 고압가스에 해당한다는 점에서 포집과정에서의 위해 발생 가능성을 고려하여 고압가스법의 적용을 배제하지 않고 안전에 관한 규정을 적극적으로 활용하는 것이 필요하다는 견해도 있다(이순자, ‘이산화탄소 포집 및 저장단계에서 리스크를 관리하기 위한 법적 연구’, 일감법학 제40호, 2018. 6, 144면).

고압가스법에 따른 제조허가를 받게 될 경우 이 법에 따른 안전관리에 관한 의무를 준수하여야 한다. 가령, 안전관리규정의 작성(제11조), 안전관리자의 선임(제15조), 설치·변경 공사시 중간검사(제16조), 정기검사 및 수시검사(제16조의2) 등이 포함된다.

이산화탄소 포집시설의 설치 시에도 포집한 이산화탄소를 수송하기 위하여 사업장 안팎에 배관의 설치가 필요하다. 그러나 사업장 밖으로 연결되어 있는 배관의 경우, 수송관의 안전관리와 관련하여 포집사업자와 수송사업자 간의 책임에 대한 명확한 경계가 설정되어 있지 않다. 이러한 상황에서는 동일한 수송관에 대하여 고압가스법과 이산화탄소저장활용법에 따른 안전관리에 관한 체계가 충돌할 수밖에 없게 된다. 따라서 수송관 수송의 대상이 되는 이산화탄소가 고압가스법에 따라 더 강화된 안전관리가 이루어지고 있는 경우에는 이산화탄소저장활용법에 따른 별도의 안전관리에 관한 사항을 적용받지 않도록 하는 방안을 고려할 필요가 있다.

2. 저장소 모니터링 책임 소재의 명확화

(1) 저장사업자의 저장소 모니터링 책임의 범위

이산화탄소 저장사업은 이산화탄소가 대기중으로 누출되지 아니하도록 국내외 육상 또는 해양 지중에 주입하여 대기와 영구적으로 격리하는 사업을 말한다. 이산화탄소 저장사업을 하려는 자는 이산화탄소저장활용법 제18조 제1항에 따라 기후에너지환경부장관의 허가를 받아야 하며, 이산화탄소 스트림을 해양지중저장하려는 자는 해양폐기물관리법 제10조에 따라 미리 해양수산부장관의 허가를 받아야 한다. 이산화탄소 저장사업자는 저장소의 운영에 있어 이산화탄소저장활용법에 따른 각종 의무를 부담하게 된다. 특히, 저장사업자는 저장소 운영의 안전성 등을 확인·관리하기 위하여 법 제25조 제1항에 따라 저장소의 모니터링계획을 수립하여 저장소를 폐쇄하기 전까지 기후에너지환경부장관의 승인을 받아야 한다. 이때 저장사업자는 이산화탄소 주입이 완료된 저장소를 폐쇄한 후 15년간의 모니터링계획을 수립하여야 한다. 모니터링계획에는 저장소의 모니터링 방법, 저장된 이산화탄소의 변동량, 저장소와 그 주변 지역의 압력 변화, 지각(地殼)의 물리적 변화 등 저장 여건의 변화 등이 포함되어야 하며(동법 시행령 제33조 제1항), 승인받은 모니터링계획의 이행에 대하여는 기후에너지환경부장관에게 정기적으로 보고하여야 한다(법 제25조 제3항).

(2) 저장사업자의 모니터링 종료 후 책임소재 불분명

이산화탄소 저장사업은 저장소에 이산화탄소를 주입함으로써 대기와 영구적으로 격리시키는 행위를 전제로 한다. 때문에 이산화탄소의 안정적인 저장에 대한 책임을 저장사업자가 부담하게 되는 것이다. 특정 저장소에 이산화탄소의 저장을 완료한 후 일정 책임기간이 경과하면 저장사업은 종료가 되어야 하는데, 이산화탄소저장활용법은 이산화탄소 저장사업의 종료에 관해 별도의 규정을 두고 있지 않다. 다만, 저장사업자의 저장소 폐쇄 후 모니터링기간을 15년으로 규정하고 있기 때문에, 해당 기간이 경과하면 저장사업자의 책임이 종료되고 저장사업이 종료되는 것으로 해석할 수 있다.[38] 우리나라는 저장소 폐쇄 후 저장사업자의 모니터링기간을 호주[39]와 동일한 수준인 15년으로 규정하고 있다. 이는 국내보다 CCUS 관련 입법적 조치를 먼저 행한 노르웨이 20년,[40] 미국

38) 이산화탄소저장활용법 제25조 제1항은 저장소 폐쇄 후 15년 이상으로서 대통령령으로 정하는 기간 동안의 모니터링계획이라고 규정하였으나, 동법 시행령 제33조 제2항에서 대통령령으로 정하는 기간을 15년으로 명시함으로써 법률에서 규정한 최소 기간과 동일하게 규정하고 있다. 법률에서는 저장사업자의 모니터링기간에 대한 최소 기준을 설정한 것에 불과하기 때문에 향후 정책적 판단에 따라 법령 개정을 통해 그 기간을 확대하는 것도 가능하다.

39) OPGGS Act 2006 SECT 399(Closure assurance period) (1)(c).

40) Regulations relating to exploitation of subsea reservoirs on the continental shelf for

50년[41]과 비교할 때에 상당히 완화된 기준으로 저장사업자의 저장소 운영 관련 부담을 완화하기 위한 입법적 조치로 볼 수 있다.

이산화탄소 그 자체의 위험성은 극히 미미하지만, 순도가 높은 다량의 이산화탄소를 고압으로 지중 저장하는 경우 초임계 상태에 놓여진 이산화탄소는 주변 지하수의 이동에 영향을 미치거나 미세한 지각 진동이나 지반 융기를 야기하는 등의 위험성이 내재되어 있다.[42] 우리나라는 저장사업자의 모니터링기간을 15년으로 규정함으로써 외국의 입법례와 비교할 때 저장사업자의 책임 기간을 상대적으로 짧게 규정하고 있다. 결국 수범자의 입장에서는 모니터링기간이 종료되는 시점에 저장소에 대한 관리 책임 또한 종료되는 것으로 해석할 수 있다. 그러나 적어도 이산화탄소저장법령에서는 해당 기간이 종료된 이후 저장소의 안전에 관한 책임의 귀속주체, 즉 저장사업자에게 여전히 책임이 남아 있는 것인지 국가의 책임으로 전환되는 것인지에 대해서 직접적으로 규정하고 있지 않다는 점에서 법령의 적용과 해석에 있어 불명확성을 해소하기 위한 법령 정비의 필요성이 있다.[43]

EU는 「이산화탄소 지중저장에 관한 지침」(Directive 2009/31/EC)[44] 제18조에서 저장소 폐쇄 후 일정 조건이 충족되면 저장소에 대한 책임이 사

storage of CO_2 and relating to transportation of CO_2 on the continental shelf § 5-8 (Transfer of responsibility) (1)(b).

41) 40 CFR § 146.93(Post-injection site care and site closure) (b)(1).

42) 왕수균, '이산화탄소 지중저장 법령정비를 위한 제언', 지질학회지 제45권 제5호, 2009. 10, 570면.

43) CCS 사업은 막대한 투자비용과 불확실한 장기 책임 부담이 있다는 점에 사업 수행에 장애물이 있으나, 국가가 전적으로 책임을 부담하게 될 경우 사업자의 도덕적 해이를 유발할 수 있다는 점에서 사업자와 국가 간의 적절한 책임 분배가 중요하다(이경아·차종문, 'EU 이산화탄소 지중저장 법제 현황 및 도전 과제', 한국자원공학회지 Vol.53, No.4. 2016, 357면).

44) DIRECTIVE 2009/31/EC OF THE EUROPEAN PARLIAMENT AND OF THE COUNCIL of 23 April 2009 on the geological storage of carbon dioxide and amending Council Directive 85/337/EEC, European Parliament and Council Directives 2000/60/EC, 2001/80/EC, 2004/35/EC, 2006/12/EC, 2008/1/EC and Regulation (EC) No 1013/2006.

업자에서 관할 당국(회원국)으로 이전할 수 있도록 책임 이전에 관한 명문의 규정을 두고 있다. 저장사업자는 저장된 이산화탄소가 완전하고 영구적으로 격리되었다는 것을 최소 20년 이상 모니터링을 통해 입증해야 하며, 제20조에 따른 재정적 의무가 이행되어야 하고, 저장소 폐쇄 및 주입시설이 제거되어야 한다는 요건이 충족된 경우 이를 입증하는 보고서를 작성하여 관할 당국에 제출해야 한다. 관할 당국의 최종 결정을 통해 책임이 이전된 이후에는 저장사업자의 정기점검 의무는 종료되고, 모니터링은 누출 또는 중대한 이상 여부를 탐지할 수 있는 수준으로 줄일 수 있도록 규정하고 있다.

호주는 「해양석유 및 온실가스 저장에 관한 법률」 제399조에서 저장소에 이산화탄소 주입 종료 후 현장 폐쇄 인증서(site closing certificate) 발급일부터 15년이 지난 시점에 일정 요건이 충족된 경우에는 주입 종료시부터 15년이 경과한 시점까지 연방 담당 장관이 폐쇄 보증 기간(closure assurance period)으로 선언할 수 있다. 제400조는 폐쇄 보증 기간 이후 발생 가능한 손해배상 책임에 대해 일정 요건 충족 시 정부가 사업자를 법적으로 면책할 의무가 있음을 명시하며, 제401조는 사업자가 더 이상 존재하지 않지만 일정 요건이 충족하는 경우에는 연방정부가 사업자의 책임을 인수하는 것으로 간주하는 규정을 두고 있다. 즉, 저장소가 폐쇄된 이후 장기적인 책임에 대한 정부의 인수 가능성을 명시하면서 사업자의 법적·재정적 불확실성을 줄이고 CCS 사업을 활성화할 수 있는 법적 기반을 마련하고 있다.

일본은 「이산화탄소 저장사업에 관한 법률」(二酸化炭素の貯留事業に関する法律) 제53조에서 저장개시 저장사업 폐지의 허가에 관한 사항을 규율하고 있다. 사업자가 저장개시 저장사업을 폐지하기 위해서는 경제산업대신의 허가를 받아야 하는데, 해당 저장소의 이산화탄소 저장 상태가 안정적이며 그 상태가 앞으로도 지속될 것으로 예상되고, 갹출금(拠出金)이 납부되어 있는 등 일정 기준에 적합한 경우에만 허가를 받을

수 있다. 이에 따라 폐지 허가를 받은 경우에는 사업자의 저장권이 JOGMEC(독립행정법인 에너지·금속광물자원기구)로 이관되면서 저장사업 종료 후 책임은 국가가 인수하는 체계가 마련되어 있다.

결국 저장사업이 종료되더라도 저장소에 대한 장기간의 모니터링을 통해 안전성을 확보하는 것이 이산화탄소 저장사업의 성패뿐만 아니라 국민의 안전과도 결부되어 있다. 국제사회는 이산화탄소 저장사업에 대해 사업자의 무제한적 책임을 인정하는 방식이 아니라 일정 요건을 충족하는 경우 면제 또는 정부로의 책임 이전에 관한 사항을 명문으로 규정하면서 CCS 사업의 활성화 기반을 마련하고 있다는 점에서 이산화탄소저장활용법도 정부로의 책임 이전에 관한 구체적인 기준을 마련하고,[45] 이를 관리할 수 있는 전담기관으로서 동법 제45조에 따른 공공모니터링 전담기관을 활용할 수 있는 법적 보완이 필요하다.

3. CCUS 사업 재원의 안정적 확보

(1) CCUS 사업의 재정적 지원 근거

CCUS 시장은 여전히 기술완성도와 가격경쟁력이 낮은 초기 시장에 머물러 있어 정책의존도가 높을 수밖에 없다는 점에서,[46] 이산화탄소저장활용법도 탄소중립 실현을 위한 수단인 CCUS 사업과 관련한 다양한 재정적 지원의 근거를 마련하고 있다. 특히, 이산화탄소 포집단계에서 소요되는 비용이 CCS 기술의 75%를 차지한다는 점에서,[47] 이산화탄소

45) 현행 이산화탄소저장활용법에 책임 이전 규정의 신설 필요성에 관한 동일 취지로는 전경운·김화, '이산화탄소 포집·저장법(CCS법)과 그 법적 과제', 토지법학 제20권 제2호, 2024. 12, 81면.

46) CCUS 시장 전망에 관하여는 김경택·안지석·이유아·최지영, CCUS 심층 투자 분석 보고서, Quarterly Report 2021-1, 2021, 한국에너지기술연구원, 17면.

47) 이산화탄소의 활용을 제외한 CCS 기술의 경제성과 관련하여 포집과 액화 공정에 75%, 초임계 CO_2를 근거리에 파이프 수송하는데 10%, 대염수층에 고압 저장 및 모니터링하는데 15%의 비용이 소요된다(윤여일, '탄소중립 해결책으로 CCUS 기술이 급부상 중!', 기술과 혁신 VOL.446, 2021. 3, 한국산업기술진흥협회, 20면).

저장활용법 제7조 제5항은 기후에너지환경부장관이 포집사업자에 대하여 포집시설의 설치·운영에 필요한 재정적 지원을 할 수 있도록 규정하고 있다. CCUS 관련 기술의 연구·개발 사업으로 개발된 기술의 이용 및 보급을 촉진하기 위한 실증사업에 참여하는 자에 대한 재정적 지원의 근거도 규정하고 있다(법 제37조). 또한 CCUS 산업 육성을 위해 필요한 경우에는 관련 사업자에게 일정한 비용을 보조 또는 융자할 수 있는 근거도 규정하고 있다. 이때 보조 또는 융자의 대상이 되는 비용의 범위는 ① 포집등에 관한 사업의 안전성·효율성을 혁신하기 위한 기술개발 및 전문인력 양성에 드는 비용, ② 포집등에 관한 사업에 필요한 외국과의 협력 및 기술교류에 드는 비용, ③ 포집등에 관한 설비의 구축을 위한 투자 및 운영에 관한 비용, ④ 국내외 저장소 확보를 위한 투자 및 운영에 관한 비용, ⑤ 포집등 기술의 사업화에 필요한 비용, ⑥ 포집등 기술의 지식재산권 출원에 필요한 비용으로 한정하고 있다(법 제39조 제1항 및 동법 시행령 제56조 제6항).

정부의 일방적 재정 지원이 아니라 「환경정책기본법」 제45조에 따른 환경개선특별회계, 탄소중립기본법 제69조에 따른 기후대응기금 및 「전기사업법」 제48조에 따른 전력산업기반기금을 운영하는 자가 CCUS 사업에 투자하거나 출자할 수 있도록 함으로써 CCUS 사업 운영에 필요한 재정을 확보할 수 있는 기반을 마련하고 있다(법 제40조 및 동법 시행령 제57조).

(2) CCUS 기금 등 피해 방지 재원 확보 방안 미고려

이산화탄소저장활용법이 CCUS 관련 기술개발 및 산업화를 목적으로 제정되었다는 점에서 CCUS 사업에 필요한 재정적 지원에 관한 법적 근거는 이미 마련되어 있다.[48] 특히 정부가 특정 기금을 통해 CCUS 사업

48) 다만, CCUS 사업의 높은 비용을 고려할 때 현행 이산화탄소저장활용법에 따른 재정 지원 근거 이외에 탄소차액계약제도(CCfD)를 도입하여 계약기간 동안 고정된 탄소가격을

에 투자·출자할 수 있는 근거를 명시함으로써 사업자의 재원 확보에 관한 어려움을 해소하는데도 기여할 수 있을 것으로 보인다. 다만, 현행 법률은 이산화탄소 저장소의 폐쇄 후 사업자의 모니터링기간이 종료한 이후의 장기 책임에 관한 문제를 명확하게 규정하고 있지 않기 때문에 이와 관련한 재정부담에 관한 사항도 규정하고 있지 않은 한계가 있다. 동법 제39조 제1항에 따라 사업자가 보조 또는 융자를 받을 수 있는 비용으로 '국내외 저장소 확보를 위한 투자 및 운영에 관한 비용'을 포함하고 있지만, 이는 사업자가 저장소를 운영하는 과정에서 소요되는 비용만 의미하기 때문이다. 즉, CCUS는 막대한 예산이 소요되는 사업으로 재정 지원에 대한 근거는 마련되어 있으나 구체적인 재원 확보 방안에 대한 고려가 미흡하며, 저장사업자의 저장소 운영에 관한 책임기간 종료 후 이산화탄소 누출 등으로 인해 발생한 피해에 대한 재원 마련 방안 등에 대한 고려는 하고 있지 않은 문제가 있다.

일반적으로 기금은 국가와 지방자치단체가 특정 부문의 육성과 개발을 촉진하는데 필요한 자금을 원활하게 지원하거나 직접 수행하는 사업에 필요한 자금의 효율적인 운용과 관리를 목적으로 설치하고 있다.[49] CCUS 사업은 사업의 추진 과정뿐만 아니라 이산화탄소 저장소의 안전에 대한 장기적 관리 필요성 등을 고려하면 정책적으로 막대한 예산 지원이 필요할 수밖에 없다. 그럼에도 이산화탄소저장활용법은 재정적 지원에 대한 근거만을 두고 있을 뿐, 재원 조성의 방식은 특별한 고려를

보장함으로써 기업의 투자 위험 완화와 저탄소 혁신 기술에 대한 강력한 투자 인센티브를 부여하는 것도 필요하다. 탄소차액계약제도의 도입에 관한 선행연구로는 이상림, 해외 주요국 탄소차액 계약제도 현황 및 국내 시사점, 에너지경제연구원, 2023; 김규현·이상림·이지웅, '탄소차액계약제도의 기본 구조와 우리나라 도입 시 고려요소', 한국기후변화학회지 Vol.15, No.2, 2024. 참조.

49) 환경법의 영역에서는 원인자를 알 수 없거나 무자력, 정화책임자가 존재하지 않는 경우 등의 이유로 직접 원인자에게 책임을 추궁하는 것이 곤란한 경우 등에 기금을 설치하여 재원의 안정적인 확보와 긴급한 필요에 따른 재정의 신축적인 운영을 노보하고 있다(김홍균, '오염토양정화기금의 도입과 설계', 환경법연구 제41권 1호, 2019. 4, 197면).

하고 있지 않다는 점에서 CCUS 기금을 설치하는 방안도 고려해 볼 수 있다. 우리나라의 기금과는 법적 성격이 상이하지만, 영국은 CCS 인프라 기금(UK CCS Infrastructure Fund)을 통해 이산화탄소수송 및 저장 인프라에 관한 비용을 지원한 바 있다.[50]

또한 저장사업자가 모니터링에 관한 책임기간이 종료된 후라고 하더라도 이산화탄소 누출 등으로 인해 피해가 발생했다면, 환경행정의 기본원칙 중 원인자책임의 원칙을 고려할 때 무조건 면책이 된다고 할 수는 없다.[51] 저장사업자에서 국가로 책임이 이전된다고 하더라고 사후관리 비용과 누출 사고 발생 시 피해 복구 등에 필요한 비용 등에 대해 일정 부분 재정 부담을 하는 것이 적절하다. EU의 「이산화탄소 지중저장에 관한 지침」 제20조는 책임이 관할 당국으로 이전된 후에도 최소 30년간 모니터링에 소요될 것으로 예상되는 비용을 책임 이전에 사업자가 부담하도록 규정하고 있다. 캐나다 앨버타주의 「광산 및 광물법」(Mines and Minerals Act) 제122는 사후 관리 기금(Post-closure Stewardship Fund)을 설치하여 주로 책임이 이전된 이후의 모니터링, 방치된 시설의 중단, 폐기, 복구 또는 오염정화 비용 등으로 사용할 수 있도록 근거를 마련하고 있다. 일본의 「이산화탄소 저장사업에 관한 법률」 제45조도 저장개시 저장사업자에게 저장소에 대한 책임이 정부로 이전된 후 이를 관리하는 기관에서 업무에 필요한 비용을 충당할 수 있도록 갹출금(拠

---

50) 영국 CCS 인프라 기금에 관하여는 영국 정부 홈페이지 https://www.gov.uk/government/publications/design-of-the-carbon-capture-and-storage-ccs-infrastructure-fund/the-carbon-capture-and-storage-infrastructure-fund-an-update-on-its-design-accessible-webpage (2025. 9. 25. 확인). 이산화탄소 저장소 개발이 석유 및 가스전 탐색과 같이 높은 리스크와 이에 따른 투자 지연이 발생한다는 점에서 해외자원개발특별융자사업 유형의 지원사업의 형태로 운용하는 방안을 제안하는 연구 결과도 있다(추다해 · 김수인, '탄소중립 이행을 위한 국외 탄소저장소 확보 전략 연구', 에너지경제연구원, 2003, 100면).

51) 원인자책임의 원칙은 환경오염 발생의 원인을 제공한 자가 그 환경오염의 방지 · 제거 등 원상회복 또는 재정적 부담 등의 책임을 지는 것을 말한다(정남철, 환경법강의, 제2판, 법문사, 2025, 32면).

出金)을 납부하도록 의무를 부과하고 있다.

우리나라도 광산피해의 예방 및 원상회복을 위한 광산방지사업을 위하여 「광산피해의 방지 및 복구에 관한 법률」 제22조 제1항에 광해방지사업금의 조성에 관한 근거를 두고 있다.[52] 저장된 이산화탄소의 누출로 인한 피해의 규모가 광해와는 상이하겠지만, 저장소의 안전관리에 관한 책임이 국가로 이전될 경우에 모니터링 등 관리와 누출 사고 발생 시 대처에 필요한 안정적인 재원 확보 방안을 입법적으로 구체화하는 노력이 필요하다.

52) 第22조(광해방지사업금의 조성) ① 산업통상부장관은 다음 각 호의 재원으로 광해방지사업금을 조성한다.

1. 제24조의 규정에 따라 광해방지의무자가 납부하는 부담금
2. 「에너지 및 자원사업 특별회계법」 제5조 제2항의 규정에 따른 정부출연금 또는 보조금
3. 「석탄산업법」 제27조 제1항 제1호의 규정에 따른 광해방지시설에 대한 보조를 위하여 사용되는 조성사업비 및 동법 제39조의3 제1항 제3호의 규정에 따라 폐광되는 광산의 광해방지를 위한 비용을 위하여 지급되는 폐광대책비
4. 「자연환경보전법」 제49조의 규정에 따른 생태계보전협력금 및 동법 제50조의 규정에 따른 생태계보전협력금의 반환금 등 다른 법률의 규정에 따라 지원되는 출연금 또는 지원금

〈참고문헌〉

[국내 문헌]

고문현, '온실가스 감축을 위한 CCS 법 제정의 필요성과 주요내용', 토지공법연구 제74집, 2016. 5.

관계부처 합동, 제1차 기후변화대응 기본계획, 2016. 12.

관계부처 합동, 국가 CCS 종합 추진계획(안), 2010. 7. 13.

관계부처 합동, 이산화탄소 포집・활용(CCU) 기술혁신 로드맵(안), 2021. 6. 15.

국회 산업통상자원중소벤처기업위원회, 이산화탄소 포집・수송・저장 및 활용에 관한 법률안(이철규의원 대표발의) 검토보고서, 2023. 4.

김경석, 'CCS 실증 및 CCUS 상용화를 위한 법적 기반과 개선점', 기업과혁신연구 제44권 제2호, 2021.

김경택・안지석・이유아・최지영, 'CCUS 심층 투자 분석 보고서', Quarterly Report 2021-1, 한국에너지기술연구원, 2021.

김광수, '이산화탄소 저감을 위한 CCS 법의 구성과 재구성', 행정법연구 제55호, 2018. 11.

김규현・이상림・이지웅, '탄소차액계약제도의 기본 구조와 우리나라 도입 시 고려요소', 한국기후변화학회지 Vol.15, No.2, 2024.

김동련, '우리나라의 CCUS 관련 입법 현황과 개선방안', 법학연구 제22권 제4호, 한국법학회, 2022.

김민철・류지웅・박철호・김두수, '기후위기시대 탄소중립을 위한 우리나라의 탄소 포집・이용・저장에 관한 법률 제정 방안 연구', 법학연구 통권 제67집, 전북대학교 법학연구소, 2021. 12.

김정민・손상훈, '이산화탄소 포집・수송・저장 및 활용(CCUS) 법정책의 기술적 고려사항에 관한 연구', 환경법연구 제46권 2호, 2024. 8.

김홍균, '오염토양정화기금의 도입과 설계', 환경법연구 제41권 1호, 2019. 4.

녹색성장위원회, 녹색성장 국가전략, 2009. 7.

민간기업・출연연 합동, 기업・출연연 참여 CCUS 산업・기술혁신 추진(안) －탄소중립 기술의 신산업화를 위한 도전과 과제－, 2023. 4. 10.

박덕영, '파리협정의 주요 내용과 우리의 대응', 국제법평론 통권 제57호, 2020. 10.

박시원, '파리협정과 Post-2020 신기후체제의 서막 －유엔기후변화협약 파리총회의 주요 쟁점과 합의 결과를 중심으로－', 환경법과 정책 제16권, 2016. 2.

박영도, 입법학 입문, 법령정보관리원, 2014.

왕수균, '이산화탄소 지중저장 법령정비를 위한 제언', 지질학회지 제45권 제5호, 2009. 10.

윤세종・오동재, '탄소포집, 이용 및 저장 기술(CCUS) 현황 및 문제점', SFOC ISSUE BRIEF Vol.03.

윤순진, '한국의 에너지체제와 지속 가능성 －지속 불가능성의 지속에 대한 분석을 중심으로－', 경제와 사회 통권 제28호, 2008.

윤여일, '탄소중립 해결책으로 CCUS 기술이 급부상 중!', 기술과 혁신 VOL. 446, 한국산업기술진흥협회, 2021. 3.

이경아・차종문, 'EU 이산화탄소 지중저장 법제 현황 및 도전 과제', 한국자원공학회지 Vol.53, No.4, 2016.

이상림, '해외 주요국 탄소차액 계약제도 현황 및 국내 시사점', 에너지경제연구원, 2023.

이순자, '그린뉴딜로서 CCUS 규제의 과거와 현재 및 미래', 환경법과 정책 제32권 2호, 2024. 6.

______, '이산화탄소 포집 및 저장단계에서 리스크를 관리하기 위한 법적 연구', 일감법학 제40호, 2018. 6.

______, '이산화탄소 포집과 저장에 관한 법적 쟁점', 환경법연구 제37권 1호, 2015. 4.

이종영, '이산화탄소의 포집・저장(CCS)에 관한 법적 문제', 법제연구 제42호, 2012.

이종영・박기선, '독일의 이산화탄소 포집・저장에 관한 법률', 유럽헌법연구 제16호, 2014. 12.

이효진, “행정기본법의 ‘수리를 요하는 신고’에 대한 고찰 –인허가의제를 수반하는 건축신고를 중심으로–”, 법제 통권 제699호, 2022.

장혜원, ‘런던의정서와 CCS 기술의 규제: 호주, 인도네시아 및 우리나라의 법적 프레임워크 분석’, 원광법학 제40권 제4호, 2024. 12.

전경운 · 김화, ‘이산화탄소 포집 · 저장법(CCS법)과 그 법적 과제’, 토지법학 제20권 제2호, 2024. 12.

정남철, 환경법강의, 제2판, 법문사, 2025.

중소기업기술정보진흥원, ‘탄소중립 이행: CCUS, 중소기업 전략기술로드맵 2024～2026’, 2024.

채선영 · 권석재, ‘이산화탄소 포집 및 저장 실용화를 위한 국내 정책 연구’, 해양환경안전학회지 Vol.18, No.6, 2012. 12.

추다해 · 김수인, ‘탄소중립 이행을 위한 국외 탄소저장소 확보 전략 연구’, 에너지경제연구원, 2003.

[외국문헌]

IEA, CCUS Policies and Business Models Building a commercial market, 2023.

IPCC, Carbon Dioxide Capture and Storage, 2005.

Peter Styring, Daan Jansen, Heleen de Coninick, Hans Reith, Katy Armstrong, Carbon Capture and Utilisation in the Green Economy: Using CO2 to Manufacture Fuel, Chemicals and Materials, Centre for Low Carbon Futures, 2011.

Salomo Ortega Sawal, EU–Zertifizierungsrahmen für Tätigkeiten zur CO_2–Neutralisierung–Regulatorischer Rahmen, Ausblick und Potenziale, EnWZ 2025.

06

한국전력거래소의 전력시장 및 전력계통 운영에 대한 법적 통제

박 진 표*

Ⅰ. 서 론

현대 사회에서 전기는 산업 활동과 국민 생활을 유지하기 위한 필수 요소다. 전력시장은 이러한 전기를 효율적이고 안정적으로 공급하기 위한 제도로서, 전력거래가격이라는 가격 신호를 창출하여 전기사업자에게 투자 유인을 제공하고 전기사업자 간 경쟁을 촉진함으로써 전력 공

* 법무법인(유한) 태평양 변호사

급의 신뢰성과 경제성을 제고하는 역할을 수행한다. 그리고 전력계통은 발전과 전기 소비를 실시간으로 연결하는 시스템으로서, 전력 공급의 신뢰성과 안정성을 보장하는 핵심 요소다. 그리하여 전력계통이 안정적으로 운영되지 않는다면, 전력의 안정적 공급은 보장될 수 없다.

우리나라의 경우 「전기사업법」(이하 '전기사업법'이라 한다)에 따라 전력시장의 운영과 전력계통의 안정적 관리를 담당하는 기관으로서 한국전력거래소(이하 '전력거래소'라 한다)가 설립·운영되고 있다. 전력거래소는 전력시장에서 전력거래를 중개하는 시장운영자(market operator)이자 전력계통의 신뢰도를 유지·관리하는 계통운영자(system operator)라는 이중적 기능을 수행한다.[1] 이러한 점에서 우리나라 전력시장과 전력계통의 효율성, 공정성 및 안정성은 전력거래소가 그 기능과 역할을 제대로 수행하는지에 달려 있다고 할 수 있다.

하지만 최근 전력거래소의 전력시장 및 전력계통 운영을 둘러싸고 다양한 비판이 제기되고 있다. 전력시장과 전력계통 운영에 관한 의사결정이 특정 사업자(즉, 전기판매사업자인 한국전력공사)에게 유리하도록 편향적으로 이루어지고 있다는 불공정성에 관한 비판, 그러한 의사결정 과정에 대한 이해관계자 참여를 제한한다는 불투명성에 관한 비판 등이 고조되고 있다. 전력거래소의 독립성·공정성·대표성에 관하여 회원사들의 불만이 오랜 기간 누적되면서, 급기야 최근 민간 회원사들을 중심으로 전력거래소 거버넌스의 개편을 요구하기 시작하였다. 이는, 전기사업법이 전력거래소에 전력시장과 전력계통에 관한 포괄적 권한을 부여하면서도 이를 감시하고 견제할 수 있는 장치를 마련하지 않음에 따라 전력거래소가 카프카적 관료기구로 변질된 데에 기인한다.

전력거래소는 전기사업법에 의거하여 회원사들의 전력거래 활동과 손익에 직접적으로 영향을 미치는 전력시장과 전력계통에 관한 권한을

1) 이종영, 에너지법학, 제2판, 박영사, 2024, 385면.

행사하기에, 전력거래소의 전력시장과 전력계통 운영 업무는 전력거래소의 임의적 판단에 맡겨둘 수 없으며, 법적 통제의 대상이 되어야 마땅하다. 이하에서는 이러한 문제의식을 바탕으로, 전력거래소가 수행하는 전력시장 및 전력계통 운영 실무의 법적 문제점을 규명하고, 이에 대한 적절한 법적 통제 수단을 모색하고자 한다.

Ⅱ. 우리나라 전력산업 및 전력시장 개관

1. 개 관

우리나라 전력산업은 종래 한국전력공사가 발전부터 송·배전, 판매까지 수직적으로 독점하는 수직통합체제로 유지되어 왔다. 그러나 1990년대 후반 세계적인 전력산업 자유화 추세에 따라 전력산업의 경쟁력을 높이고 전기사용자에 대한 서비스 수준을 향상하고자 전력산업 구조개편이 추진되었다. 그 일환으로 1999년 1월 전력산업구조개편 기본계획이 발표되었고, 2000년 12월 전기사업법 전부 개정 및 「전력산업구조개편촉진에관한법률」 제정을 통하여 전력산업 구조개편의 법적 근거를 마련한 다음, 2001년 4월 한전의 발전 부문이 6개사로 분할되었고, 전력계통 및 전력시장의 운영주체로서 전력거래소가 설립되었다.

전력산업 구조개편은 당초 발전 부문에서의 경쟁 도입을 시작으로 도매경쟁을 거쳐 소매경쟁으로 이행하는 순으로 단계적으로 추진될 예정이었다. 제1단계는 발전경쟁 단계(2001년~2004년)로서 한국전력공사의 발전 부문을 6개 자회사로 분할하고, 전력거래소를 설립하며, 발전 변동비용(variable cost)에 기초한 발전사 간 경쟁입찰 방식으로 전력을 거래하고, 송·배전 및 판매는 한국전력공사가 담당하는 단계다. 제2단계는 도매경쟁 단계(2004년~2008년)로서, 한국전력공사의 배전 및 판매 부문을 다수의 회사로 분리하여 지역독점 체제로 운영하되, 발전사와 배전 및 판매회사 간 경쟁을 통한 도매전력거래로 가격경쟁을 유도하고, 송전망은 한국전력공사가 소유·운영하되 그 사용은 개방하는 형태로 설계되었다. 제3단계는 소매경쟁 단계(2009년 이후)로, 판매 부문의 지역독점권을 해제하여 전기소비자가 전기회사를 선택할 수 있도록 하고, 지역 배전회사의 배전망을 판매회사가 자유로이 이용할 수 있도록 개방하는 것으로 계획되었다.[2)]

그러나 제1단계의 발전 부문에 대한 경쟁 도입 이후, 제2단계로의 이행을 위한 배전 부문 분할이 전력공급의 안정성에 위협이 된다는 주장이 제기되면서 2004년 6월 배전분할 계획이 전면 중단되었고 이후 구조개편은 추진되지 못하였다.

현재 우리나라 발전원은 크게 원자력, 석탄, LNG, 태양광·풍력·수력 등 신재생에너지로 이루어져 있다. 한국전력공사의 발전자회사들은 원자력, 석탄, LNG를 주된 에너지원으로, 민간발전사업자들은 LNG, 석탄, 신재생에너지 등을 에너지원으로 하여 각각 전력을 생산·공급하고 있다. 전력시장 탄생 이후 한국전력공사는 주로 전력시장을 통해 발전사들이 공급하는 전력을 구매하여 소비자들에게 전기를 판매하고 있으나, 전력산업 구조개편 중단의 영향으로 송전사업, 배전사업 및 전기판매사업은 한국전력공사가 여전히 독점적으로 영위하고 있다. 이처럼 전력구매·송전·배전·전기판매(소매) 부문은 여전히 한국전력공사에 독점적으로 귀속되어, 발전부문을 제외하고는 한국전력공사의 실질적 수직통합체제가 유지되고 있음에 따라, 우리나라 전력산업은 전력산업 구조개편에도 불구하고 실질적으로 고전적 공공 유틸리티 비즈니스 모델에 가깝다.[3)]

---

2) 남일총, '전력산업에 대한 경쟁정책', 한국개발연구원, 2012, 32~34면.
3) 박진표, '전력생태계 디지털화를 위한 법제', 규제법제리뷰 제23-1호, 한국법제연구원, 2023, 67면.

2. 주요 전기사업

전기사업법상 전기사업은 크게 발전사업, 송전사업, 배전사업과 전기판매사업으로 구성되는데, 이는 발전－송전－배전－판매라는 전통적 전력공급경로를 바탕으로 결정된 것이다. 발전사업은 전기를 생산하여 이를 전력시장을 통하여 전기판매사업자에게 공급하는 것을 주된 목적으로 하는 사업을 말하고, 전기판매사업은 전기사용자에게 전기를 공급하는 것을 주된 목적으로 하는 사업(전기자동차충전사업은 제외)을 말한다. 송전사업은 발전소에서 생산된 전기를 배전사업자에게 송전하는 데 필요한 전기설비를 설치・관리하는 것을 주된 목적으로 하는 사업을 말하고, 배전사업은 발전소로부터 송전된 전기를 전기사용자에게 배전하는 데 필요한 전기설비를 설치・운용하는 것을 주된 목적으로 하는 사업을 말한다(전기사업법 제2조 제3호, 제5호, 제7호, 제9호).

이들 전기사업을 영위하기 위해서는 산업통상자원부장관(이하 '산업부장관')[4]의 허가를 받도록 함으로써(전기사업법 제7조 제1항), 전기사업에 대한 진입규제가 이뤄지고 있다. 특히, 발전사업 허가의 경우 전력수급기본계획에 부합해야 한다는 요건이 적용되고 있다(전기사업법 시행령 제4조 제3항 제3호). 전력수급기본계획은 산업부장관이 매 2년마다 향후 15년간 전력수요 전망 및 설비계획을 제시하는 계획이다(전기사업법 제25조 제1항). 전력수급기본계획은 종래 건설의향평가제를 통해 발전설비에 대한 사실상의 발전사업허가로 기능했으나, 2015년 제7차 계획부터 건설의향평가제가 폐지됨에 따라 수급계획에 반영된 발전설비라고 해서 발전사업허가가 자동으로 부여되지는 않게 되었다. 그럼에도 불구하고, 신규 발전사업에 대한 허가가 전력수급기본계획 상 전원별 적정용량 구

4) 환경부를 기후에너지환경부로 개편하고 기존 산업통상자원부의 에너지(원자력발전 수출 부문 제외) 사무를 기후에너지환경부로 이관하는 내용의 정부조직법 일부개정법률안이 2025. 9. 26. 국회 본회의에서 가결됨에 따라, 해당 허가권한은 기후에너지환경부장관에게 이관되었다.

성비율을 기준으로 부여됨에 따라, 전력수급기본계획은 발전사업 진입 규제에 있어서 여전히 매우 중요한 역할을 하고 있다. 발전사업과 전기판매사업의 겸업은 금지된다(전기사업법 제7조 제3항, 같은 법 시행령 제3조).

전기판매사업 허가는 현재 한국전력공사에 독점적으로 부여되어 있다. 전기판매사업자의 전기요금은 기후에너지환경부장관의 인가를 받아야 하는 전기요금 규제를 적용받는다(전기사업법 제16조 제1항). 아울러, 전기요금은 공공요금에 해당함에 따라 산업부장관이 전기요금 인가를 하기 위해서는 미리 재정경제부장관과의 협의 절차를 거쳐야 한다(물가안정에 관한 법률 제4조 제1항).

송전사업자와 배전사업자는 전기의 수요·공급의 변화에 따라 전기를 원활하게 송전 또는 배전할 수 있도록 기후에너지환경부장관이 정하여 고시하는 기준에 적합한 설비를 갖추고 이를 유지·관리하여야 할 의무를 부담한다(전기사업법 제27조).

3. 전력시장

전력시장[5]이란 전력거래를 위하여 전력거래소가 개설하는 시장을 말하며, 전기사업법상 발전사업자와 전기판매사업자 간 전력거래는 원칙적으로 전력시장을 통해 이루어져야 한다(전기사업법 제2조 제13호, 제31조 제1항). 이러한 전력시장 구조를 '강제적 전력시장(mandatory pool; gross pool)'이라 한다.[6] 그에 따라, 발전사업자와 전기판매사업자 사이에 또는 발전사업자와 대규모 전기소비자 사이에 전력구매계약(power purchase agreement; PPA)을 체결하고 그에 따라 직접 전기를 물리적으로 공급하는 방식은 원칙적으로는 허용되지 않으며, 단지 전력거래가격의 변동성을 해지하기 위하여 기준가격과 전력거래가격 간 차액을 보전하는 내용의

5) 박진표, 각주 3 논문, 67~69면.

6) 이와 달리 사업자들이 전력시장 외에서 자발적으로 전력공급계약을 체결할 수 있도록 하고 전력시장 입찰 참여에 대한 선택권을 허용하는 전력시장 구조를 '자발적 전력시장(voluntary pool; net pool)'이라 한다.

재무적 차액계약(contract for difference; CfD)은 허용된다(전기사업법 제34조 제1항). 한편, 전기사업법은 전력수급의 안정을 도모하고 전기사용자의 이익을 보호하기 위하여 대통령령으로 정하는 기준에 해당하는 발전사업자와 전력구매자에 대하여 산업부장관이 정하여 고시하는 전력량에 대해 차액계약을 통하여서만 전력을 거래하도록 하고 있다(정부승인차액계약; vesting contract).[7] 다만, 전기사업법 개정을 통해 재생에너지 전기에 대해서 재생에너지발전사와 전기소비자 간 직접 전력구매계약이 허용되었다(이른바 '재생에너지전기공급사업'; 전기사업법 제2조 제12호의8).

전기사업법은 전력거래가격이 시간대별로 전력의 수요와 공급에 따라 결정된다고 규정하고 있는바(전기사업법 제33조 제1항), 이러한 전력거래가격 결정방식은 발전경쟁과 판매경쟁을 통한 발전사업자와 전기판매사업자 양방향의 가격입찰시장을 전제로 한 것이다. 그러나 앞서 살펴본 같이 전력산업구조개편이 중단되면서, 당초 전기판매 부문이 개방되어 양방향 가격입찰시장 체제가 도입되기 전까지 과도기적으로 운영될 예정이었던 '변동비 반영 시장(cost-based pool; CBP)' 체제가 고착화되어 현재까지 유지되고 있다. 변동비 반영 시장은 발전 변동비용 기반의 규제적 입찰 시장으로서, 전력구매자의 입찰 참여가 없이 발전사업자 간 편면적 경쟁방식으로 운영된다.

발전사는 전력거래일 하루 전에 단순히 시간대별로 용량입찰을 할 뿐 가격입찰은 하지 않는다. 전력시장의 전력거래가격은 시간대별로 해당 시간대의 전력수요 범위 내에서 공급입찰 참여 발전기들 중 변동비용이 가장 높은 발전기(이른바 '한계발전기')의 변동비 수준에서 결정된다(system marginal price; SMP). 발전기의 변동비 결정은 발전사가 자유롭게 할 수 없으며 전력거래소 비용평가위원회의 사전 비용평가 결과에 따라야 한다.

---

7) 부생가스 발전기에 대해 정부승인차액계약이 체결된 사례를 제외하고, 차액계약이나 정부승인차액계약이 체결된 사례는 보이지 않는다.

그리고 중앙급전발전기에 대해서는 용량요금(capacity payment; CP)[8]이 지급된다. 이와 같이 우리 전력시장은 하루전 시장(day-ahead market) 형태로 운영되고 있을 뿐 실시간 시장(real-time market) 내지 밸런싱 시장(balancing market)은 운영되고 있지 않다.

이와 같이 변동비 반영 시장 체제가 고착화된 결과, 우리나라 전력시장은 '시장'이라는 명칭에도 불구하고 대등한 지위의 수요자와 공급자 간 전력 수요와 공급에 따른 가격 책정 및 거래가 이루어지는 일반적인 전력시장과는 운영상 큰 차이를 보이고 있다.

그리고 원자력, 석탄 등 기저발전기에 대해서는 발전사의 과도한 초과이윤을 제한하기 위한 목적으로 정산조정계수에 의한 수익규제가 적용된다. 발전자회사의 전력거래대금에 대해서는 한국전력공사와 발전자회사 간 수익률 조정을 위한 발전자회사 정산조정계수가 적용되고, 민간석탄발전기의 전력거래대금에 대해서는 그와 별도로 총괄원가 보상원칙에 입각한 민간석탄발전기 정산조정계수가 적용된다.

4. 전력계통

전력계통(power system)은 전력의 공급과 수요의 균형을 유지하여 전기가 원활하게 흐르고 품질을 일정하게 유지하도록 전기의 흐름을 통제·관리하는 체제다(전기사업법 제2조 제14호). 전기는 일반 상품과 달리 매 순간 공급과 수요가 균형을 이루어야 하고, 공급이 초과되거나 수요가 초과되어 균형이 무너질 경우 일정 지역 또는 전국에 걸친 정전과 같은 재앙적인 사태가 초래된다. 그런데 최근 에너지저장시스템이 본격

8) 용량요금은 실제 발전 여부와 관계없이 입찰 참여 발전기의 용량에 대해 지급되는 것으로, 발전사들의 고정비를 일정 부분 회수할 수 있도록 함으로써 신규투자의 유인을 제공하기 위한 것이다. 2016년말 이후 용량요금 산정방식은 "기준용량가격(RCP)×용량가격계수(RCF)×시간대별 용량가격계수(TCF)×연료전환성과계수(FSF)"라는 복잡한 산식으로 되어 있다. 그밖에 주파수추종, 자동발전제어, 자체기동, 대기·대체 예비력 등 계통운영을 위한 보조서비스에 대해서는 보조서비스 정산금이 지급된다.

적으로 보급되기 시작했지만, 전기를 대규모로, 그리고 경제적으로 저장하기에는 미흡하다. 이에 전력의 생산과 전력의 수요가 균형을 맞추도록 하는 시스템, 즉 전력계통이 구축되어야 한다. 전력계통은 전력의 생산, 수송, 소비의 전 과정을 유기적으로 결합하고, 전력의 수요와 공급을 실시간으로 조절하며, 이상 상황에 대비하는 제어·운영 기능을 포함한다. 이와 같이 전력계통은 전력공급의 신뢰도를 확보하기 위하여 통합적인 운영이 요구되며, 이러한 점에서 전력계통 운영 서비스는 자연독점적 성격을 가진다.[9)]

전기사업법 제45조는 전력거래소가 전기사업자 등에게 전력계통의 운영을 위하여 필요한 지시를 할 수 있도록 하면서, 이 경우 발전사업자 등에 대한 지시는 전력시장에서 결정된 우선순위에 따라 하도록 규정한다. 아울러, 만약 전력계통의 운영을 위하여 필요하다고 인정하면 우선순위와 다르게 지시를 할 수 있는데, 이때 변경된 지시는 '객관적으로 공정한 기준'에 따라 결정되도록 규정한다. 하지만 전력계통의 운영을 위한 급전지시 변경에 대한 '객관적으로 공정한 기준'은 마련되어 있지 않고, 전력거래소가 상황에 따라 임의적으로 결정하고 있는 것으로 보인다.

5. 전력거래소

전력거래소는 전기사업법 제35조에 따라 전력시장 및 전력계통의 운영을 위하여 설립된 비영리 특수법인이다. 전력거래소는 회원제 조직으로서 「민법」상 사단법인에 관한 규정이 준용된다(전기사업법 제38조). 전력거래소 정관 제3조도 "거래소는 법 제35조에 의하여 설립되며 회원조직으로서의 법인으로 한다."라고 규정하고 있다. 전력거래소의 회원이 아니면 전력시장에서 전력거래를 하지 못한다(전기사업법 제44조). 전력

9) 박종배 외, 전력시장의 이론과 실제, 전력거래소, 2019, 57~58면.

거래소의 회원으로는 발전사업자, 전기판매사업자, 전력 직접구매 전기사용자, 전력거래 자가용전기설비 설치자, 전력거래 구역전기사업자 등이 있다(전기사업법 제39조). 전력거래소의 운영비는 회원의 회비 및 전력거래에 대한 수수료로 충당한다(전기사업법 제40조 제1항).

전력거래소의 법적 의사결정기구는 회원총회와 이사회다. 하지만 전력거래소는 회원총회나 이사회가 아니라 그 산하 위원회를 통하여 전력시장과 전력계통 운영 전반에 관하여 실질적 의사결정을 하고 있다. 대표적 위원회로는 규칙개정위원회, 비용평가위원회, 계통평가위원회가 있다.

전력거래소는 전력시장의 개설·운영, 전력거래, 전력거래대금 및 전력거래에 따른 비용의 청구·정산 및 지불 등에 관한 업무를 수행하고 있는데(전기사업법 제36조 제1항), 특히 전력거래 및 전력계통을 운영하는 일련의 과정에서 각 발전소의 발전 변동비용 산정, 발전계획 수립, 시장가격 결정 및 급전 지시 등의 핵심적 기능을 담당하고 있다.

6. 전력시장운영규칙과 비용평가세부운영규정

전기사업법은 전력거래소가 전력시장 및 전력계통의 운영에 관한 전력시장운영규칙(이하 '시장규칙')을 정하도록 하면서, 시장규칙에 포함되어야 할 사항으로 전력거래방법, 전력계통의 운영 절차와 방법, 전력거래의 정산·결제에 관한 사항 등을 명시하고 있다(전기사업법 제43조 제1항, 제4항). 전력거래소가 시장규칙을 제정·변경하려는 경우에는 전기위원회의 심의를 거쳐 산업부장관의 승인을 받아야 한다(전기사업법 제43조 제2항, 제3항).

한편 전기사업법은 제43조가 전력거래소에게 시장규칙을 마련할 권한만을 부여하고 있음에도 불구하고, 전력거래소는 실무적 편의를 도모하기 위한 목적으로 전력시장 운영을 위해 필요한 세부 내용을 담은 비용평가세부운영규정(이하 '비용규정') 등 별도 운영규정을 마련하고 있다. 비용규정은 전력거래대금 정산·결제에 관해 규정을 통해 실질적으로 발전사업자의 수익을 규제하고 있음에도 불구하고, 전력거래소는 비용규정은 시장규칙이 아니라는 형식 논리를 들어 비용규정을 제정·변경함에 있어 전기위원회의 심의와 산업부장관의 승인을 받고 있지 않다.

Ⅲ. 전력시장운영규칙과 비용평가세부운영규정의 법적 성질

시장규칙과 비용규정은 발전사업자들과 전기판매사업자를 비롯한 전력구매자 간 전력거래방법, 전력계통의 운영 절차와 방법, 전력거래의 정산·결제에 관한 사항 등 전력거래 및 전력계통 운영의 주요 내용과 조건을 정하고 있다. 그러므로 시장규칙과 비용규정은 전력거래소의 자치규정으로서의 속성과 더불어 전력거래소가 다수의 발전사업자와 전기판매사업자 등 전력구매자 간 전력거래계약 체결과 이를 뒷받침하는 전력계통 운영을 위하여 일정한 형식에 의하여 미리 마련한 약관으로서의 속성도 가진다고 할 수 있다.

이와 관련하여 대법원은 한국증권선물거래소(현 한국거래소)가 제정한 유가증권상장규정의 법적 성격과 관련하여, 증권거래법의 규정에 따라 제정한 유가증권상장규정은 증권거래법이 자치적인 사항을 스스로 정하도록 위임함으로써 제정된 자치 규정에 해당한다고 보면서, 상장계약에 관해서는 계약의 일방 당사자인 한국증권선물거래소가 다수의 상장신청법인과 사이에 상장계약을 체결하기 위하여 일정한 형식에 의하여 미리 마련한 계약의 내용, 즉 약관의 성질을 갖는다고 판시한 바 있다(대법원 2007. 11. 15. 선고 2007다1753 판결 참조).

이에 대해서는 시장규칙이 전기사업법 제43조의 위임에 따라 산업부장관의 승인을 거쳐 제정되고 비용규정 역시 시장규칙의 위임을 받아 제정되었으며 시장규칙과 비용규정이 전력거래소 회원들에게 구속력을 가지는 규범으로 작용하고 있다는 이유로, 시장규칙과 비용규정의 법적 성격이 법규명령이라고 판시한 하급심 판결들이 존재한다(광주지방법원

2024. 2. 1. 선고 2021구합58924 판결; 울산지방법원 2024. 8. 8. 선고 2023나15158 판결 등).

하지만 시장규칙과 비용규정의 법적 성격이 법규명령이라는 견해는 다음과 같은 이유에서 타당하지 않다.

우선, 전력거래는 발전사업자가 생산한 전기라는 재화를 최종 소비자에게 공급하기 위한 거래이므로 사법상 법률관계에 해당한다. 전기사업법은 전력거래가 사업자 간 경쟁의 영역인 '시장'에서의 거래임을 규정함으로써 사법상의 법률관계에 해당함을 전제하고 있다고 할 것이다. 이와 관련하여 대법원은 전력산업 구조개편 이전 일반전기사업자인 한국전력공사가 정한 전기공급규정이 국민에 대하여 일반적 구속력을 갖는 법규로서의 효력은 없고 단지 한국전력공사와 전기공급계약을 체결하거나 그 규정의 적용에 동의한 수용가에 대하여만 그 효력이 미친다고 판단하였다(대법원 1983. 12. 27. 선고 83다카893 판결). 그리고 대법원은 전력산업 구조개편 이후 전기판매사업자인 한국전력공사와 전기사용자 사이의 법률관계가 사법상 법률관계임을 전제로, 한국전력공사의 기본공급약관에 대해서 약관에 해당한다고 판시하였다(대법원 2023. 3. 30. 선고 2018다207076 판결). 이처럼 전력산업 구조개편으로 발전 부문이 한국전력공사로부터 분리되었는지 여부를 불문하고 한국전력공사가 전기사용자에게 전기를 판매하는 전기공급거래를 일관되게 사법상 법률관계로 인정하여 왔던 점을 고려할 때, 한국전력공사의 전기사용자에 대한 전력공급거래와 발전사업자와 전력구매자 간 전력시장에서의 전력거래관계를 구분하여 후자에 대해서 공법상 법률관계로 보는 것은 매우 어색한 사고방식이다.

이와 관련하여 전력거래소가 수소발전 입찰시장의 관리기관으로서 제정한 '수소발전입찰시장 운영규칙'에 근거하여 발전사와 체결한 전력공급계약에 대하여, 헌법재판소는 전력거래소가 "수소법 제25조의6 및 동법 제25조의7 제2항의 위임에 의하여 제정된 '수소발전입찰시장 운영규칙'에 따라 전력공급계약을 체결한 것은 국가기관이 우월적 지위에서 행하는 행위가 아닌 사경제주체로서의 행위로 볼 수 있고 (중략) 경쟁입찰을 실시하여 낙찰자를 결정하는 일련의 과정은 계약 체결에 필수적인 사전절차로서 역시 사법(私法)적인 성격을 지닌다고 할 것이므로, 이 사건 전력공급계약 체결행위 및 이 사건 입찰실시행위는 모두 헌법소원심판의 대상이 되는 공권력의 행사에 해당한다고 보기 어렵다"라고 판시하였다(헌법재판소 2025. 6. 17. 선고 2025헌마618 결정).

다음으로, 법규명령은 원칙적으로 행정청이 제정 권한을 가지며, 법률의 위임이 있는 예외적인 경우에만 행정청이 아닌 다른 기관이 법규명령의 제정 권한을 가진다. 법규명령은 행정청이 법률의 위임에 따라 또는 법률을 집행하기 위하여 제정하는 일반적·추상적 규범으로서 대외적인 구속력을 갖는 것이다. 공공기관이 법규명령을 제정하기 위하여는, 법률로 수권을 받은 행정사무에 대하여 그 수권 범위 내에서 법령의 내용이 될 사항을 정하여야 한다. 반대로 법률로 수권을 받은 바 없는 사무에 대하여는 공공기관이 행정청으로서의 지위를 갖지 못하므로, 이에 대하여는 법규명령을 제정할 권한이 없다.

전력거래소는 공공기관이기는 하나 사단법인으로서 원칙적으로 사인에 불과하므로, 법령을 통해 권한을 부여 또는 위임받은 범위 내에서만 행정청이 될 수 있을 뿐이다. 전기사업법은 전력거래소에 산업부장관의 업무 중 '송전제약발생지역전기공급사업의 등록 및 변경등록의 접수', '법 제16조의2 제1항에 따른 약관의 신고 및 변경신고의 접수' 두 가지 경우에만 명시적으로 한정하여 권한을 위임·위탁하였다(전기사업법 제98조 제5항, 같은 법 시행령 제62조 제6항 제1호 가목, 제2호). 전력거래방법, 전력계통의 운영 절차와 방법, 전력거래의 정산·결제에 관한 사항 등 시장규칙이 정하는 전력거래 및 전력계통 운영의 주요 내용과 조건은 위 두 업무에 해당하지 않으므로, 시장규칙은 법령에 따라 전력거래소에 위임된 업무에 해당하지 않으며, 따라서 전력거래소는 위 사항에 관하여 법규명령을 제정한 권한이 없다.

그리고 전기사업법은 발전사업자와 한국전력공사 등 전력구매자가 전력거래를 함에 있어 시장규칙에 따르도록 규정하고 있을 뿐, 전기사업법 자체에서 전력거래에 관한 아무런 기본적 사항도 규정하지 않고 있는바, 이는 전기사업법이 전력시장의 운영을 사적 자치 영역으로 보고 시장규칙에서 그에 관한 사항을 정하도록 규정한 것으로 보아야 한다. 이는 전력계통 운영의 경우에도 마찬가지다. 그렇다면 전기사업법 제43조는 법률의 구체적인 사항을 비워 두고 전력거래소에게 이를 보충할 권한을 부여한 조항이 아니라, 자치 규범을 정하도록 규정한 것에 불과하다.

하급심 판결 또한 (전력거래의 정산·결제에 관한 사항에 해당하는) 전력거래소의 민간석탄발전사업자에 대한 투자비 불인정 '처분'의 취소를 구한 사안에서, 전력거래소가 담당하는 해당 사무가 법령에 의하여 국가 내지 행정기관(산업부장관)으로부터 구체적으로 특정하여 위탁을 받은 사무에 해당하지는 않으며, 전기사업법의 개정 취지 및 그에 따른 전력거래소의 설립 취지, 기능, 구성 등과 관련 법규정의 내용 등에 비추어 볼 때 해당 사무가 전기사업법에 의하여 직접 부여받은 전력거래소의 고유사무라고 봄이 타당하다고 판시하였다(서울고등법원 2019. 7. 23.자 2019루1142 결정[10]).

Ⅳ. 전력거래소의 전력시장 및 전력계통 운영상 문제점

위에서 살펴본 바와 같이 전기사업법은 전력시장과 전력계통의 운영

---

10) 해당 결정은 대법원에서 심리불속행으로 확정되었다(대법원 2019. 11. 19.자 2019무802 결정). 위 사건을 이송받은 광주지방법원은 같은 취지에서 전력거래소를 행정청으로 볼 수 없다는 점을 이유로 소를 각하하였다(광주지방법원 2020. 12. 3. 선고 2019구합15776 판결).

을 기본적으로 사적 자치의 영역으로 보고 있다. 다만 이는 전력거래소를 행정기구가 아닌 사단법인 성격의 회원제 조직으로 설립하도록 한 전기사업법의 입법취지에 비추어 볼 때, 전력거래소가 회원제 조직으로서 회원사들의 의사가 공정하고 투명하게 대표될 수 있도록 하는 거버넌스가 적절하게 구축되어 있음을 전제로 한 것으로 보아야 한다.

하지만 전력시장과 전력계통 운영 실무에서 전력거래소는 전기사업법에 의거하여 회원사들의 전력거래 활동과 손익에 직접적으로 영향을 미치는 전력시장과 전력계통에 관한 권한을 행사함에 있어, 회원사들의 의사를 공정하고 투명하게 반영하지 아니한 채 (법적 근거 없이 설립된) 산하 위원회의 임의적 판단에 따라 업무를 수행하여 왔다. 이는 전력시장과 전력계통 운영 실무에서 다양한 문제를 초래하였으며, 급기야 전력거래소의 공정성에 대한 회원사들의 신뢰가 급락하기에 이르렀다.

이하에서 해당 문제점들을 구체적으로 살펴보기로 한다.

1. 전력거래소의 자의적 의사결정

전기사업법은 전력거래와 전력계통 운영에 관한 사항을 시장규칙에 따르도록 규정하고 있을 뿐 그에 관한 기본적 사항을 규정하지 않고 있다. 그런데 전력시장 및 전력계통 운영 현실에서는 전력거래소에 대한 위와 같은 백지 위임 규정은 심각한 문제를 야기하고 있다. 전력시장 및 전력계통 운영에 관하여 전기사업법령 상 기본적 사항이 규정되어 있지 않음에 따라 전력거래소가 시장규칙 내지 비용규정의 제개정이나 임의적 운영을 통해 자의적로 업무를 수행하는 경우가 적지 않게 발생하고 있다. 용량요금 계수, 민간석탄발전기 정산조정계수, 송전제약, 출력제어 등 다양한 사례에서 이러한 문제가 나타나고 있다. 전력시장 운영(특히 전력거래대금의 조정을 통한 수익규제)과 전력계통 운영은 전기사업자의 직업수행 자유와 재산권을 제한하는 규제적 성격을 내포하고 있음에도 불구하고 전력거래소 관계자들은 이에 대한 인식이 전반적으로 결여되어 있는 것으로 보인다.

반면에 시장규칙과 비용규정에 회원사의 권리를 보호하기 위한 수단은 미흡하다. 그 결과 전력시장에서는 전기판매사업자로서 독점적 지위에 있는 한국전력공사에 비하여 발전사업자들, 특히 민간발전사업자들이 열악한 처우를 받고 있다.

특히 최근 발전사업자와 전력거래소 간에 가장 심각한 분쟁이 발생하고 있는 민간석탄발전기 정산조정계수의 경우, 전기사업법 제33조 제3항에 법적 근거를 두고 있는 것으로 이해되고 있다. 전기사업법 제33조 제3항은, 원래 한국전력공사와 6개 발전자회사에 대한 전력거래가격 정산금 조정을 위한 '계통한계가격 보정계수'(현행 정산조정계수)가 발전사의 수익조정으로서 헌법상 기본권인 직업수행의 자유와 재산권에 대한 제한에 해당하므로 법률상 근거가 필요하다는 이유에서 도입된 규정인데,[11] 이것이 민간석탄발전사업자에 대해서도 그대로 적용되고 있다.

하지만 위 규정이 민간석탄발전사업자에 대해서까지 적용될 수 있는 것인지 여부는 위 규정의 입법취지에 비추어 의문이다. 발전자회사는 한국전력공사의 완전자회사이므로, 정산조정계수를 통한 상호간 수익조정은 그룹사 내부 문제에 불과한 것으로 보아 수익규제의 법적 정당성이 인정될 여지가 있다. 하지만 한국전력공사와 지분적 관련성이 없거나 낮은 민간석탄발전사업자에 대해서 그러한 수익 조정을 강제하는 것이 전기사업법 제33조 제3항의 입법취지에 부합하는 것으로 보기는 어렵다. 그리고 전기사업법 제33조 제3항은 전력거래가격을 기초로 산정된 전력거래대금의 조정, 즉 수익규제에 대하여 아무런 기준과 방법을 마련하고 있지 않은 점에서 엄밀하게는 헌법상 법률유보의 원칙에 위반된다. 또한 위 조항은 어떤 발전사업자에 대해서는 정산조정계수에 의한 수익규제를 적용하고 다른 발전사업자(즉, LNG 발전사업자와 신재생에

11) 국회 지식경제위원회, 전기사업법 일부개정법률안 심사보고서, 2011. 3, 5~8면.

너지 발전사업자 등)에 대해서는 적용하지 않는지에 대해서도 아무런 언급을 하고 있지 않은바, 이러한 점에서 민간석탄발전사업자에 대한 정산조정계수 적용은 헌법상 평등의 원칙에도 위반되는 것으로도 볼 수 있다. 나아가 전기사업법 제34조 제2항 소정의 정부승인차액계약(VC) 제도를 통하여 저원가 발전기의 수익을 합법적으로 규제할 수 있음에도 불구하고, 법적 근거가 흠결된 정산조정계수 제도를 계속 활용하는 것 또한 법적 문제점 중 하나라 할 것이다.[12)]

이러한 여러 법적 문제점에도 불구하고 전력거래소는 비용규정에서 민간석탄발전기 정산조정계수 제도를 구체화하여 총괄원가 방식으로 민간석탄발전사업자에 대한 수익규제를 시행하고 하고 있지만, 세부 규정의 미비와 흠결, 오류 내지 자의적 해석으로 민간석탄발전사업자들에게 투자비, 연료비, 기동비 등 운전유지비 등과 관련하여 총괄원가에 크게 미달하는 수준으로 전력거래대금을 산정함에 따라 현재 이들 사업자들과의 관계에서 큰 갈등과 법적 분쟁이 발생하고 있는 실정이다.

또한 전국적 송전망 확충 부족, 재생에너지 발전 비중 확대 등에 따라 대규모 송전제약[13)]과 출력제어[14)]가 심각한 사회 문제로 부상한 상황

---

12) 전기사업법에 헌법상 기본권인 직업수행의 자유와 재산권에 대한 제한에 관한 법적 근거가 없음에도 불구하고 전력당국 내지 한국전력거래소가 정산조정계수를 통해 발전사의 수익을 제한하는 것, 그리고 발전사 수익조정에 관한 전력시장운영규칙이 발전사 수익 조정원칙과 산정기준을 미비한 채 비용평가위원회가 전기사업 관련 최고 심의기구인 전기위원회의 승인 없이 비용평가세부운영규정을 통해 발전사 수익 조정원칙과 산정기준을 결정하는 것은 법적 문제가 있다는 지적으로는 황봉환·조성봉, '전력시장에서 발전회사 수익규제 수준의 적정성에 관한 연구: 한국전력 발전자회사를 중심으로', 에너지경제연구 제20권 제2호, 2021. 9, 에너지경제연구원, 144면; 박진표, "[박진표의 탄소중립과 전력산업 ⑫] 비정상적 전력시장 해법은 거버넌스 민주화", 이투뉴스 2022. 7. 18.자 인터넷 기사, https://www.e2news.com/news/articleView.html? idxno=243780 (방문일자: 2025. 9. 30.) 참조.

13) "민간 발전사들, 한전 제소한다... "전기 보낼 전력망 없어 파산 위기"", 조선일보 2025. 3. 20.자 인터넷 기사, https://www.chosun.com/economy/industry-company/2025/03/20/622K3HROIBDULBCND5XFMNB6WQ/ (방문일자: 2025. 9. 30.)

14) "[진단] 기약없는 태양광 출력제어, 이대로 괜찮나", 이투뉴스 2025. 6. 9.자 인터넷 기사, https://www.e2news.com/news/articleView.html?idxno=320342 (방문일자: 2025.

에서, 전기사업법 제45조가, 전력거래소가 전력계통의 운영을 위하여 전력시장에서 결정된 우선순위와 다르게 발전사업자에 대한 급전지시를 하기 위해서는 '객관적으로 공정한 기준'에 따라야 한다고 규정하고 있음에도 불구하고, 시장규칙에 그와 같은 '객관적으로 공정한 기준'을 마련하지 않은 채 전력거래소 담당자가 상황에 따라 임의적으로 전력계통을 운영하고 있는 것은 전기사업법을 중대하게 위반하고 있는 대표적 사례 중 하나다.

2. 정부의 불공정한 전력거래소 업무 개입

전력거래소는 공공기관으로서 「공공기관의 운영에 관한 법률」에 따라 정부로부터 인사와 예산에 대한 통제를 받고 있음에 따라 정부의 업무 개입으로부터 자유롭지 않다. 산업부는 전력거래소의 업무에 개입하여 전력거래방법, 전력계통의 운영 절차와 방법, 전력거래의 정산·결제에 관한 사항 등과 관련된 중요 사안을 실질적으로 결정하고 있는 것이 현실이다. 산업부의 전력거래소 업무 개입은 막후에서 비공식적으로 이루어지거나 전력거래소 산하 위원회 소속 위원의 지위에서 이루어지고 있는 것으로 보인다.

특히 주무부처인 산업부는 전기판매사업자인 한국전력공사의 전기요금에 대한 인가권을 가지고 있는데(전기사업법 제16조 제1항), 정치적 이유에서 한국전력공사의 전기요금을 전기공급에 소요되는 총괄원가에 크게 미달하는 수준으로 인가함에 따라 발생하는 한국전력공사의 대규모 손실을 축소하고자 발전사업자의 수익을 낮게 조정하려는 유인을 가지고 있다. 전력거래소 업무에 대한 관치는 전력시장과 전력계통 운영을 왜곡하고 전기사업자, 특히 발전사업자의 권리를 중대하게 침해한다.

---

9. 30.)

3. 전력거래소 거버넌스 왜곡

전력거래소의 전력시장과 전력계통 관련 업무는 실질적으로 규칙개정위원회, 비용평가위원회 등 전력거래소 산하 위원회에 일임되어 있다. 그런데 이들 위원회 구성과 운영의 공정성, 독립성과 투명성에 대해서는 민간발전사업자들의 불만이 매우 높은 것으로 드러났다. 2023. 9.경 민간발전협회가 소속사 임직원들을 대상으로 한 설문조사 결과에 의하면, 예컨대 비용평가위원회의 경우 그 구성의 전문성·독립성·공정성·대표성에 대해 부정적 의견이 86.7%에 이른다. 그리고 전력거래소가 회원사에게 안건 내용과 검토자료를 제공하지 않는다는 의견(60%), 전력거래소가 안건의 내용과 회원사에 대한 영향을 충분히 설명하지 않는다는 의견(64.3%), 전력거래소가 안건 통보 및 제안에 앞서 회원사와 긴밀한 협의를 하지 않는다는 의견(60%), 전력거래소가 회원사의 비용평가위원회 심의 단계에서의 의견개진 기회를 충분히 보장하지 않는다는 의견(73.3%), 전력거래소가 회원사의 의견을 합리적으로 수용하지 않는다는 의견(80%) 등에서 알 수 있듯이 전력거래소의 절차적 공정성과 투명성 결여에 대한 민간발전사업자들의 불만이 팽배한 것으로 보인다.[15]

전력거래소 거버넌스는 법적인 측면에서도 문제가 매우 크다. 전력거래소 산하 위원회는 「민법」, 전기사업법 등 법률 또는 전력거래소의 정관에 의하여 설치된 기구가 아니라 시장규칙에 따라 설치된 기구다. 그러므로 이들 위원회는 법률적으로나 단체법적으로 전력시장과 전력계통 운영에 관한 업무와 권한을 부여받은 바 없다. 전력거래소의 정관 또한 자문위원회 성격의 전문위원회를 설치할 수 있도록 하고 있을 뿐(전력거래소 정관 제68조), 전력시장 및 전력계통 운영에 관한 업무와 권한 일체를 이들 위원회에 위임하도록 하는 내용은 없다.[16] 결국 자문위원회 성

15) 민간발전협회, 설문조사 결과(비공개 자료), 2023.

16) 전력거래소 산하 위원회가 심의가 아닌 의결까지 하는 것은 이사회나 총회의 권한과

격의 전문위원회가 아무런 정당한 수권 없이 전력시장과 전력계통 운영에 관한 의사결정을 수행하고 있는 상황이다.

이에 반하여 「자본시장과 금융투자업에 관한 법률」은 한국거래소 이사회가 이사회 내에 각 시장별로 이사회가 위임한 사항을 심의·결의하는 이사회 내 위원회로서 소위원회를 설치하도록 하고 소위원회의 구성 및 운영에 관한 사항을 한국거래소 정관으로 정할 수 있도록 하는 한편, 그 외 감사위원회와 이사후보추천위원회에 관한 사항을 직접 규정하고 있다(같은 법 제381조 제3항, 제384조, 제385조).

그러므로 전력거래소가 이들 위원회에 전력시장 및 전력계통 운영에 관한 업무와 권한을 위임하는 것은, 이사가 법인의 사무를 집행하도록 하는 한편, 이사가 정관 또는 총회의 결의로 금지하지 아니한 사항에 한하여 타인으로 하여금 특정한 행위를 대리하게 할 수 있도록 규정함으로써, 법인의 의사결정권한을 법률 상 법인에 대하여 선량한 관리자의 주의의무를 부담하는 이사 또는 이사회에 집중시킬 것을 요구하는 (전기사업법 제38조에 따라 준용되는) 「민법」의 법인 거버넌스 규정에 정면으로 배치된다(「민법」 제58조, 제61조, 제62조). 한편, 현행 전력거래소 거버넌스 체제하에서 위원회 위원들이 전력시장과 전력계통 운영에 관한 의사결정을 실질적으로 하고 있는 이상, 공정하고 독립적인 판단을 보장하기 위하여 이들에게도 충실의무를 부과할 필요가 있다.

Ⅴ. 전력거래소에 대한 법적 통제 방안

전력거래소의 불공정하고 불투명한 전력시장 및 전력계통 운영은 발전사업자 등 회원사의 직업수행 자유와 재산권을 제한할 뿐 아니라, 전력시장과 전력계통 운영 전반에 대한 신뢰를 약화시켜 궁극적으로 전력

충돌하며, 이들 위원회에 의사결정 권한을 부여하기 위해서는 전기사업법에 명시적 규정이 필요하다는 견해로는 한국개발연구원, 변동비반영시장 평가진단 및 개선 연구, 한국전력거래소, 2005, 224~227면.

산업의 지속가능한 발전을 저해한다. 따라서 전력거래소의 전력시장 및 전력계통 운영은 전력거래소의 전적인 자율에 맡겨둘 수 있는 사적 자치의 영역이 아니며, 명확하고 정교한 법적 통제에 의해 규율될 필요가 있다. 이를 위해서는 아래와 같이 전력시장 및 전력계통 운영의 실체적 기준과 절차에 대한 다층적 법적 통제가 요구된다.

1. 약관규제법에 따른 통제

「약관의 규제에 관한 법률」(이하 '약관규제법') 제6조 제1항은 "신의성실의 원칙을 위반하여 공정성을 잃은 약관 조항은 무효이다."라고 규정하고, 제6조 제2항은 "고객에게 부당하게 불리한 조항"(제1호) 및 "계약의 목적을 달성할 수 없을 정도로 계약에 따르는 본질적 권리를 제한하는 조항"(제3호)은 공정성을 잃은 것으로 추정된다고 규정하고 있다.

이에 관하여 대법원은 "약관규제법 제6조 제1항, 제2항 제1호에 따라 고객에 대하여 부당하게 불리한 조항으로서 '신의성실의 원칙에 반하여 공정을 잃은 약관조항'이라는 이유로 무효라고 보기 위해서는, 그 약관 조항이 고객에게 다소 불이익하다는 점만으로는 부족하고, 약관 작성자가 거래상의 지위를 남용하여 계약 상대방의 정당한 이익과 합리적인 기대에 반하여 형평에 어긋나는 약관 조항을 작성·사용함으로써 건전한 거래질서를 훼손하는 등 고객에게 부당하게 불이익을 주었다는 점이 인정되어야 한다. 그리고 이와 같이 약관조항의 무효 사유에 해당하는 '고객에게 부당하게 불리한 조항'인지 여부는 그 약관조항에 의하여 고객에게 생길 수 있는 불이익의 내용과 불이익 발생의 개연성, 당사자들 사이의 거래과정에 미치는 영향, 관계법령의 규정 등 모든 사정을 종합하여 판단하여야 한다"라는 판단 기준을 제시하고 있다(대법원 2014. 6. 12. 선고 2013다214864 판결 참조).

위에서 살펴본 바와 같이 시장규칙과 비용규정은 전력거래소가 다수의 발전사업자와 전기판매사업자 등 전력구매자 간 전력거래계약 체결과 이를 뒷받침하는 전력계통 운영을 위하여 일정한 형식에 의하여 미리 마련한 약관의 성질을 가진다. 그렇다면 시장규칙과 비용규정에 대해서도 약관규제법 제6조가 적용되며, 그에 따라 전력거래소가 거래상의 지위를 남용한 것으로서 발전사업자의 전력시장 내지 전력계통 운영에 관한 정당한 이익과 합리적인 기대에 반하여 형평에 어긋나는 내용의 약관 조항은 공정성을 잃은 것으로서 무효로 추정하여야 할 것이다.

2. 비례와 형평의 원칙에 따른 통제

대법원은, 증권상장규정이 자본시장법의 규정에 근거를 두고 상장법인 내지 상장신청법인 모두에게 당연히 적용되는 규정으로서 실질적으로 규범적인 성격을 가지고 있으므로, 이러한 특수성에 비추어 증권상장규정의 특정 조항이 비례의 원칙이나 형평의 원칙에 현저히 어긋나서 정의관념에 반한다거나 다른 법률이 보장하는 상장법인의 권리를 지나치게 제약함으로써 그 법률의 입법 목적이나 취지에 반하는 내용을 담고 있다면 그 조항은 위법하여 무효라고 판시하였다(대법원 2019. 12. 12. 선고 2016다243405 판결). 위 대법원 판결에서 비례의 원칙이나 형평의 원칙의 내용과 기준이 무엇인지 구체적으로 제시되어 있지 않지만, 위 판시내용이 규범적 내용에 대한 통제라는 맥락에서 제시된 점에 비추어 볼 때 법규명령에 대한 비례의 원칙(즉 과잉금지의 원칙)과 평등의 원칙의 내용과 기준을 원용할 수 있을 것이다.

그리고 증권상장규정에 대하여 비례의 원칙이나 형평의 원칙이 적용될 수 있다는 대법원 판시내용은 전력시장과 전력계통 운영에서 규범적 성격을 가지는 시장규칙과 비용규정에 대해서도 적용될 수 있다.

이에 의할 때, 예컨대 발전사업자의 수익을 불합리하게 규제하는 경우, 과잉금지의 원칙의 네 가지 요건, 즉 ① 목적의 정당성, ② 수단의 적합성, ③ 침해의 최소성, ④ 법익의 균형성을 바탕으로 효력 유무를 판단하면 될 것이다. 그리하여 민간석탄발전기 정산조정계수 중 유인규제 방식의 보상규정이 유인규제를 통한 비용절감이라는 공익적 효과를 달성하지 못하면서도 발전사업자의 총괄원가를 보상하지 않음으로써 발전사업자에게 손실을 입히는 경우 과잉금지의 원칙에 위반한 것으로서, 해당 유인규제 관련 규정은 무효로 판단되어야 할 것이다. 아울러 전력시장과 전력계통의 운영에서 특정 발전사업자를 차별하는 경우 차별의 합리성이 인정되지 않는다면, 그러한 차별은 위법한 것으로 볼 수 있을 것이다.

3. 절차참여권에 따른 통제

위 대법원 2013다214864 판결은, 상장폐지로 인하여 대상 법인의 평판이 저해되고 투자자들도 증권의 유통성 상실 등으로 피해를 입을 수 있으므로, 상장폐지 여부에 대한 심사는 투명하고 공정하게 이루어져야 하고, 그 과정에서 상장폐지 대상 기업의 절차참여권은 충분히 보장되어야 한다고 판시하였다. 이와 같은 대법원의 판시내용은 전력시장과 전력계통 운영에 있어 규범적 성격을 가지는 시장규칙과 비용규정에 대해서도 적용될 수 있다.

위 대법원 판결에서 절차참여권의 구체적 의미에 대한 직접적 판시는 보이지 않는다. 다만 위 판시내용이 규범적 내용에 대한 통제라는 맥락에서 이루어진 점에 비추어 볼 때, 「행정절차법」(이하 '행정절차법') 에 따른 법규명령 내지 행정절차에 대한 절차참여권을 참고할 수 있을 것이다. 더 나아가 최근 일부 하급심 판결에서 판시한 바와 같이 시장규칙과 법규명령이 법규명령에 해당한다고 본다면, 이 경우 행정절차법상 절차참여권이 직접 적용될 여지가 있다.

그리하여 전력거래소 회원사로서는 전력거래소가 시장규칙이나 비용규정을 변경하기 위해서는 행정절차법 제41조에 따른 행정상 입법예고 또는 같은 법 제46조에 따른 행정예고에 대한 제반 절차를 따르거나 그에 준하는 절차를 거쳐야 함을 요구할 수 있을 것이다. 아울러 시장규칙이나 비용규정에 따른 전력거래소 산하 위원회의 의사결정이 회원사의 수익에 부정적 영향을 미치는 경우 회원사로서는 「헌법」상 적법절차의 원칙 및 행정절차법 제22조 제3항의 규정에 따른 충분하고 실질적인 의견제출 기회의 부여를 요구할 수 있을 것이다.

4. 전기사업법에 따른 통제

전기사업법은 전력거래소에게 시장규칙을 마련할 권한만을 부여하고 있고 전력거래소가 시장규칙을 제정·변경하려는 경우 전기위원회의 심의를 거쳐 산업부장관의 승인을 받아야 함에도 불구하고, 전력거래소는 실무적 편의를 도모하기 위하여 비용규정 등 별도 운영규정에서 회원사의 이해관계에 중대한 영향을 미치는 내용을 규정하는 방법으로 전기사업법에 따른 통제 절차를 회피하려는 경향이 있다.

이러한 전력거래소 실무는 전력시장과 전력계통 운영에 관한 규정에 대하여 전기위원회의 심의 및 산업부 장관의 승인 절차를 거치도록 요구하는 전기사업법 제43조 제2항 및 제3항에 위반하는 것으로서, 회원사로서는 그와 같은 비용규정 등의 변경에 대하여 전기사업법에 따른 통제 절차를 거칠 것을 요구할 수 있을 것이다.

5. 공정거래법에 따른 통제

(1) 시장지배적지위 남용행위 규제

「독점규제 및 공정거래에 관한 법률」(이하 '공정거래법') 제5조 제1항 제3호는 시장지배적 사업자가 다른 사업자의 사업활동을 부당하게 방해하는 행위를 금지하고, 공정거래법 시행령 제9조 제3항 제4호 및 시장지배적지위 남용행위 심사기준 IV. 3. 라. (1)은 이를 구체화하여 '부당하게 거래상대방에게 불이익이 되는 거래 또는 행위를 강제하는 행위'를 규정하고 있다.

'시장지배적 사업자'란 일정한 거래분야의 공급자나 수요자로서 단독으로 또는 다른 사업자와 함께 상품이나 용역의 가격, 수량, 품질, 그 밖의 거래조건을 결정·유지 또는 변경할 수 있는 시장지위를 가진 사업자를 말한다. 시장지배적 사업자를 판단할 때에는 시장점유율, 진입장벽의 존재 및 정도, 경쟁사업자의 상대적 규모 등을 종합적으로 고려한다(공정거래법 제2조 제3호).

일정한 거래분야에서 (i) 하나의 사업자의 시장점유율이 50% 이상이거나, (ii) 셋 이하의 사업자의 시장점유율의 합계가 75% 이상인 경우 당해 사업자(시장점유율 10% 미만 사업자는 제외)는 시장지배적 사업자로 추정한다(공정거래법 제6조).

시장지배적지위 남용행위로서의 '부당성'은 시장에서의 독점을 유지·강화할 의도나 목적, 즉 시장에서의 자유로운 경쟁을 제한함으로써 인위적으로 시장질서에 영향을 가하려는 의도나 목적을 갖고, 객관적으로도 상품의 가격상승, 산출량 감소, 혁신 저해, 유력한 경쟁사업자의 수의 감소, 다양성 감소 등 경쟁제한의 효과가 생길 만한 우려가 있는 행위로 평가될 수 있는 행위를 하였을 때에 인정된다(대법원 2007. 11. 22. 선고 2002두8626 전원합의체 판결).

전력거래소는 전기사업법에 따라 전력시장 및 전력계통 운영에 대한 독점적 지위를 부여받은 사업자로서, 발전사업자들과 한국전력공사 등 전력구매자는 원칙적으로 전력거래소가 운영하는 전력계통 및 전력시장을 통하지 않고서는 전력을 거래할 수 없다. 더 나아가 전력거래소는 전력공급자를 포함한 회원사들로부터 회비를 수취하고 전력계통 및 전력시장 운영 서비스를 제공하는 거래 당사자의 주체로서, 전력계통의 운영, 전력거래대금 산정 및 정산방식을 결정 및 변경할 수 있는 권한을 행사하고 있다. 따라서 전력거래소는 국내 전력시장 운영 및 전력계통 운영 분야의 시장지배적 사업자에 해당한다. 그에 따라, 전력거래소가 송전혼잡 상황에서 일부 발전소에 대해서는 계속 급전지시를 하면서 다른 발전소에 대해서는 송전제약을 과도하게 부과하는 등 전력계통을 불공정하게 운영하는 행위는 특정 발전사업자의 사업활동을 제한한 행위에 해당하는 것으로 평가될 수 있다. 아울러, 전력거래소가 민간석탄발전기에 대하여 정산조정계수를 자의적으로 적용하거나 투자비 내지 변동비 평가를 과도하게 낮게 책정하여 실제 총괄원가에 미달하는 수준으로 전력거래대금을 산정하는 경우, 이는 해당 발전사업자의 수익구조를 불합리하게 왜곡하는 행위로서 공정거래법상 시장지배적 지위 남용행위에 해당할 수 있다. 이러한 방식의 가격 결정은 정상적인 경쟁질서를 저해할 뿐 아니라, 특정 사업자에게 불리한 거래조건을 강제하는 결과를 초래한다.

(2) 불공정거래행위 규제

공정거래법 제45조 제1항 제6호는 사업자가 자기의 거래상의 지위를 부당하게 이용하여 상대방과 거래하는 행위를 금지하고, 공정거래법 시행령 제52조, [별표 2] 불공정거래행위의 유형 또는 기준 6. 라.는 이를 구체화하여 '구입강제, 이익제공강요, 판매목표강제에 해당하는 행위 외의 방법으로 거래상대방에게 불이익이 되도록 거래조건을 설정 또는 변경하거나 그 이행과정에서 불이익을 주는 행위'를 규정하고 있다.

따라서 사업자의 행위가 거래상지위 남용행위 중 불이익제공행위에 해당하기 위해서는 ① 사업자가 거래상대방에 대하여 거래상지위를 가지고 있어야 하고, ② 사업자가 거래상대방에게 불이익제공행위를 하여야 하며, ③ 그 부당성(공정거래저해성)이 인정되어야 한다. '거래상지위'는 일방이 상대적으로 우월한 지위 또는 적어도 상대방과의 거래활동에 상당한 영향을 미칠 수 있는 지위를 갖고 있으면 인정할 수 있고, 거래상 지위가 있는지는 당사자가 처한 시장의 상황, 당사자 간의 전체적 사업능력의 격차, 거래의 대상인 상품의 특성 등을 모두 고려하여 판단한다(대법원 2011. 5. 13. 선고 2009두24108 판결). '불이익제공행위'란 구입강제, 이익제공강요, 판매목표강제에 해당하는 행위 외의 방법으로 거래상대방에게 불이익이 되도록 거래조건을 설정 또는 변경하거나 그 이행 과정에서 불이익을 주는 행위를 말한다(공정거래법 시행령 제52조, [별표 2] 불공정거래행위의 유형 또는 기준 6. 라.).

거래상지위 남용행위로서의 '불이익제공'에 해당하기 위해서는 그 행위의 내용이 상대방에게 다소 불이익하다는 점만으로는 부족하고 구입 강제, 이익제공강요, 판매목표 강제 등과 동일시할 수 있을 정도로 일방 당사자가 자기의 거래상의 지위를 부당하게 이용하여 그 거래조건을 설정 또는 변경하거나 그 이행과정에서 불이익을 준 것으로 인정되고, 그로써 정상적인 거래관행에 비추어 상대방에게 부당하게 불이익을 주어 공정거래를 저해할 우려가 있어야 한다. 상대방에게 부당하게 불이익을 주는 행위인지 여부는, 당해 행위가 행하여진 당시를 기준으로 당해 행위의 의도와 목적, 당해 행위에 이른 경위, 당해 행위에 의하여 상대방에게 생길 수 있는 불이익의 내용과 정도, 당해 행위가 당사자 사이의 거래과정에 미치는 경쟁제약의 정도, 관련업계의 거래관행, 일반경쟁질서에 미치는 영향 및 관계 법령의 규정 등 여러 요소를 종합하여 전체적인 관점에서 판단하여야 한다(대법원 2002. 5. 31. 선고 2000두6213 판결).

전력거래소는 전력시장과 전력계통 운영에 관한 독점적 권한을 바탕으로, 회원사인 발전사업자들의 전력거래 조건을 사실상 일방적으로 결정·변경할 수 있는 거래상 지위를 보유한다. 따라서 전력거래소의 운영 방식이 특정 사업자에게 불리한 조건을 강제하거나 거래과정에서 불이익을 부과하는 경우, 이는 공정거래법상 거래상지위 남용행위 중 불이익제공행위에 해당할 수 있다.

예컨대 전력거래소가 민간석탄발전사업자에게 정산조정계수 제도를 자의적으로 적용하여 실제 총괄원가에 미달하는 수준으로 전력거래대금을 산정하거나, 급전지시를 차별적으로 부과하여 일부 발전소에는 정상적인 출력을 허용하면서 다른 발전소에는 지속적 송전제약을 부과하는 경우, 이러한 행위는 정상적인 거래관행에 비추어 특정 사업자에게 부당하게 불이익을 주어 공정거래를 저해할 우려가 있는 행위로서, 불이익제공행위의 유형에 해당할 가능성이 크다.

특히 민간석탄발전기 정산조정계수제도에 따른 유인규제(incentive regulation)의 비용 목표가 현실적으로 달성 불가능하거나 발전사업자의 통제 밖의 요인을 고려하지 않은 채 일률적으로 설정되는 등 불합리하게 설계되는 경우, 비용 목표 이하로 발전소를 운영할 것을 요구하는 행위는 사업자에게 사실상 불가능한 성과목표 달성을 강제하는 점에서 공정거래법이 금지하는 판매목표 강제와 본질적으로 동일한 효과를 발생시키며, 결국 거래조건을 통해 특정 사업자에게 부당한 불이익을 강제하는 것으로 볼 수 있다. 따라서 전력거래소가 자의적으로 유인규제 기준을 설정・운용하거나 특정 사업자에게 불리하게 적용하는 경우, 이는 공정거래법 제45조 제1항 제6호가 금지하는 거래상지위 남용행위에 해당한다고 볼 수 있다.

(3) 사업자단체 금지행위 규제

공정거래법 제51조 제1항 제3호는 사업자단체의 금지행위로서 "구성사업자(사업자단체의 구성원인 사업자)의 사업내용 또는 활동을 부당하게 제한하는 행위"를 금지하고 있다. "사업자단체"란 그 형태가 무엇이든 상관없이 둘 이상의 사업자가 공동의 이익을 증진할 목적으로 조직한 결합체 또는 그 연합체를 의미한다(공정거래법 제2조 제2호). 이에 따라 「사업자단체활동지침」에서는 사업자단체는 사업의 종류를 불문하고 공정거래법 제2조 제1호 규정의 사업자들이 조직한 모든 단체를 포함하고 단체를 조직한 자들이 사업자이기만 하면 그 조직 구성원은 법인이든 조합이든 회사이든 법적 형태를 상관하지 않는다고 정하고 있다. 그리고 「사업자단체활동지침」은 "가격, 수량, 거래조건, 거래상대방의 결정 등 모든 사업활동은 개별 사업자가 스스로의 자유의사에 의해 결정할 때 사업자간의 자유롭고 공정한 경쟁이 촉진될 수 있다. 따라서 법률에 특별한 규정이 있거나 법률에 근거한 행정처분 등 명백한 근거가 있는 경우를 제외하고는 사업자단체가 문서·구두 등의 수단과 강요·요청·권고 등을 통해 구성사업자의 사업활동을 제한하거나 부당하게 구속하는 행위는 사업자간의 공정한 경쟁을 저해하는 행위로써 원칙적으로 공정거래법 제51조 제1항의 규정에 위반된다"고 명시하고 있다.

전력거래소는 전력시장에 참여하는 회원들에 의하여 조직된 특수법인으로서, 둘 이상의 사업자가 공동의 이익을 증진할 목적으로 조직한 결합체 또는 그 연합체에 해당하여 공정거래법상 '사업자단체'로 평가된다. 그리하여 전력거래소가 회원사의 발전수익을 불합리하게 제한하거나 급전지시를 차별적으로 부과하여 발전기회를 박탈하는 행위는 회원사의 사업활동을 제한하거나 부당하게 구속하는 행위는 사업자간의 공정한 경쟁을 저해하는 행위로서 금지된다고 할 것이다.

6. 공직자 이해충돌방지법에 따른 통제

「공직자의 이해충돌 방지법」(이하 '이해충돌방지법')은 공직자의 직무수행과 관련한 사적 이익추구를 금지함으로써 공직자의 직무수행 중 발생할 수 있는 이해충돌을 방지하여 공정한 직무수행을 보장하고 공공기관에 대한 국민의 신뢰를 확보하는 것을 목적으로 하는 법률이다(같은 법 제1조). 이해충돌방지법상 "공직자"는 공공기관의 임직원을 포함하고, "공공기관"은 「공공기관의 운영에 관한 법률」 제4조에 따른 공공기관을 의미한다. "이해충돌"이란 공직자가 직무를 수행할 때에 자신의 사적 이해관계가 관련되어 공정하고 청렴한 직무수행이 저해되거나 저해될 우려가 있는 상황을 말한다.

공사·용역 또는 물품 등의 조달·구매의 계약·검사·검수에 관계되는 직무, 공공기관이 실시하는 각종 평가·판정에 관계되는 직무 등을 수행하는 공직자는 '직무관련자'가 '사적이해관계자'임을 안 경우 안 날부터 14일 이내에 소속기관장에게 그 사실을 서면으로 신고하고 회피를 신청하여야 한다(같은 법 제5조 제1항). 여기서 공직자의 직무수행과 관련하여 이익 또는 불이익을 직접적으로 받는 개인이나 법인 또는 단체는 '직무관련자'에 해당하고, 공직자 자신이 현재 임원·대표자·관리자 또는 사외이사로 재직하고 있거나 법인 또는 단체 내지 공직자로 채용·임용되기 전 2년 이내에 공직자 자신이 재직하였거나 고문·자문 등을 제공하였던 법인 또는 단체는 '사적이해관계자'에 해당한다(같은 법 제2조 제5호, 제6호). 다른 법령에 따라 설치된 각종 위원회의 위원 중 공직자가 아닌 위원, 법령에 따라 공공기관의 권한을 위임·위탁받은 개인, 법령에 따라 공무상 심의·평가 등을 하는 개인 등 공무수행사인도 공직자와 마찬가지로 사적이해관계자의 신고 및 회피 의무를 부담한다(같은 법 제16조 제1항).

이해충돌방지법 제5조 제1항에 따른 신고·회피신청을 받은 소속기관장은 해당 공직자의 직무수행에 지장이 있다고 인정하는 경우 직무수행의 일시 중지 명령 등 조치를 하여야 한다(같은 법 제7조 제1항). 이해충돌방지법 제5조 제1항을 위반하여 사적이해관계자를 신고하지 아니한 공직자에 대하여는 2천만 원 이하의 과태료를 부과하고(같은 법 제28조 제2항 제1호), 소속기관장은 공직자가 제5조의 신고 및 회피 의무 또는 제6조의 신고 의무를 위반하여 수행한 직무가 위법한 것으로 확정된 경우 그 직무를 통하여 공직자 또는 제3자가 얻은 재산상 이익을 환수하여야 한다(같은 법 제22조 제1항).

전력거래소는 「공공기관의 운영에 관한 법률」 제4조에 따른 공공기관이다. 전력거래소 산하 위원회 위원은 전력거래소의 임직원인 경우에는 공직자에 해당하고 그렇지 않은 경우에는 전력거래소의 공무수행사인에 해당한다. 전력시장과 전력계통 운영에 관한 사안은 공사·용역·물품 등의 조달·구매의 계약 등에 관계되는 직무 내지 공공기관이 실시하는 각종 평가·판정에 관계되는 직무에 해당하는 것으로 볼 수 있다. 전력거래소 회원사는 통상적인 경우 안건의 의결에 의하여 직접적으로 이익을 받는 법인이므로 이해충돌방지법상 직무관련자에 해당할 것이다. 그리하여 만약 위원회 위원이 직무관련자가 자신의 사적이해관계자에 해당하는 경우 이해충돌방지법 준수를 위하여 사적이해관계자의 신고 및 회피를 하여야 한다. 전력거래소가 이해충돌방지법 준수를 위한 조치를 취하지 아니한 채 위원회 절차를 진행하는 것은 이해충돌방지법에 따른 공직자의 이해충돌 방지 및 관리 절차를 위반한 것이다.

Ⅵ. 결 론

전력거래소는 우리나라 전력시장을 운영하고 전력계통의 신뢰성을 유지하는 중추적 기관으로서, 그 역할과 기능은 전력산업 전체의 안정성과 효율성에 직결된다. 그러나 전력거래소의 운영은 법적 근거가 미비한 규칙과 산하 위원회에 의존하고, 정부의 비공식적 개입과 한국전력공사 중심의 구조적 편향성으로 인해 공정성과 투명성, 그리고 독립성이 심각하게 훼손되고 있는 실정이다.

따라서 전력거래소의 법적 통제는 단순히 특정 사업자의 이익 보호 차원을 넘어서, 전력시장과 전력계통 운영 전반의 공정성과 신뢰성을 회복하고 전력산업의 지속가능한 발전을 보장하기 위한 핵심 과제라 할 수 있다. 이를 위해서는 약관규제법에 의한 불공정 약관의 무효 확인, 비례·형평의 원칙에 따른 규범 통제, 회원사의 절차참여권 보장, 전기사업법 상 통제 절차의 준수, 공정거래법을 통한 불공정거래행위 규제, 이해충돌방지법을 통한 공정한 직무수행 확보 등 다층적 통제 수단이 체계적으로 작동할 필요가 있다.

나아가 전력거래소가 진정한 의미에서 공정하고 투명하며 독립적인 시장·계통 운영자로 자리매김하기 위해서는, 전기사업법 개정을 통하여 전력거래소의 자의적 운영을 방지하고 거버넌스를 민주화하는 제도적 개선 방안을 적극적으로 검토하여야 한다.

〈참고문헌〉

[국내 문헌]

국회 지식경제위원회, 전기사업법 일부개정법률안 심사보고서, 2011. 3.

남일총, 전력산업에 대한 경쟁정책, 한국개발연구원, 2012.

민간발전협회, 설문조사 결과(비공간 자료). 2023.

박종배 외, 전력시장의 이론과 실제, 전력거래소, 2019.

박진표, '전력생태계 디지털화를 위한 법제', 규제법제리뷰 제23-1호, 한국법제연구원, 2023.

이종영, 에너지법학, 제2판, 박영사, 2024.

한국개발연구원, 변동비반영시장 평가진단 및 개선 연구, 한국전력거래소, 2005.

황봉환·조성봉, '전력시장에서 발전회사 수익규제 수준의 적정성에 관한 연구: 한국전력 발전자회사를 중심으로', 에너지경제연구 제20권 제2호, 2021. 9, 에너지경제연구원.

[인터넷 기사]

"민간 발전사들, 한전 제소한다... "전기 보낼 전력망 없어 파산 위기"", 조선일보 2025. 3. 20.자 인터넷 기사.

박진표, "[박진표의 탄소중립과 전력산업 ⑫] 비정상적 전력시장 해법은 거버넌스 민주화", 이투뉴스 2022. 7. 18.자 인터넷 기사.

"[진단] 기약없는 태양광 출력제어, 이대로 괜찮나", 이투뉴스 2025. 6. 9.자 인터넷 기사.

저자 소개

■ **정 남 철**

〈약 력〉

숙명여자대학교 법과대학 교수
독일 베를린 Humboldt 대학교(법학박사)
국회입법지원위원(제6기~제12기)
중앙행정심판위원회 비상임위원

〈대표 저서·주요 연구실적〉

환경법강의, 제2판(2025)
한국행정법론, 제4판(2024)
행정법입문(2024)
헌법재판과 행정소송(2022)
행정법의 특수문제(2018) 등 다수

■ **김 종 천**

〈약 력〉

한국법제연구원 기획경영본부장(법학박사)
산업통상자원부 규제개혁위원회 위원
법제처 법령해석심의위원회 위원

〈대표 저서·주요 연구실적〉

규제샌드박스제도 통합법 제정방안에 관한 연구(2023)
자원에너지의 안정적인 공급망 확보를 위한 법제 연구(2022)
지하라이프라인의 안전관리 규제체계에 관한 법제 연구(2018)
원전의 위험과 환경법의 역할(2018)
사용후핵연료 관리를 위한 국가의 입법적 과제(2016)

■ **백 옥 선**

〈약 력〉

부산대학교 법학전문대학원 교수(법학박사)

한국법제연구원 연구위원

〈대표 저서·주요 연구실적〉

인공지능과 에너지법(2025)

전기요금 규제의 공법적 쟁점과 규제체계 개편을 위한 과제(2022)

행정강제에 관한 입법론적 연구(2021)

사적 규범의 입법적 활용에 관한 소고(2021)

에너지사업 계획절차 관련법제 정비방안(2017)

■ **이 동 일**

〈약 력〉

법무법인 에너지 대표변호사

〈대표 저서·주요 연구실적〉

전력망 확충 특별법 하위법령 제정 연구(2025)

발전소 주변지역 지원금 결정기준 타당성 검토 연구(2025)

분산에너지 활성화 특별법 하위법령 고도화 연구(2024)

에너지안보 및 기후위기 대응을 위한 법정책과 제도개발 연구(2024)

서남권 해상풍력 발전단지 공모지침 설계 연구(2024)

■ **박 기 선**

〈약 력〉

한국법제연구원 연구위원(법학박사)

국무조정실 및 국무총리비서실 민원합리성검토위원회 위원

〈대표 저서·주요 연구실적〉

에너지안보 및 탄소중립 실현을 위한 에너지법제 정비방안 연구(2025)

이산화탄소 포집·수송·저장 및 활용에 관한 법률 하위법령 제정방안 연구(2025)

에너지 위기 대응을 위한 글로벌 규범 동향 및 법제 개선방안 연구(2024)

에너지 위기 시대의 에너지 안보 확립을 위한 법적 과제(2023)

탄소중립 시대의 에너지 수요관리에 관한 법적 고찰(2021)

■ **박 진 표**

〈약 력〉

법무법인(유한) 태평양 변호사

기획재정부 보조금관리위원회 민간위원(2018－2024)

대통령 직속 북방경제협력위원회 전문위원(2018－2020)

국민연금공단 대체투자위원회 위원(2014－2022)

〈대표 저서·주요 연구실적〉

전력생태계 디지털화를 위한 법제 연구(2023)

LNG 세상을 바꾸는 연료, Michael D. Tusiani, Gordon Shearer 저(공동번역, 2017)

Electricity Regulation, Getting the Deal Through: Korea Chapter (Lexology, 2017)

공개매수규제의 개선에 관한 제언(2012)

기업지배구조에 대한 새로운 인식틀의 탐구 – 투자계약 가설에 기반한 기업지배구조모델에 관한 시론(2011)

에너지법의 현안과 쟁점

2025년 11월 15일 초판 인쇄
2025년 11월 28일 초판 1쇄 발행

저 자 한국에너지법학회
발행인 배 효 선

발행처 도서출판 法 文 社

주 소 10881 경기도 파주시 회동길 37-29
등 록 1957년 12월 12일/제2-76호(윤)
전 화 (031)955-6500~6 FAX (031)955-6525
E-mail (영업) bms@bobmunsa.co.kr
(편집) edit66@bobmunsa.co.kr
홈페이지 http://www.bobmunsa.co.kr
조 판 법 문 사 전 산 실

정가 25,000원 ISBN 978-89-18-91648-4